U0689047

AI 融合创新系列教材

AI+
直播电商运营

智 慧
学习版
慕课版

齐岩 曾善群 安刚◎主编
于博 杨成 林珺◎副主编

人民邮电出版社
北 京

图书在版编目（CIP）数据

AI+直播电商运营 ：智慧学习版 ：慕课版 / 齐岩，
曾善群，安刚主编. -- 北京 ：人民邮电出版社，2025.
（AI 融合创新系列教材）. -- ISBN 978-7-115-66592-8

Ⅰ. F713.365.2-39

中国国家版本馆 CIP 数据核字第 2025DA3700 号

内 容 提 要

本书共九个项目，内容涵盖 AI+直播电商的完整知识体系与实践体系。书中从基础认知起步，详细解析了直播电商岗位设置、能力要求及产业链构成，并探究了 AI 在直播电商中的多元应用场景，旨在帮助读者筑牢知识根基，使读者能够知道：在直播准备阶段，如何选择并入驻直播平台、为直播选品及搭建直播场景；在直播策划与内容创作环节，如何依托 AI 实现直播策划方案、脚本、营销话术的高效生成；在直播间装修与商品上架流程中，如何借助 AI 完成直播间装修与商品上架；在直播预热层面，如何利用 AI 智能生成并发布图文、短视频预告，多渠道引流；在直播互动板块，如何进行直播控场、粉丝互动及突发事件处理；在直播推广阶段，如何借助 AI 完成直播平台投流及社交媒体引流；在直播电商数据分析部分，如何借助 AI 深入剖析直播与商品数据，优化直播运营策略。书中同时设置了 AI+直播实战演练项目，通过介绍日常直播与活动直播的全流程，帮助读者强化综合能力。

本书突出了 AI 技术在直播电商各环节的深度融合与创新实践，设计了各类 AI 工具实践应用案例，内容丰富有趣，实用性强，可作为普通高等院校、高等职业院校电子商务类专业相关课程的教材，也可供有志于从事或正在从事直播电商相关工作的人员学习和参考。

♦ 主　　编　齐　岩　曾善群　安　刚
　　副主编　于　博　杨　成　林　珺
　　责任编辑　侯潇雨
　　责任印制　王　郁　彭志环
♦ 人民邮电出版社出版发行　　北京市丰台区成寿寺路 11 号
　　邮编　100164　　电子邮件　315@ptpress.com.cn
　　网址　https://www.ptpress.com.cn
　　固安县铭成印刷有限公司印刷
♦ 开本：787×1092　1/16
　　印张：15　　　　　　　　　　　2025 年 9 月第 1 版
　　字数：373 千字　　　　　　　　2025 年 9 月河北第 1 次印刷

定价：56.00 元

读者服务热线：(010)81055256　印装质量热线：(010)81055316
反盗版热线：(010)81055315

前言

党的二十大报告提出，要加快发展数字经济，促进数字经济和实体经济深度融合，打造具有国际竞争力的数字产业集群。在数字化浪潮与 AI 技术的双重驱动下，直播电商正以前所未有的速度重塑着商业生态，并成为推动消费增长和产业升级的重要引擎。为深入贯彻落实国家职业教育改革要求，服务"数字中国"国家战略，培养适应新业态、新技术的高素质技能人才，本书应势而生。本书以产教融合为核心导向，以岗位能力培养为主线，深度融合行业前沿技术与职业教育规律，旨在为职业院校师生、从业者提供一本兼具理论深度与实践价值的创新型教材。

本书以《职业教育专业目录（2021 年）》《职业教育专业简介—2022 年修订》《职业教育专业教学标准—2025 年修（制）订》为指导，结合直播运营实际工作场景和业务流程，按项目设计内容，精准契合产业发展需求与人才培养诉求。本书具备以下核心优势。

一、落实立德树人要求，彰显育人功能

本书深入贯彻党的二十大精神，积极落实立德树人根本任务，以社会主义核心价值观为引领，融入家国情怀、工匠精神、职业素养等内容，旨在培养德智体美劳全面发展的直播电商运营专业人才。本书以能力和素质培养为核心，秉持"重基础技能，育创新能力"原则，构建全面育人体系。

二、立足国家战略，对接产业需求

本书紧密围绕《国家职业教育改革实施方案》要求，聚焦直播电商与 AI 技术的融合应用，系统梳理行业新政策、技术动态及典型案例，通过引入头部企业真实工作场景、岗位标准及业务流程，将虚拟主播运营、智能数据分析、AI 内容创作等新知识、新技术融入教学内容，确保与行业需求"零距离"对接。同时，本书积极响应乡村振兴、数字经济等战略，设置了农产品直播、区域特色产品推广等主题实战模块，以助力读者理解技术赋能产业的社会价值。

三、践行理实一体，强化职业能力

本书通过从技能训练到职业价值观塑造，构建出"AI 应用技能+运营技术能力+职业素养"三螺旋培养模型。书中以"项目引领、任务驱动"为框架，从基础理论到前沿应用，循序渐进构建了九大项目学习体系。每个项目围绕典型工作任务展开，涵盖"知识储备""任务实施""同步实训""知识与技能训练"等模块，实现了"学、练、评"闭环。同时，通过配套的模拟真实直播场景的实训平台，读者可完成从 AI 基础、AI 工具工作、直播电商选品策划、场景搭建、直播运营到数据优化的完整工作流程，强化岗位核心技能。本书案例丰富，可以让读者在解决实际问题的过程中掌握新技术、新规范，体验包括 DeepSeek 等热门工具在内的前沿应用。

四、深化数字赋能，创新教学形态

作为慕课版教材，本书深度融合数字技术，配备了"三维立体"资源体系。

视频资源：提供慕课视频、交互式动画、AI 工具操作演示视频等资源，支持碎片化学习与个性化进度管理。

虚拟仿真实训系统：一比一还原抖音、淘宝等主流直播平台后台，支持多角色协作、数据实时反馈与智能评价。用书教师可登录人邮教育社区，搜索本书，领取试用账号。

动态资源库：平台坚持产教融合创新模式，80%的案例源自企业真实项目，配备丰富的资源，包括 MCN 机构运营手册、AI 应用白皮书、课程标准、教学课件、电子教案、习题等；定期更新行业报告、政策法规、技术白皮书及企业实战案例，确保内容与时俱进。

本书是职业教育数字化改革的创新实践，也是新业态人才培养的桥梁。编者期待通过本书，助力读者成为"精 AI、懂技术、善运营、守底线"的复合型人才，为数字经济高质量发展注入新的活力。限于编者水平，书中难免存在不足之处，恳请广大师生、业界同人批评指正，共同推动本书持续优化。

编　者

2025 年 3 月

目录
CONTENTS

AI+直播电商概述

职场创新

在当今数字化和智能化时代，AI技术正深刻改变着各行各业的运作方式，直播电商作为一种新兴商业模式，正迅速崛起并成为电商领域的重要组成部分。本项目将介绍AI赋能下的直播电商，帮助学生了解AI赋能下直播电商岗位设置与能力要求的变化，掌握AI在直播电商中的应用场景及如何在实际操作中运用AI技术提升直播效果。典型工作任务工作内容与要求如表1-1所示。

表1-1　典型工作任务工作内容与要求

典型工作任务	工作内容与要求（传统）	工作内容与要求（AI赋能）
直播脚本制作	1. 能够深入剖析产品的功能、优势、适用人群等特性，结合目标受众的年龄、兴趣、消费习惯，规划直播开场引入、产品介绍、优势阐述、引导互动及促单等环节，确保内容重点突出，契合目标受众的需求 2. 能够依据直播流程与时间分配，用生动、简洁且有感染力的语言撰写台词，突出产品价值，引导观众行动 3. 能够结合直播风格与主播特色，进行脚本优化，使脚本更贴合主播风格，提升直播的流畅性与吸引力	1. 能够根据海量的直播数据和行业动态，利用AI分析工具挖掘热门直播话题、高转化率的话术模式，结合产品特性生成新颖独特的创意，完成脚本创意构思 2. 能够借助AI语言生成模型，输入产品信息、直播目标、受众画像等关键要素，快速完成脚本初稿创作 3. 能够运用AI智能优化功能，对脚本进行多维度优化，如调整语句顺序，增强逻辑性；替换词汇，提升感染力；优化促单话术，提高转化率

项目概述

本项目围绕AI+直播电商基础知识展开。通过学习，学生将了解直播电商岗位设置与能力要求，直播电商产业链构成，AI在虚拟主播、智能客服等方面的应用，以及AI+直播电商场景下提示词的应用技巧，提升实际操作能力。

 学习目标

1. 掌握直播电商产业链的构成，包括供应端、直播平台、MCN 机构与主播、客户端等关键环节。

2. 了解 AI 在直播电商中的应用场景，如虚拟主播、智能客服、智慧营销、智慧内容创作与优化、智能数据分析与决策优化。

3. 熟悉各类 AI 创作工具的基本功能及应用。

4. 掌握提示词及提示词工程的应用，提升直播电商实际操作能力和效果优化能力。

5. 培养对直播电商行业的全面认知，理解不同岗位的职责和能力要求，提升职业素养。

6. 激发对 AI 技术在直播电商中的应用兴趣，培养创新思维，提升实践能力。

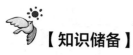 任务一　直播电商认知

📖 任务分析

要认知直播电商，并进行相关实践活动，需要完成以下内容的学习。
1. 熟悉直播电商岗位设置与能力要求。
2. 辨析直播电商产业链构成。

【知识储备】

一、直播电商岗位设置与能力要求

直播电商作为一种结合直播技术与电商平台的新兴销售模式，迅速崛起并成为零售行业的重要组成部分。直播电商领域一般设有主播、助播、运营、场控、策划、技术支持等岗位，具体岗位职责与能力要求如表 1-2 所示。

表 1-2　直播电商常见岗位及其职责与能力要求

岗位	职责	能力要求
主播	1. 借助 AI 工具梳理直播话术，结合产品特点与优势，通过生动的语言和演示向观众全面介绍产品。利用 AI 分析过往直播数据，有针对性地优化讲解内容 2. 与观众互动，如回答问题、处理反馈、引导关注等 3. 按照直播流程和脚本完成直播任务	1. 具备出色的语言表达与沟通能力，能将 AI 生成的内容转化为富有感染力的直播语言 2. 形象气质佳，亲和力强，懂得运用 AI 中的形象优化工具，提升直播视觉效果 3. 掌握丰富的产品知识与销售技巧，善于运用 AI 提供的竞品分析与销售策略建议，提升销售转化率 4. 应变能力强，能应对直播中的突发情况

（续表）

岗位	职责	能力要求
助播	1. 协助主播展示产品细节、补充产品信息 2. 活跃直播间气氛，借助 AI 互动推荐工具引导观众参与互动，如点赞、评论等 3. 运用 AI 数据分析工具监控直播间数据和观众反馈，及时提醒主播	1. 具备卓越的团队协作能力，能与主播默契配合 2. 熟悉直播流程和产品信息，能借助 AI 知识管理工具快速更新知识储备 3. 具备一定的互动技巧与气氛调动能力，能够结合 AI 生成的创意，打造极具吸引力的互动场景
运营	1. 运用 AI 预测模型与市场趋势分析工具，制订直播计划，包括直播主题、产品选择、流程安排等，确保直播内容符合市场需求与观众喜好 2. 负责直播资源的对接与整合，如与供应商沟通、与平台协调等 3. 利用 AI 深度数据分析平台，对直播数据进行多维度挖掘与分析，依据 AI 生成的洞察报告，及时调整直播策略，优化直播效果	1. 具备较强的策划能力和组织协调能力，能够融合 AI 提供的创意与方案，提升直播策划的创新性与可行性 2. 熟悉直播平台规则和运营机制，借助 AI 规则解读与更新提醒工具，确保直播运营合规且高效 3. 具备数据分析能力，熟练运用 AI 分析工具，从海量数据中提炼有价值的信息，为决策提供有力支持
场控	1. 使用 AI 智能设备管理系统，实时监控与维护直播间的各类设备与道具，确保其正常运行，通过 AI 故障预测提前排查潜在风险 2. 把控直播节奏，根据情况提醒主播调整直播节奏 3. 借助 AI 内容审核与舆情监测工具，维护直播间秩序，及时过滤不当言论，对负面舆情进行预警与处理，营造良好的直播氛围	1. 工作细致、耐心，有较强的责任心，能够借助 AI 管理工具，全面履行场控职责 2. 熟悉直播流程和设备操作 3. 具备一定的应急处理能力，能结合 AI 提供的应急预案，迅速应对直播中的突发状况
策划	1. 借助 AI 创意启发与内容生成工具，设计直播内容，包括脚本撰写、环节设置等 2. 运用 AI 热点追踪工具及内容分析工具，挖掘产品亮点与当下热点话题，将其巧妙融合于直播内容中，引发观众共鸣 3. 借助 AI 分析直播效果，并基于分析结果创新直播形式，提高直播吸引力	1. 创意灵感丰富，文案撰写能力强，能够充分利用 AI 生成的创意元素，打造独特的直播内容 2. 密切关注市场动态和消费者喜好变化，能够借助 AI 市场调研与趋势预测工具，精准把握市场方向 3. 对产品具有高敏感度，善于运用 AI 产品分析工具，挖掘产品深层次价值
技术支持	1. 运用 AI 智能巡检与自动化运维工具，保障直播设备（摄像头、话筒、网络设备等）的稳定运行，实现设备的远程监控与自动修复，降低故障发生率 2. 处理直播过程中的技术问题，如画面卡顿、声音异常等 3. 优化直播画质、音质等，提升观众观看体验	1. 具备专业的技术知识和技能，熟悉直播相关设备 2. 解决问题能力突出，能够快速定位并处理突发技术故障，结合 AI 故障解决方案，提高故障处理效率 3. 具备优化和调试直播技术参数的能力

二、直播电商产业链构成

直播电商产业链主要由供应端、直播平台、多频道网络（Multi-Channel Network，MCN）机构与主播、客户端四个部分构成。

（一）供应端

供应端是整个直播电商产业链的起点，主要负责提供产品和服务。它涵盖了品牌商、生产商、经销商等各类商家。这些供应端商家通过直播平台将自己的产品推向消费者，借助直播的形式进行产品展示和销售。

（二）直播平台

直播平台是连接供应端和客户端的桥梁，为直播带货提供了技术支持和交易场所。直播平台一方面吸引供应端商家入驻，提供丰富的产品资源；另一方面吸引消费者，通过直播、推荐等方式引导消费者购物。典型的直播平台有淘宝直播、抖音直播等。

（三）MCN 机构与主播

MCN 机构是连接主播和直播平台的中介组织，为主播提供专业的培训、管理和运营支持。主播是直播电商的核心人物，通过自己的个人魅力和专业能力吸引消费者，进行产品推广和销售。

（四）客户端

客户端即消费者端，是直播电商产业链的终端。消费者不仅是产品的购买者，也是直播的参与者和内容的传播者。通过观看直播，消费者可以获得直观的产品信息和使用体验，从而做出购买决策。此外，消费者的反馈和评价对供应端和直播平台的产品和服务改进起到重要作用。

直播电商产业链的各个构成部分相互依存，共同推动了这一新兴行业的发展。供应端提供优质产品，直播平台提供技术支持和流量，MCN 机构与主播提升直播效果，消费者则是最终购买者。通过有效的协作，各方能够实现共赢，推动直播电商的持续发展。

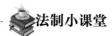 **法制小课堂**

《互联网直播服务管理规定》（节选）

第七条 互联网直播服务提供者应当落实主体责任，配备与服务规模相适应的专业人员，健全信息审核、信息安全管理、值班巡查、应急处置、技术保障等制度。提供互联网新闻信息直播服务的，应当设立总编辑。

互联网直播服务提供者应当建立直播内容审核平台，根据互联网直播的内容类别、用户规模等实施分级分类管理，对图文、视频、音频等直播内容加注或播报平台标识信息，对互联网新闻信息直播及其互动内容实施先审后发管理。

第八条 互联网直播服务提供者应当具备与其服务相适应的技术条件，应当具备即时阻断互联网直播的技术能力，技术方案应符合国家相关标准。

 【任务实施】

任务活动　直播岗位设置调研实践

本任务活动旨在引导学生借助招聘网站展开调研，探究 AI 如何重塑直播电商岗位。具体操作步骤如下。

步骤 1：组建调研小组。

组成 4～6 人的小组，明确每位成员的分工（如组长、记录员、调研员、分析员等）。

步骤 2：收集传统直播岗位资料。

调研员通过广泛查阅专业教材、权威行业报告、新闻资讯及向资深行业人士请教等方式，全面收集传统直播岗位（如主播、助播、运营、场控、策划、技术支持等）的岗位架构、工作职责、能力要求等基础资料，完成表 1-3 的填写。

表 1-3　传统直播岗位工作职责及能力要求记录表

岗位名称	工作职责	能力要求

步骤 3：查找当下 AI 直播岗位信息。

登录智联招聘、BOSS 直聘等招聘平台，通过搜索"AI 直播电商主播""AI 直播运营"等关键词，如图 1-1 所示，搜集最新的岗位信息。在信息采集过程中，应特别关注岗位名称、岗位对 AI 技能的具体要求及 AI 工具的应用场景等关键信息，图 1-2 所示为某企业关于"AI 直播间运营专员"的招聘信息。信息采集完成后，对数据进行系统的整理，并据此完成表 1-4 的填写。

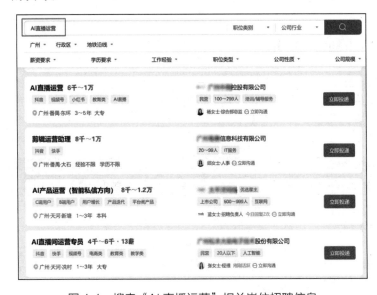

图 1-1　搜索"AI 直播运营"相关岗位招聘信息　　图 1-2　某企业关于"AI 直播间运营专员"的招聘信息

表 1-4　当下 AI 直播岗位工作职责及能力要求记录表

岗位名称	工作职责	能力要求

步骤 4：撰写对比结果说明。

小组成员共同研讨收集到的信息，可以从岗位名称与工作职责演变、工作能力要求差异、工作流程变革等维度进行对比，说明传统直播岗位与当下 AI 直播岗位的差异点和共同点；此外，深入分析这些变化背后的 AI 技术驱动因素，并对未来 AI 持续赋能直播岗位进行展望。完成后，撰写对比结果说明。

 **任务二　AI赋能直播电商认知**

任务分析

要认知AI赋能直播电商，进行相关应用和创作优化，需要完成以下内容的学习。

1. 了解AI在直播电商中的应用场景，如虚拟主播、智能客服、智慧营销、智慧内容创作与优化、智能数据分析与决策优化等。

2. 熟悉并使用数字人、文案、图片、视频、音频等AI创作工具，实现高效生产内容。

 【知识储备】

一、AI在直播电商中的应用场景

（一）虚拟主播

虚拟主播是利用AI技术生成的虚拟形象，替代真人进行直播，其具备与观众互动的能力。虚拟主播可以从不同角度进行分类，具体见表1-5。

表1-5　虚拟主播的分类

分类依据	分类	阐述	特点	举例
技术实现方式	2D虚拟主播	主要以平面图像形式呈现，通过二维动画技术制作	制作成本相对较低，技术门槛不高，形象简洁，动作和表情相对有限	初音未来
	3D虚拟主播	利用三维建模和渲染技术打造，具有更加真实立体的形象	制作成本较高，形象逼真，能实现更复杂的动作、表情和场景互动	《战斗吧歌姬！》中的虚拟偶像、湖南卫视虚拟主持人小漾等
运营主体	个人运营虚拟主播	由个人创作者独立开发和运营，具有鲜明个人特色	风格独特，内容个性化，资源有限，与观众联系紧密	一些在社交媒体平台活跃的个人虚拟主播
	企业运营虚拟主播	由企业或机构投资开发和运营，具有较高的技术水平和专业运营团队	资源丰富，技术实力强，直播内容稳定、质量高，商业价值高	A-SOUL
直播内容	娱乐型虚拟主播	以娱乐为主要目的，直播唱歌、跳舞、聊天、玩游戏等	轻松愉快，互动性强，能快速吸引大量粉丝	B站上活跃的大量娱乐型虚拟主播，如川建国、Mirai、Akari等
	知识型虚拟主播	以传播知识为主要目的，直播科普讲解、课程教学、文化讲座等	内容丰富，专业性强，是知识传播的新渠道	文旅行业中的虚拟主播，如陕西秦腔艺术虚拟人"刘筱雅"、广西虚拟数字人"刘三姐"、杭州文旅数字人"杭小忆"等
	带货型虚拟主播	以产品销售为主要目的，直播产品展示、介绍、推荐等	商业性强，针对性强，能引导观众购买产品	洛天依

在"二次元"蓬勃发展的当下，虚拟形象深受大众喜爱，能为直播间吸引特定受众。例如，图1-3所示的"李好鸭"是一只因话多被漫画家逐出漫画世界的鸭子，它来到现实世界后进入网络3D空间，立志成为拥有千万粉丝的"网红"主播，以此来证明自身价值。开播仅一个多月，"李好鸭"粉丝数就突破百万人。

虚拟主播能24小时不间断直播，满足观众随时观看的需求，提高品牌曝光率。对企业来说，使用虚拟主播可减少对真人主播的依赖，降低人力成本，还能依据企业需求定制虚拟主播，更高效地传递品牌形象与价值观。

图1-3　"李好鸭"虚拟主播

（二）智能客服

智能客服是利用AI技术实现的自动化客服系统，可以在直播过程中实时回答观众的问题，提供产品信息和购买指导。目前，众多企业已将智能客服广泛应用于官网、电商平台、微信公众号等渠道，随时为客户服务。智能客服可实现24小时在线，即时回复客户的咨询，极大地提升了客户满意度，避免了客户等待。服务中沉淀的数据，能助力智能客服持续自动学习，提高应答效率，形成良性循环。智能客服能同时处理大量客户请求，有效降低企业客服成本。此外，通过分析客户咨询的问题，智能客服还能为企业挖掘有针对性的解决方案，助力优化产品与服务。

🔍 合作探究

与同学交流，你在哪些直播活动中见到了智能客服？对于其服务质量，你的感受是什么？你有什么提升智能客服服务质量的建议呢？

（三）智慧营销

智慧营销利用AI技术实现对产品的自动识别和介绍，对观众的互动行为进行分析，从而为观众提供更加个性化的购物体验，也可以为旅游、娱乐等行业提供更加精准的营销和服务。

例如，带货直播中，通过AI分析观众的浏览和购买行为，推送个性化的产品推荐和优惠信息；旅游直播中，通过AI技术实时展示旅游景点、酒店、美食等各类信息，并根据观众的兴趣偏好进行个性化推荐。通过精准的推荐和个性化服务，智慧营销提高了观众的参与度和购买转化率，为企业带来了更好的营销效果和经济效益。

（四）智慧内容创作与优化

在直播领域，智慧内容创作与优化是指借助AI技术，对直播内容进行高效创作和持续改进。它可以在文本、图像、视频等多个方面发挥作用。

一方面，AI能够快速生成直播的脚本、标题、介绍文案等文本内容；另一方面，对于图像和视频内容，AI可以进行智能剪辑、特效添加等处理。在直播过程中，AI可以实时识别精彩瞬间，自动剪辑生成短视频片段，用于直播后的回顾和推广。同时，AI还能根据直播的氛围和风格添加合适的特效，增强直播的视觉效果。

（五）智能数据分析与决策优化

智能数据分析与决策优化是指利用 AI 和大数据技术，对直播电商中的各种数据进行实时分析和处理，从而提供有价值的洞察和优化建议。这些数据包括用户行为数据、销售数据、互动数据等。通过智能数据分析，平台和商家可以更好地理解用户需求、优化运营策略、提升销售转化率。

1. 实时分析用户行为

通过分析用户的观看时长、互动频率、评论内容等，AI 可以识别出用户的兴趣点和行为模式，帮助商家实时调整直播内容和节奏，提高用户的观看体验和互动率。例如，在一场口红直播中，AI 实时监测用户行为数据，发现部分用户在观看了 10 分钟左右开始频繁发送关于口红颜色、持久度的问题，并且互动频率较高。主播根据 AI 的反馈，及时调整直播内容，详细介绍口红颜色、持久度相关信息，并展示使用效果。

2. 预测与优化销售数据

通过机器学习模型，AI 可以预测某些产品的销售趋势，并提供库存管理和促销策略建议，提高库存管理效率，减少库存积压和缺货情况，优化促销策略，提高销售转化率。例如，在某品牌手机新品上市前，直播平台利用 AI 技术对历史销售数据、市场趋势及社交媒体上关于该手机的讨论热度等数据进行分析。通过建立销售预测模型，预测该新品在上市初期会有较高的销量，且在某个时间段可能出现销售高峰。基于此预测，直播平台建议商家提前增加库存，并制定相应的促销策略，如首发优惠、赠品活动等。

3. 生成用户画像与精准营销

通过分析用户的购买历史、浏览记录、社交媒体互动等数据，AI 可以生成详细的用户画像，并进行精准营销，提高营销活动的精准度，提升用户的购买意愿和忠诚度。例如，小红书直播与某时尚品牌合作，通过分析用户在小红书的购买历史、浏览记录及社交媒体互动等数据，构建出清晰的用户画像，针对这部分用户进行精准推广，推出符合其风格和需求的环保材质系列服装，并邀请相关领域的知名博主参与直播。

4. 评估与优化直播效果

通过分析直播间的观众数量、互动频率、销售数据等，AI 可以进行直播效果的综合评估，并提出优化建议，帮助主播和商家了解直播效果，优化直播策略，提高直播的互动性和销售转化率。例如，某美食直播活动结束后，AI 综合各项数据进行分析，发现直播过程中，介绍特色美食制作环节观众互动频率最高，但产品推荐环节的销售转化率不高。通过分析评论内容发现，用户对产品价格和优惠力度存在疑问。AI 为下次直播提出优化建议，如增加制作环节时长、详细介绍产品性价比、提供更多优惠活动等。

5. 优化广告投放

通过分析用户的行为数据和广告效果数据，AI 可以优化广告投放策略，如调整广告投放时间、选择最佳广告位等，提高广告投放的精准度和效果，降低广告成本，提高广告的转化率。例如，某服装品牌在微博进行直播推广时，利用 AI 优化广告投放。AI 分析发现目标用户群体在 20:00—22:00 的活跃度最高，且对微博信息流广告中的图片广告形式关注度较高。根据分析结果，AI 建议将广告投放时间调整为从 20:00 开始，并优先选择信息流中的图片广告位进行投放。同时，AI 根据用户兴趣标签，精准定位出对时尚服装感兴趣的用户群体，对其进行投放。

二、AI 创作工具

（一）数字人创作工具

数字人创作工具利用 AI 技术生成逼真的虚拟人物形象。这些工具可根据用户的需求定制数字人的外貌、表情、动作等。数字人可以应用于直播、影视、游戏等多个领域，为用户带来全新的视觉体验。腾讯智影数字人创作工具可以快速生成具有高逼真度的数字人形象，并应用于新闻播报、直播带货等场景，如图 1-4 所示。

图 1-4　腾讯智影数字人创作工具

（二）文案创作工具

文案创作工具利用自然语言处理技术，帮助用户快速生成高质量的文案内容。这些工具可以应用于广告文案、新闻稿件、社交媒体文案等多个领域，用以提高文案创作的效率和质量。文案创作工具非常多，包括 DeepSeek、豆包、文心一言、Kimi 等。图 1-5 所示为 Kimi 首页，用户输入文案撰写提示词，即可得到相应的文案内容。

图 1-5　Kimi 首页

（三）图片创作工具

图片创作工具利用深度学习算法，根据用户输入的文本描述或特定的风格要求，自动生成高质量图片。目前，市面上具备 AI 图像创作功能的工具丰富多样，包括 Midjourney、豆包、稿定设计、创客贴 AI、美图秀秀等。这些工具在创作风格、细节及功能侧重点上各有差异。图 1-6 所示为利用 Midjourney 生成的创意图像。

图 1-6　利用 Midjourney 生成的创意图像

在实际应用中，可借助图片创作工具设计吸引人的直播封面图、直播预告海报、产品展示图等，通过优质的视觉内容吸引观众注意力，提高直播点击率和转化率。

（四）视频创作工具

视频创作工具利用 AI 技术自动生成视频内容。这些工具可将图片、文字、音频等素材整合为一个完整的视频，为用户提供便捷的视频制作解决方案。如图 1-7 所示，讯飞智作的"AIGC 工具箱"为用户提供了多种视频生成方式，如将图片、Word 文档、网络推文等转化成视频。

图 1-7　讯飞智作"AIGC 工具箱"界面

（五）音频创作工具

音频创作工具利用 AI 技术，帮助用户快速生成高质量的音频内容，适用于音乐创作、语音合成、音频编辑等多个领域，从而提高音频创作的效率和质量。Amper Music、讯飞智作等工具广受欢迎，图1-8 展示了讯飞智作音频创作的核心功能模块。

图1-8 讯飞智作音频创作的核心功能模块

（六）扣子智能体工作流

扣子智能体允许开发者通过编写代码来调用各类 AI 模型和工具，实现工作的自动化、定制化。图1-9 所示为扣子创建智能体界面。扣子智能体工作流在 AI +直播领域优势显著。它能突破图形化界面工具的限制，实现高度定制化的直播体验，如精细调控 AI 虚拟主播的表现，根据商品定制介绍方式；还能自动安排直播流程，如自动安排时间、处理互动等；同时，借助代码集成分析工具，它可基于实时监测的观众行为数据，优化直播内容与策略，提升直播参与度与转化率。

图1-9 扣子创建智能体界面

📖 **文化小课堂**

从创作工具的历史变迁看创新精神的传承与弘扬

在远古时代，人类使用石器、骨器等简单工具进行创作和记录。随着文明的发展，纸和笔的发明极大地推动了文学、艺术和科学的进步。

11 世纪和 15 世纪，毕昇和古登堡分别使用胶泥和铅发明了活字印刷术，使书籍的生产和传播变得更加高效和广泛。这一技术革命不仅促进了知识的普及，还推动了科学、艺术和文学的繁荣。

工业革命带来了机械化的创作工具，如打字机、照相机。这些工具大大提高了创作效率和质量，使得更多人能够参与到创作活动中来，进一步推动了社会的进步和文化的发展。

20世纪，计算机和互联网的出现彻底改变了创作工具的面貌。文字处理软件、图像编辑软件和视频剪辑软件等数字工具，使得创作变得更加便捷和多样化。互联网的普及更是打破了地域和时间的限制，使得创作者能够在全球范围内进行分享和交流。

21世纪，AI技术迅速发展，促进了智能创作工具的兴起。AI可以自动生成文本、图像和音乐等，辅助创作者高效创作。

创作工具的变迁展示了人类不断追求创新和进步的精神。从最初的石器到现代的AI工具，每一次技术的进步都为创作者提供了更强大的工具，提高了创作者的创造力。弘扬创造精神，就是要不断探索和应用新技术，推动社会和文化的持续发展。

【任务实施】

任务活动　AI赋能直播电商认知

某学校组织了一次以"AI赋能直播电商认知"为主题的活动，旨在让学生体验用AI优化直播电商流程。任务活动具体步骤如下。

步骤1：活动启动与背景介绍。

教师讲解AI在直播电商中的应用场景，如虚拟主播、智能客服等，说明活动的目的和预期成果。

步骤2：分组与任务分配。

将学生分成若干小组，每组4~5人。每组选择一个AI在直播电商中的应用场景作为研究和实践的主题。

步骤3：资料收集与研究。

各小组通过网络、图书馆等渠道收集与所选主题相关的资料，研究AI在该场景中的具体应用方法和案例，记录研究成果，填写表1-6。

表1-6　AI在直播电商中的应用场景研究

应用场景	
AI在该场景中的具体应用方法	
案例	
其他	

步骤4：成果输出与展示准备。

各小组整理实践成果，以表格、PPT、视频等形式呈现。

步骤5：成果展示与分享。

各小组依次进行成果展示，展示内容包括研究背景、技术实现过程和效果评估等。其他小组成员和教师进行提问和点评。教师对各小组的展示进行总结，指出亮点和不足。

任务三　AI+直播电商场景下提示词和提示词工程的应用

📖任务分析

要掌握 AI+直播电商场景下提示词和提示词工程的应用，需要完成以下内容的学习。

1. 了解提示词的定义、特点，清楚提示词中的关键词的应用领域及如何准确应用提示词等。

2. 熟悉提示词工程的定义，掌握提示词工程应用技巧中的关键点。

【知识储备】

一、提示词的应用

（一）提示词的定义及特点

在 AI+直播电商场景下，提示词是指用户输入 AI 以引导其生成特定内容或执行特定任务的指令性语句。这些语句能够明确地向 AI 传达用户的需求、期望达到的效果、目标受众特征及内容的风格、格式等关键信息，从而使 AI 生成符合直播电商场景需求的文案、图片、视频脚本等内容。

当下，AI+直播电商场景下提示词的具体应用领域主要包括直播文案创作和直播画面设计。而在使用过程中，提示词有以下三个特点。

1. 明确具体

提示词需要清晰准确地表达需求，避免模糊和歧义。例如，不要使用"一个好看的直播画面"这种模糊的描述，而应使用"一个以绿色森林为背景、主播位于画面中心、光线明亮柔和的直播画面"等具体的描述。

2. 包含关键信息

提示词要涵盖与直播内容相关的核心元素，如产品特点、目标受众、风格偏好等。例如，"为一场面向中年女性的服装直播生成文案，突出服装材质舒适、款式优雅、适合日常穿着的特点，文案语言要简洁明了"明确了目标受众、产品特点和文案风格等关键信息。

3. 可调整性

提示词不是一成不变的，需要根据实际情况和反馈进行灵活调整。例如，如果初次生成的文案不符合预期，可以调整提示词的某些关键词或表达方式，如"修改文案，使其更能引起情感共鸣""修改语言风格，使其更活泼"等，以获得更理想的结果。

🔍合作探究

假如要介绍一款零食，利用 AI 生成介绍话术，提示词中应包含哪些关键信息？

（二）提示词中的关键词及其应用

关键词是指能够精准描述直播核心内容、产品特点、目标受众需求及直播风格等关键信息的词汇或短语组合。关键词不仅是用户搜索相关直播或产品时的依据，也是直播平台的 AI 算法识别直播内容、进行分类推荐和流量分发的重要标识。

在 AI+直播电商场景下，提示词中的关键词主要有三个具体的应用领域：直播标题优化、产品描述与推荐、直播内容分类与贴标签。要想准确引用关键词，可以参考以下三个方法。

1. 研究关键词

利用市场调研工具和数据分析工具来确定热门且相关的关键词，也可以通过百度指数等工具了解目标受众的搜索习惯、行业趋势及竞争对手使用的关键词。例如，要开展一场户外直播带货活动，销售露营装备，通过关键词研究工具发现，"轻便露营帐篷""户外烧烤炉""露营防潮垫"等关键词在近期的搜索量较大且呈上升趋势，因此在直播策划和内容准备中，就可以重点围绕这些关键词展开。

2. 筛选与组合关键词

从众多关键词中筛选出与直播内容相关、搜索量较大且竞争相对较小的关键词，并进行合理组合；避免使用过于宽泛或过于生僻的关键词。例如，对于一场服装直播，有"时尚女装""夏季服装""连衣裙""潮流穿搭"等多个关键词可供选择，经过分析，发现"夏季时尚连衣裙穿搭"这个组合既可准确描述直播内容，又有一定的搜索量，同时竞争相对不那么激烈，因此在直播标题、描述和标签中可使用这个组合，以提高直播的曝光度。

3. 实时调整关键词

根据直播过程中的实时数据反馈和市场变化，实时调整关键词。如果发现某些关键词的引流效果不佳，就需及时优化或更换关键词。例如，在直播过程中，通过直播平台后台数据发现，原本设定的"新款电子产品"这个关键词虽然搜索量较大，但由于竞争激烈，直播间流量较小。经过分析，发现"小众新款电子产品推荐"这个关键词的搜索用户更加精准，且竞争相对较小。于是主播在直播中及时调整话术，突出"小众"这个特点，并修改直播标题和标签，随后直播间的流量和互动量都有了明显提升。

（三）准确应用提示词的方法

1. 了解直播需求和目标

在输入提示词之前，要对直播的主题、产品、受众等进行深入分析。明确直播的核心目的是推广产品、增加粉丝互动还是提升品牌形象等，以此为基础构建提示词。

常见的向 AI 提问的方法

2. 参考优秀案例和数据

研究同类型成功直播或相关优秀内容中的提示词使用方法，同时利用数据分析工具了解热门关键词和受众的喜好。将这些信息融入自己的提示词中，提高提示词的有效性。

例如，通过分析一些热门的健身直播案例，发现使用"快速燃脂""轻松打造健美身材"等关键词的直播关注度较高。数据分析显示，上班族在搜索健身相关内容时，"办公室健身小窍门""短时间高效健身法"等关键词频繁出现。因此，在为健身器材直播生成提示词时就可以参考这些信息，如"生成一个介绍健身器材的直播脚本，包含办公室健身小窍门，突出产品能实现快速燃脂，适合短时间锻炼；直播风格要生动有趣且直播内容具有互动性"。

3. 进行测试和优化

对初步生成的内容进行评估，根据评估结果调整提示词。通过不断测试不同的提示词组合和表达方式，找到最适合直播需求的提示词组合。

例如，首次输入提示词生成的直播文案可能过于专业，导致普通观众难以理解。经过分析评估后，调整提示词为"使文案语言更通俗易懂，增加一些生活案例，保持对健身器材功能介绍的完整性"。经过多次测试和优化，就能得到准确有效的提示词，使AI生成高质量、符合直播需求的内容。

二、提示词工程的应用

（一）提示词工程的定义及示例

在 AI+直播电商场景下，提示词工程不是简单地输入单个提示词，而是从直播电商的整体业务流程、目标受众、产品特点等多维度出发，进行提示词的设计、管理与优化，以实现直播效果的最大化。

AI 工具提示词
撰写技巧

例如，一个直播电商团队计划推广一系列智能家居产品。在提示词工程中，该团队首先会对产品进行分类，如智能照明设备、智能安防系统、智能家电等。对于智能照明设备，可构建以下提示词体系。

产品介绍类提示词："生成一段介绍智能灯泡的文案，突出节能、可调节色温、可远程控制等特点，说明适合现代简约家居风格，目标受众为年轻上班族，文案风格要简洁明了且有科技感。"通过这样的提示词，AI 能够生成诸如"年轻的上班族们，这款智能灯泡是你打造现代简约家居环境的得力助手。它节能高效，能帮你省下电费；可随心调节色温，营造不同氛围；还能远程控制，让你回家即享舒适光线"的文案。

直播互动类提示词："设计一个关于智能照明设备的直播互动环节，要求观众分享自己对照明氛围的需求，根据观众回答推荐合适的产品，并设置抽奖环节。"AI 能够生成诸如"大家快来留言分享你们想要的照明氛围！我们会根据你们的需求推荐合适的智能照明产品，大家还有机会参与抽奖，赢取小礼品！"的文案。

（二）提示词工程应用技巧中的关键点

1. 明确业务目标与受众需求

直播电商的核心目标可能是产品销售、品牌推广或增强粉丝黏性等。只有明确业务目标，才能构建与之适配的提示词体系。深入了解目标受众的年龄、性别、兴趣爱好、消费习惯等信息，有助于生成更具吸引力和针对性的内容。

2. 构建分层分类的提示词体系

根据直播电商的流程（如开场、产品介绍、互动、结尾等）、产品种类、内容形式（文案、图片、视频等）进行分层分类，每个类别下再细分具体的提示词模板，以方便团队成员快速调用和修改，提高工作效率并保证内容风格的一致性。

3. 持续优化与迭代提示词

随着市场趋势变化、消费者需求更新及 AI 算法的优化，需要不断调整和完善提示词。通过收集直播数据，如观众互动率、产品转化率、流量来源等，分析哪些提示词效果好，哪些提示词需要改进，进而对其进行优化、迭代。

 【任务实施】

任务活动 1　利用关键词撰写直播标题

在直播电商蓬勃发展的今天，直播标题是吸引观众进入直播间、提高直播流量和关注度的关键因素。任务活动具体步骤如下。

步骤 1：明确直播核心内容与目标受众。

对直播内容进行深度剖析，例如，拟定直播主题为"秋季时尚穿搭秘诀大揭秘"，据此确定本次直播主要介绍秋季日常穿搭、职场穿搭还是特殊场合穿搭。假如聚焦于职场人士的秋季穿搭，就要明确目标受众是职场新人还是职场精英。这一步是为了后续向 AI 输入准确的提示词做准备。

步骤 2：收集热门关键词和话题。

通过搜索引擎、社交媒体平台及直播电商数据分析工具等渠道，收集与秋季穿搭相关的热门关键词和话题。例如，在小红书平台搜索"秋季流行色"（见图 1-10）、"保暖又时尚的穿搭单品"和"职场通勤穿搭技巧"等关键词。同时，关注当前时尚界的热门趋势，如某艺人的秋季穿搭造型引发热议等话题，将这些信息整理备用。

图 1-10　在小红书平台搜索"秋季流行色"关键词示例

步骤 3：利用 AI 生成标题。

打开 AI 文案生成工具，如豆包，将之前收集的关键词和直播核心内容等作为提示词输入 AI 文案生成工具中，并设定一些要求，如将标题字数限制在 10～15 个字、风格要活泼有趣或者专业时尚等。例如，输入"为秋季职场穿搭直播生成标题，包含流行色和穿搭技巧关键词，风格要专业时尚，字数为 12 字左右"，用豆包生成标题的示例如图 1-11 所示。

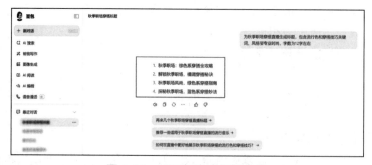

图 1-11　用豆包生成标题示例

步骤 4：筛选和优化 AI 生成的标题。

AI 通常会生成多个标题，仔细阅读每个标题，根据与直播内容的契合度、吸引力及是否符合品牌形象等因素进行筛选。对于筛选出的标题，可进一步优化。例如，如果标题存在表述不够清晰或者语言不够生动的问题，可适当调整用词、使用修辞手法或者使用更有感染力的表达方式。用豆包对生成的标题进行优化的示例如图 1-12 所示。

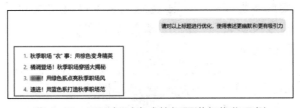

图 1-12　用豆包对生成的标题进行优化示例

任务活动 2　利用 AI 撰写产品介绍文案

在当今数字化商业环境中，产品介绍的质量直接影响着产品的销售和品牌形象。随着 AI 技术的飞速发展，借助 AI 生成精准、吸引人的产品介绍文案成为提升营销效率的重要手段。本活动围绕利用 AI 撰写产品介绍文案来展开，任务活动具体步骤如下。

步骤 1：分析产品并确定目标受众。

选择一款产品，全面深入地了解其特性、独特卖点等，并进行信息提取，同时明确其目标受众。请将你选择的产品的基本信息及其目标受众填写在表 1-7 中。

表 1-7　所选产品的基本信息及目标受众

产品名称	
特性（功能）	
独特卖点	
目标受众	

步骤 2：提取与拓展关键词。

根据产品分析结果，提取核心关键词，然后利用关键词研究工具，如百度指数等，拓展相关的热门关键词和长尾关键词。以智能手表为例，关键词可能包括"智能手表""健康监测""运动模式""时尚外观"等，可拓展出"精准心率监测智能手表""适合跑步的智能手表功能""时尚百搭智能手表款式"等，这些关键词将成为构建提示词的基础素材。通过百度指数查找相关关键词的示例如图 1-13 所示。

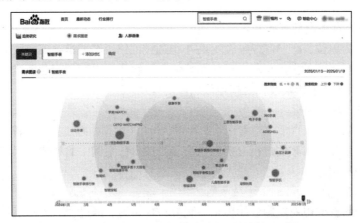

图 1-13　通过百度指数查找相关关键词示例

步骤 3：构建提示词框架

设计一个清晰的提示词框架，包括产品基本信息、目标受众特征、期望的文案风格和重点突出的内容等方面。例如，"为［产品名称］智能手表生成产品介绍文案，目标受众是［目标受众特征］，文案风格要［专业／活泼／文艺等］，重点突出［产品核心卖点］，包含以下关键词［列出主要关键词］。"这个框架能够为后续撰写详细提示词提供指导。

步骤 4：撰写详细的提示词

在提示词框架的基础上，撰写详细的提示词。要尽可能详细地描述产品特点和优势，使用具体的数据、案例和形象的比喻来增强描述的生动性。

提示词内容："想象你正在向热爱运动、追求时尚的朋友们介绍这款超棒的智能手表。它不仅外观时尚，有［具体颜色、材质等描述］，而且功能强大。其防水深度可达［具体数值］米，让你在游泳时也能佩戴。长达一周的续航能力，让你不用担心电量问题。精准的健康监测功能，可以实时记录你的心率、睡眠等数据，就像你的私人健康小助手。多种运动模式，无论是跑步、骑行还是登山，都能满足你的需求。"

步骤 5：利用 AI 生成产品介绍文案并优化

将撰写好的提示词输入合适的 AI 文案生成工具中，得到 AI 生成的产品介绍文案后，仔细阅读并进行优化。检查文案是否准确传达了产品信息，语言是否通顺流畅，逻辑是否清晰。可以对一些表述进行替换或补充，使其更符合产品特点和目标受众的阅读习惯。同时，也可以再次利用 AI 对优化后的部分内容进行润色，以提高文案质量。

实训任务　AI+直播电商认知实践

实训描述

本次实训旨在帮助学生全面了解直播电商的基本概念、发展情况及 AI 技术在直播电商中的应用。通过理论学习和实际操作，学生将掌握直播电商的基本流程，了解 AI 如何赋能直播电商，并学会在直播电商场景下运用 AI 提示词。最终，学生能够将所学知识应用于实际项目，提高对 AI 技术的认知和应用能力。

操作指导

步骤 1：探究直播电商基础知识。

学生以小组为单位，4～5 人为一组，各小组通过网络、图书馆等渠道收集直播电商的基础知识，包括直播电商的发展历程、现状和趋势，了解直播电商的商业模式和运营流程，学习 AI 技术对直播电商的影响及在直播电商领域的应用。

步骤 2：进行案例分析。

展示一些成功的 AI+直播电商案例，如利用 AI 生成虚拟主播、智能推荐商品、实时分析用户行为等。学生分组对案例进行分析，讨论 AI 技术在案例中的具体应用和效果，以及对直播电商行业的影响。

步骤 3：实践操作。

小组选择一个直播电商主题，如美妆、服装、食品等。通过 AI 创作工具，如文案创作工具、图片创作工具等，利用 AI 提示词应用技巧，生成直播电商产品主图、海报、产品介绍文案等。

步骤 4：输出成果。

结合上述步骤的实践结果，撰写 AI+直播电商探究报告，报告应包括但不限于以下内容：AI 技术在直播电商中的应用场景及价值、行业典型 AI+直播电商案例分析、AI 创作工具在直播活动准备中的应用示例、提示词应用技巧研究等。报告形式可以为 Word、PPT、视频等。

步骤 5：总结评估。

各小组对自己的实践活动进行总结，分享在实践过程中的收获和体会。教师和其他小组对各小组的实践活动进行评估，提出改进建议。

实训评价

基于学生在本次实训中的表现及实训完成情况，对实训考核内容进行评分，同时学生进行自我评价，教师进行点评（见表 1-8）。

表 1-8 实训评价

考核项目	学生 自评分（30%）	教师 评分（70%）
全面了解直播电商的发展历程、现状和趋势，清楚其商业模式和运营流程（30 分）		
熟悉 AI 技术在直播电商领域的应用，能够结合案例展开讨论与分析，总结 AI 技术对直播电商行业的具体影响（35 分）		
能够应用 AI 工具，进行直播电商产品主图、海报、产品介绍文案等的创作，具备基本的 AI 工具使用技能，并根据实践探究结果撰写 AI+直播电商分析报告，报告结构完整、重点突出、语言严谨、具有可读性（35 分）		
总计（100 分）		
学生自我评价	教师点评	

知识与技能训练

一、单选题

1. 以下选项中，不是虚拟主播的优势的是（　　）。

    A. 可实现 24 小时在线直播　　　　　　B. 能够提高品牌曝光率

    C. 会增加直播成本　　　　　　　　　　D. 具有可定制化设计的特点

2. 在 AI+直播电商中，关键词的作用不包括以下哪一项？（　　）

    A. 作为用户搜索直播或产品的依据

    B. 帮助直播平台的 AI 算法识别直播内容

    C. 直接决定直播的销售转化率

    D. 用于直播平台进行分类推荐和流量分发

3. 在直播电商活动中，负责挖掘产品亮点和热点话题，并将其融入直播内容，同时创新直播形式的岗位是（　　　）。

    A. 主播　　　　　　　　B. 助播　　　　　　　　C. 运营　　　　　　　　D. 策划

4. 关于数字人创作工具特点的描述，以下选项中不准确的是（　　　）。

    A. 高度定制化，可设置个性化的数字人外貌等

    B. 逼真的表情和动作，能自然互动

    C. 高效的制作流程，可快速创建形象

    D. 根据文本描述自动生成高质量图片

5. 智能数据分析与决策优化中，（　　　）不是通过分析用户行为数据实现的。

    A. 调整直播内容和节奏　　　　　　　　B. 预测产品销售趋势

    C. 生成用户画像　　　　　　　　　　　D. 降低广告成本

二、多选题

1. 智慧营销可以（　　　）。

    A. 对产品进行自动识别和介绍　　　　　B. 为旅游行业提供精准营销和服务

    C. 为娱乐行业提供精准营销和服务　　　D. 对观众的互动行为进行分析

2. 以下 AI 创作工具中，具备人工智能图像创作功能的工具有（　　　）。

    A. Midjourney　　　　B. 豆包　　　　　　C. 稿定设计　　　　D. 讯飞智作

3. 直播电商产业链主要由（　　　）构成。

    A. 供应端　　　　　　　　　　　　　　B. 直播平台

    C. MCN 机构与主播　　　　　　　　　D. 客户端

4. 在 AI+直播电商场景下，提示词可以应用于以下哪些领域？（　　　）

    A. 直播文案创作　　　　　　　　　　　B. 产品介绍文案生成

    C. 直播画面设计　　　　　　　　　　　D. 视频脚本创作

5. 在直播领域，智慧内容创作与优化借助 AI 技术可以在（　　　）方面发挥作用。

    A. 生成直播脚本　　　　　　　　　　　B. 创作直播标题

    C. 进行图像智能剪辑　　　　　　　　　D. 决定直播的主题

三、判断题

1. 虚拟主播只能在"二次元"领域受到欢迎。（　　　）

2. 智能客服不能分析用户咨询的问题。（　　　）

3. 在直播领域，智慧内容创作与优化只能对文本内容进行创作。（　　　）

4. 提示词需要清晰准确地表达需求，避免模糊和歧义。（　　　）

5. 提示词与关键词是一回事。（　　　）

AI 助力直播电商前期准备

职场创新

在直播电商蓬勃发展的今天，前期准备工作至关重要。选择和入驻合适的直播平台是直播成功的敲门砖，能让你更快触达目标受众；选品关乎直播效果与收益，正确的选品要求、思路及数据化选品手段不可或缺；精心搭建直播场景，能提升观众体验。本项目将深入探讨这些内容，助你在直播电商领域迈出坚实的第一步。典型工作任务工作内容与要求如表 2-1 所示。

表 2-1　典型工作任务工作内容与要求

典型工作任务	工作内容与要求（传统）	工作内容与要求（AI 赋能）
直播场景搭建	1. 能够根据直播主题与产品特性，进行场地的选择与布局，合理划分产品展示区、讲解区，确保空间利用高效，视觉上主次分明，符合产品定位与观众观看习惯 2. 能够依据直播预算与预期效果，完成设备的挑选与调试 3. 能够结合直播风格与观众喜好，进行场景装饰与道具布置	1. 能够根据大量的直播数据与用户反馈，利用 AI 分析工具进行场景设计的优化 2. 能够借助 AI，输入直播主题、产品特点及目标受众偏好等关键信息，快速完成直播场景设计 3. 能够运用 AI 智能感知技术，结合直播实时数据，进行场景的动态调整

项目概述

本项目围绕直播电商前期准备展开，重点讲解如何通过 AI 助力做好直播的前期准备工作。通过学习，学生将了解直播平台选择与入驻的相关知识，掌握直播选品的方法与技巧，能够运用 AI 进行直播场景搭建。

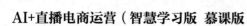

学习目标

1. 熟知主流直播平台及其特点，掌握精准选择直播平台并完成入驻的知识。

2. 学会依据要求和思路进行直播选品，运用数据化手段筛选优质产品，提高选品精准度与效率。

3. 能够独立完成直播设备的筹备与调试，根据直播主题与目标受众设计直播场景，营造良好直播氛围。

4. 培养在直播电商领域的职业责任感与敬业精神，提升跨部门协作能力，以适应直播电商团队的工作需求。

5. 激发创新意识，以开放的思维看待 AI 在直播电商中的应用，培养在行业变化中不断探索的精神。

任务一 直播平台选择与入驻

任务分析

要掌握直播平台选择与入驻的基础知识，并进行相关实践活动，需要完成以下内容的学习。

1. 熟悉主流直播平台及其特点，为直播平台的选择奠定理论基础。

2. 掌握精准选择直播平台的方法，根据直播营销需求选择合适的直播平台，并按照流程入驻直播平台。

【知识储备】

一、主流直播平台

主流直播平台的情况、特点、主要直播类型及 AI 技术使用情况如表 2-2 所示。

表 2-2　主流直播平台介绍

平台名称	平台情况	平台特点	主要直播类型	AI 技术使用情况
抖音直播	抖音推出的实时流媒体视频平台	具有高互动性和社交性，内容丰富多样	才艺展示直播、生活分享直播、产品推广直播	AI 技术广泛应用于直播带货、智能推荐等领域
快手直播	快手于 2016 年上线的功能	国内颇具人气的视频直播平台，汇聚众多网络红人	带货直播、游戏直播、娱乐直播、科普教育直播	使用 AI 技术提升直播体验，推出面向虚拟人主播的扶持计划
淘宝直播	淘宝推出的电商直播平台	直播电商消费专业平台，集多行业、多平台、智能化、安全性于一体	电商直播	利用 AI 技术进行智能推荐和数据分析，推出 AI 全时直播库
虎牙直播	以游戏直播为主的弹幕式互动直播平台	提供游戏直播、美食直播、娱乐直播等多种直播内容，拥有完备的版权赛事体系	游戏直播、娱乐直播	在部分场景中尝试使用 AI 技术提升用户体验

（续表）

平台名称	平台情况	平台特点	主要直播类型	AI 技术使用情况
斗鱼	国内知名的弹幕式直播分享网站	在游戏直播行业占有较高的市场份额，涵盖体育、综艺、娱乐等多种直播内容	游戏直播、体育直播、综艺娱乐直播	逐步探索 AI 技术在直播中的应用，提升直播质量和互动性
哔哩哔哩直播	哔哩哔哩旗下直播平台	提供便捷多样的直播服务，设有多个直播分区，互动功能丰富	学习直播、游戏直播、电竞直播、宅舞直播、唱歌直播、绘画直播、美食直播等	积极推动 AI 技术在直播中的应用，支持虚拟主播的发展
小红书直播	小红书平台推出的直播功能	颇受年轻人喜爱的社交平台，涵盖时尚、个人护理、彩妆美容等多个领域	生活方式分享直播、产品推广直播	在部分直播中尝试使用 AI 技术进行智能推荐和数据分析

二、直播平台精准选择与入驻

（一）精准选择直播平台

1. 明确需求

根据个人或品牌的直播内容类型（如娱乐、教育、电商等）选择相应的直播平台。可借助 AI 技术，分析各平台的用户画像，选择与目标受众匹配度高的平台。

2. 考查用户规模

利用 AI 收集并分析各平台的用户数量、用户活跃度、用户行为等数据，以评估其用户规模及潜力。通过社交媒体关注度和互动情况，侧面了解平台的用户黏性。

3. 关注内容质量

观看直播时利用 AI 进行内容分析，评估直播精彩程度、主播表现及观众互动情况。通过 AI 算法对直播内容的关键词、情感倾向等进行分析，判断其是否符合自身的内容策略。

4. 体验互动功能

测试平台发弹幕、送礼物、连麦等互动功能，利用 AI 进行实时反馈分析，评估其互动效果。通过 AI 分析平台的社区氛围，了解观众互动情况及平台对违规行为的处理情况。

（二）直播平台入驻流程与注意事项

1. 了解入驻要求

不同平台的入驻要求可能会有所不同，一般要求提供个人身份信息、联系方式等基本资料。对于电商直播，可能还要求提供营业执照等相关证照。在选择平台之前，要仔细了解平台的入驻要求，确保自己符合入驻条件。

2. 准备入驻材料

根据平台要求，准备好相关的入驻材料，如身份证照片、个人照片、直播设备清单等。如果是企业入驻，还需准备营业执照、法定代表人身份证等证照。需确保材料的真实性和完整性，以免影响入驻审核。

3. 提交入驻申请

在平台找到入驻入口，填写入驻申请表格，上传所需材料。在填写入驻申请表格时，要认真填写个人信息和直播计划，突出自己的优势和特色。提交申请后，耐心等待平台审核。

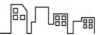

审核时间可能会因平台而异，一般为几个工作日。

4. 完善直播设置

一旦入驻成功，就要尽快完善直播设置，包括直播间标题、封面、标签等，可利用 AI 辅助进行设计。这些设置能够影响直播在平台上的展示效果，吸引更多观众。也可利用平台提供的直播工具和功能，如直播特效、弹幕互动等，提升直播的质量和趣味性。

5. 遵守平台规则

入驻直播平台后，要严格遵守平台的规则和政策，包括直播内容规范、行为规范、版权规范等。违反平台规则可能会导致账号被封禁，影响自己的直播事业。关注平台的动态和通知，及时了解平台的规则变化和新政策，确保自己的直播行为合法合规。

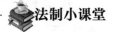 法制小课堂

《网络直播营销管理办法（试行）》（节选）

第五条　直播营销平台应当依法依规履行备案手续，并按照有关规定开展安全评估。

从事网络直播营销活动，依法需要取得相关行政许可的，应当依法取得行政许可。

第六条　直播营销平台应当建立健全账号及直播营销功能注册注销、信息安全管理、营销行为规范、未成年人保护、消费者权益保护、个人信息保护、网络和数据安全管理等机制、措施。

直播营销平台应当配备与服务规模相适应的直播内容管理专业人员，具备维护互联网直播内容安全的技术能力，技术方案应符合国家相关标准。

第七条　直播营销平台应当依据相关法律法规和国家有关规定，制定并公开网络直播营销管理规则、平台公约。

直播营销平台应当与直播营销人员服务机构、直播间运营者签订协议，要求其规范直播营销人员招募、培训、管理流程，履行对直播营销内容、商品和服务的真实性、合法性审核义务。

直播营销平台应当制定直播营销商品和服务页面目录，列明法律法规规定的禁止生产销售、禁止网络交易、禁止商业推销宣传以及不适宜以直播形式营销的商品和服务类别。

 【任务实施】

任务活动　入驻抖音电商

入驻抖音电商的具体步骤如下。

步骤 1：了解抖音电商政策。

进入抖音电商官网首页（见图 2-1），通过阅读"入驻流程""入驻材料与费用"或联系客服等，了解入驻抖音电商的基本流程及相关政策。

步骤 2：准备入驻材料。

（1）基础材料。

① 企业营业执照（如果是企业商家）或个体工商户营业执照（如果是个体商家）。营业执照需确保在有效期内，且经营范围与所售商品相符。

② 法定代表人身份证/经营者身份证。身份证需为本人真实有效的证件，且与营业执照上的法定代表人信息一致，需提供身份证正反面照片。

③ 银行账户信息。企业商家需提供对公账户信息，用于接收平台交易款项，个体商家可以提供个人银行卡信息。

图 2-1　抖音电商官网首页

（2）其他可能需要的材料。

如果销售品牌商品，需要提供品牌授权书等相关品牌资质证明，以确保商家有合法的销售权。如果销售一些特殊商品，如销售食品类商品，则需要提供食品经营许可证。

步骤 3：注册和设置抖音账号。

凭手机号等信息进行注册，然后设置账号基本信息，包括头像、昵称、简介等。昵称要简洁易记且与所售商品或品牌相关，简介可简要介绍自己的业务或品牌特色。

步骤 4：提交入驻申请。

访问抖音电商官网，弹出入驻界面后，在该界面选择主体类型（个体工商户、企业/公司等），如图 2-2 所示；接着填写主体信息（包括营业执照信息、经营者/法定代表人信息等）、店铺信息（如店铺名称、经营类目等），并上传之前准备好的入驻材料。

图 2-2　选择主体类型

步骤 5：等待审核。

提交入驻申请后，抖音电商会对商家的资质、商品、店铺信息等进行全面审核。审核时间一般在 1～3 个工作日，但有时可能会因申请量较大等延长审核时间，商家需要耐心等待。如果审核不通过，商家需要根据提示修改信息或补充材料，重新提交入驻申请。

步骤 6：账户验证。

如选择实名认证方式，需填写经营者/法定代表人个人名下的银行卡号，输入银行预留手机号和验证码。如选择打款认证方式，需填写企业对公银行卡号、开户银行、开户支行所在

地、开户支行名称等信息，平台会向该账户打入一笔小额款项，商家需确认收到的款项金额，完成验证。

步骤7：缴纳保证金。

审核通过且账户验证完成后，商家需要按照平台规定缴纳保证金。类目、开店主体不同，所需缴纳的保证金金额不同。如果同时销售多类目商品，平台会按照类目最高金额收取保证金。缴纳保证金后，即可正式开通抖音直播功能。

任务二　直播选品

任务分析

要掌握直播选品，并进行相应业务场景的模拟，需要完成以下内容的学习。

1. 理解直播选品的要求，熟悉直播选品的思路。
2. 清楚直播数据化选品的重要性，掌握数据化选品的常用方法及工具。

【知识储备】

一、直播选品要求与思路

（一）直播选品要求

1. 满足市场需求

选品要符合市场需求，即选择消费者真正需要的商品。可通过市场调研、数据分析等方式了解消费者的需求和购买趋势，此时 AI 能够有效辅助商家评估市场需求。例如，利用 AI 数据分析功能整合来自多个渠道的数据，包括电商平台的销售数据、社交媒体平台的用户互动数据、搜索引擎的关键词搜索数据等，实时跟踪消费者的行为和市场动态，及时发现消费者关注的热点和新兴需求，预测未来趋势。

2. 品质可靠

消费者在直播中购买商品，最关注的是商品质量。因此，商家选择的商品必须质量可靠，有良好的口碑。可通过查看商品评价、销量等指标来评估商品质量，避免假冒伪劣商品。也可借助 AI 图像识别技术，对商品进行质量检测，确保商品不存在破损、残缺、尺寸不合格等问题。

知识链接

AI 图像识别技术是指让计算机通过算法和模型对图像中的内容进行理解和分类的技术。例如，在图像识别任务中，机器学习模型可以通过学习大量的标注图像，自动识别图像中的物体、场景等信息。机器学习模型会从图像的像素值中提取特征，如颜色、纹理、形状等，并根据这些特征来判断图像的类别。

3. 具备差异化竞争优势

在竞争激烈的直播电商市场中，具有独特性的商品可以吸引更多消费者。利用 AI 算法分析竞品，可以挖掘商品的差异化优势，选择一些小众品牌商品、特色商品或独家定制的商品。

4. 价格合理

价格是影响消费者购买决策的重要因素之一。选品时要选择价格合理的商品，既要保证商家的利润，又要让消费者觉得物有所值。可通过与供应商谈判、批量采购等方式降低商品成本，从而为消费者提供更优惠的价格。也可通过 AI 技术进行同类商品的价格分析，为自身商品的定价提供依据，以确保直播商品价格具有竞争力。

（二）直播选品思路

1. 明确目标受众

直播选品首先要精准定位目标受众，明确其年龄、性别、地域及兴趣爱好等多个维度的信息。例如，若目标受众为年轻女性，她们可能对美妆、时尚服饰及健康轻食等商品更感兴趣；若目标受众为中年男性，则他们可能更关注电子设备、户外运动装备等。

2. 分析竞品

深入研究竞争对手的选品策略，剖析其热销商品的特点，以了解市场消费趋势，找到自身的差异化竞争优势。例如，生意参谋具有竞争分析功能（见图 2-3），商家可用其进行竞争监控、竞店分析、竞品分析，详细了解竞争对手的选品情况。

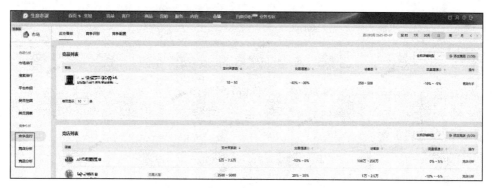

图 2-3　生意参谋的竞争分析功能

3. 挖掘潜在需求

密切关注消费者的反馈和评论，从中挖掘潜在需求和痛点。图 2-4 所示为抖店的"商品诊断"功能，其支持用户了解商品详情、查看分析结果等。

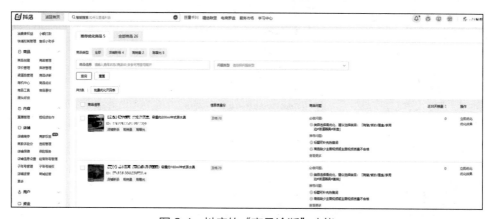

图 2-4　抖店的"商品诊断"功能

4. 结合热点与趋势

热点话题和流行趋势往往能吸引大量消费者关注，为直播电商带来更多流量和销售机会。直播选品时可紧跟热点话题和流行趋势，选择与之相关的商品。例如，图 2-5 所示为蝉妈妈的"商品热度分析"功能，用户输入商品关键词后即可查询特定时间段内商品的热度情况，从而为自身选品提供方向。

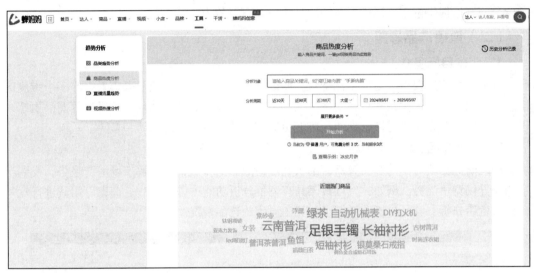

图 2-5　蝉妈妈的"商品热度分析"功能

又如，图 2-6 所示为抖音"种草榜"，分析其中的热点话题也能为选品提供方向。例如，"被××种草了新中式穿搭"位居"种草榜"第一，进行服装直播时就可考虑新中式服装并考虑应用该话题进行营销。

图 2-6　抖音"种草榜"

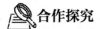

合作探究

怎样利用电商平台数据进行直播选品的精准定位？

法制小课堂

主播直播带货须遵循《中华人民共和国广告法》的相关规定

根据《中华人民共和国广告法》（简称《广告法》）的相关规定，主播在带货时应注意以下事项。

1. 不得使用"国家级""最高级""最佳"等用语。
2. 不得贬低其他生产经营者的商品或者服务。
3. 不得为其未使用过的商品或者未接受过的服务做推荐、证明。
4. 对保健食品、酒类等特定商品的宣传应遵守《广告法》关于该类商品的具体规定。
5. 禁止以虚假或者引人误解的内容欺骗、误导消费者，进行虚假宣传。

主播违反《广告法》相关规定发布广告的，可能承担被行政部门责令停止发布、没收违法所得、罚款等行政责任；构成犯罪的，可能被追究刑事责任。主播发布关系消费者生命健康的商品或者服务的虚假广告，给消费者造成损害的，应与提供该商品或者服务的经营者一起承担连带责任。

二、直播数据化选品

直播数据化选品是指通过分析各类数据，挑选出在直播中具有高潜力、能满足观众需求且能带来良好销售业绩的商品。下面介绍几种常见的直播数据化选品方法。

1. 基于电商平台数据进行选品

电商平台提供的数据分析工具能展示商品的销售数据、搜索热度、用户评价等。以淘宝为例，商家可通过生意参谋查看商品排行数据（见图 2-7）、类目挖掘数据、搜索排行数据等，了解店铺类目商品的行业排行情况，如支付买家数、访客数等，通过分析这些数据，能发现增长趋势良好、市场需求大但竞争相对较小的商品，以此作为选品方向。

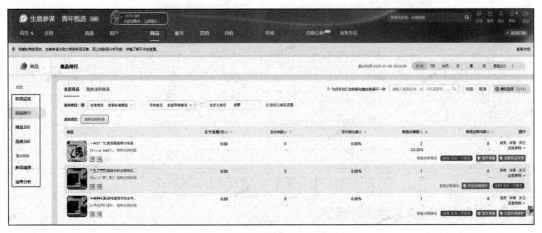

图 2-7　生意参谋中的商品排行

2. 借助直播平台后台数据进行选品

直播平台后台能提供关于直播商品的详细数据，如商品点击率、转化率、观众停留时间等。分析直播平台后台数据可了解观众对不同商品的兴趣和购买意愿，找出受欢迎的商品的特征，优化选品策略。

例如，商家可以在抖店后台"直播管理"模块下的"店铺直播数据"界面进行直播总体概览，了解目前的直播商品总体数据表现情况，初步判断选品是否合适；在"直播中控台"下查看直播商品具体数据表现（见图 2-8），"直播商品"列表下会显示直播中的商品名称、到手价、售出/库存、成交金额、曝光成交率等，商家可据此了解直播间内各商品的表现，以判断后续是否继续上架该商品。

图 2-8　抖店后台"直播中控台"下直播商品具体数据表现

图 2-9 所示为抖音电商罗盘中的直播商品数据表现，用户可通过查看同品类商品的市场排行，了解竞品的数据表现，清晰认知同行优秀选品，为优化自身选品提供参考。

图 2-9　抖音电商罗盘中的直播商品数据表现

3. 借助社交媒体数据进行选品

在社交媒体平台（如微博、小红书、抖音等），可以通过搜索相关话题、标签，了解消费者对各类商品的讨论热点、需求痛点和喜好趋势。例如，在小红书搜索"护肤"话题，能看到用户分享的护肤经验、对不同护肤品的评价及对某些功效的期待，还能看到点赞等数据，这些信息可帮助商家挖掘潜在热门商品（见图 2-10）。

图 2-10 通过小红书数据选品示例

4. 借助竞品数据进行选品

利用竞品分析工具，研究同类型直播的选品策略、销售数据、商品评价等，分析其商品价格区间、促销活动等，找出差异化选品机会或借鉴成功选品经验。例如，利用蝉妈妈可分析抖音直播竞品数据，利用壁虎看看可对多平台直播数据进行监测。图 2-11 所示为蝉妈妈商品模块功能展示，商家利用这些功能可以为自身选品提供策略支持。

图 2-11 蝉妈妈商品模块功能展示

5. 利用行业数据报告进行选品

行业研究机构发布的报告能提供宏观的行业趋势、消费者洞察等数据。例如，艾瑞咨询、QuestMobile 等平台发布的行业报告，涉及各行业的市场规模、发展趋势、消费者行为变化等内容，能够为选品提供方向指引。

【任务实施】

任务活动 生活家居类直播选品实践

肖明在一家电商企业实习，经理安排他结合传统市场调研方法和数据化选品工具，为一场生活家居类直播挑选合适的产品，并撰写选品报告。其操作步骤如下。

步骤 1：调研传统市场。

前往当地家居市场、超市等进行实地考察，观察热门的生活家居产品种类、价格区间、销售情况等。记录下畅销产品的特点、品牌及消费者的购买倾向。与销售人员交流，了解他们对不同产品的推荐理由和市场反馈。

步骤 2：运用数据化选品工具。

利用电商数据分析平台工具，如抖音电商罗盘、生意参谋等，查找生活家居类产品的销售数据、搜索热度、用户评价等。筛选出搜索热度高、销量增长快且评价较好的产品，如图 2-12 所示。借助社交媒体平台，搜索相关家居话题，了解消费者近期关注的家居热门产品。例如，在小红书搜索"家居好物推荐"，收集热门的家居产品推荐和用户体验分享。

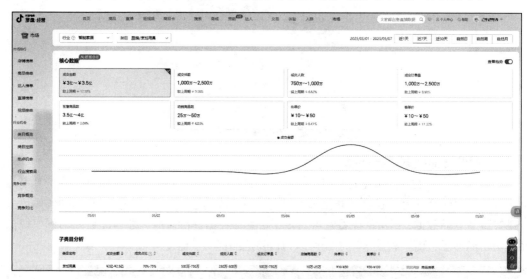

图 2-12　抖音电商罗盘"类目概览"模块

步骤 3：评估与筛选产品。

结合传统调研和数据化选品分析结果，对挑选出的产品进行评估，需考虑产品的质量、价格竞争力、实用性、独特性等因素。

与供应商联系，了解产品的供货情况、价格优惠政策及售后服务等。

步骤 4：撰写选品报告。

根据评估结果，确定最终的直播选品清单。最后撰写选品报告，内容需要包括选品的过程、依据，每个产品的特点和优势，以及直播推广策略建议。

进阶小课堂

输入提示词生成 AI 选品建议

步骤 1：确定细分赛道。

在 AI 工具输入提示词，如"我是一名淘宝店主，想寻找一个细分赛道，请帮我推荐一些合适的细分领域"。AI 工具可能会给出如"母婴用品""运动健身器材"等细分赛道建议。

步骤 2：确定选品领域。

在确定细分赛道后，进一步输入提示词来获取具体的选品建议。例如，选择了"母婴用品"赛道，提示词可以这样写："我是一名淘宝店主，目前主要经营母婴用品，请帮我推荐一些适合在淘宝平台上架销售的母婴产品，并附带介绍一下这些产品的特点、优势及市场反馈等信息。"AI 工具可能会推荐"婴儿背带""宝宝辅食餐具""孕妇防辐射服"等产品。

任务三　直播场景搭建

**任务分析**

要掌握直播场景搭建的方法与技巧，需要完成以下内容的学习。

1. 熟悉常见的直播设备，了解设备要求、适用场景等，清楚直播设备选择的原则。
2. 熟悉直播场景设计涉及的主要内容，掌握利用 AI 进行直播场景设计的注意事项。

【知识储备】

一、直播设备准备

（一）常见直播设备介绍

直播设备通常包括核心直播设备和辅助直播设备，常见直播设备介绍如表 2-3 所示。

表 2-3　常见直播设备介绍

设备名称		设备要求	适用场景	示例图
核心直播设备	摄像头	◇ 功能要求：画质高清、自动对焦、低噪点，支持多种分辨率和帧率 ◇ 推荐配置：分辨率至少为 1080P，帧率为 30 帧/秒，具备广角镜头和光学防抖功能 ◇ 建议选择支持 AI 智能对焦、自动调节白平衡的高清摄像头，确保画面清晰稳定	室内直播、户外直播（需搭配稳定器）	
	话筒	◇ 功能要求：高灵敏度、低噪声、指向性强，支持降噪和消除回声 ◇ 推荐配置：具有心形指向性的电容话筒，配备防喷网和防震架 ◇ 建议选择具备 AI 降噪功能的话筒，减少环境噪声干扰，提升音质	单人讲解、多人讨论、现场采访	
	照明设备	◇ 功能要求：亮度可调、色温可控、光线柔和均匀 ◇ 推荐配置：环形灯、LED 面板灯，支持多色温和可调节亮度 ◇ 建议选择能利用 AI 智能调色技术，根据直播场景自动调整色温和亮度的照明设备	室内直播	

（续表）

设备名称		设备要求	适用场景	示例图
核心直播设备	计算机/手机	✧ 功能要求：高性能处理器、大内存、独立显卡（若用于游戏直播），支持多任务运行和高清视频编码 ✧ 推荐配置：计算机（i5及以上处理器，8GB及以上内存，GTX 1050及以上显卡）；手机（中高端型号，支持高清视频录制和直播）	游戏直播、教学直播、户外直播	
	直播软件/平台	✧ 功能要求：稳定流畅、支持多平台推流、提供丰富的互动功能（如弹幕、抽奖） ✧ 应选择支持AI智能推荐、数据分析等功能的直播软件或平台，以提升直播效果	根据目标受众选择合适的直播平台，如电商直播选择抖音直播、淘宝直播等，教育直播选择哔哩哔哩直播等	
辅助直播设备	混音器	✧ 功能要求：多通道输入、能调节音量、能进行效果处理（如混响、压缩）	音乐直播、多嘉宾访谈	
	视频切换器	✧ 功能要求：能进行多画面切换、能进行画面缩放、能提供过渡效果	多场景直播、活动直播	
	网络设备	✧ 功能要求：高速稳定、低延迟、支持有线和无线连接 ✧ 推荐配置：千兆路由器、有线网络接口（避免无线信号干扰和不稳定）	所有直播场景，确保网络流畅	
	监控与调试设备	✧ 功能要求：能实时监看直播画面，能监测音频质量，支持录制和回放 ✧ 推荐配置：外接显示器、监听耳机	直播前调试、直播中监控	

（二）直播设备选择的原则

（1）根据直播内容和需求选择设备。例如，美妆直播可能需要高画质的摄像设备和良好的照明设备；游戏直播则对计算机性能和音频设备要求较高。

（2）考虑预算。不同档次直播设备价格差异较大，要根据经济实力选择合适的设备。

（3）注重质量和稳定性。选择品牌可靠、口碑好的设备，以确保设备在直播中不会出现故障。

（4）考虑设备的兼容性和扩展性。不同品牌、型号的设备可能存在兼容性问题，需提前测试。要确保直播设备能够与其他设备良好配合，并能够根据未来需求进行升级和扩展。

二、直播场景设计

（一）直播场景设计涉及的主要内容

1. 空间布局

合理的空间布局能够为主播提供舒适的工作环境，也能更好地展示直播内容。空间布局要考虑主播的活动范围、摄像角度、设备摆放等因素。例如，为主播留出足够的活动空间，方便展示产品或进行表演；确定合适的摄像角度，确保观众能够清晰地看到直播内容；合理摆放设备，避免线路混乱和对直播产生干扰。

运用 DeepSeek 生成直播场景设计方案

2. 色彩搭配

色彩能够影响观众的情绪和感受，在直播场景设计中，要选择合适的色彩。一般来说，明亮鲜艳的色彩能够吸引观众的注意力，营造出活泼、欢快的氛围；柔和淡雅的色彩能够给人带来舒适、放松的感觉。色彩搭配要考虑直播的主题和目标受众，例如，针对年轻人的直播可以选择更加时尚、大胆的色彩；而针对儿童的直播则可以选择更加鲜艳、活泼的色彩。

3. 道具选择

道具可以丰富直播内容，增强直播的趣味性和吸引力。选择的道具要与直播的主题相关，例如，在美食直播中，可以选择餐具、食材、烹饪工具等道具；在音乐直播中，可以选择乐器、音响设备、乐谱等道具。道具的摆放要合理，不能显得杂乱，以免影响直播效果。

4. 灯光设计

灯光是直播场景设计中非常重要的一环，它能够影响直播的画面质量和氛围。不同的灯光设计可以带来不同的画面效果、营造出不同的氛围。例如，明亮的灯光可以带来清晰、明亮的画面效果，适合用于展示产品细节；柔和的灯光可以营造出温馨、浪漫的氛围，适合主播与观众进行情感交流。灯光的颜色、强度、角度等都需要根据直播需求进行调整。

5. 背景设计

背景是直播画面的重要组成部分。背景的设计要简洁、美观，不能过于复杂和花哨，以免影响直播内容的展示。可以选择一些与直播主题相关的背景图案或装饰。例如，在旅游直播中，可以选择一些美丽的风景照片作为背景；在科技直播中，可以选择一些科技感十足的图案作为背景。

母婴产品直播场景设计

（二）利用 AI 进行直播场景设计时的注意事项

1. 创意与个性化

目前，豆包、文心一言等都支持通过撰写提示词生成直播场景设计方案。在撰写提示词时需要明确直播主题、产品、品牌调性、直播风格等信息，以便 AI 理解直播场景设计的背景及具体需求，生成高质量的直播场景设计方案。为了使直播场景具有独特性和吸引力，可在 AI 生成的方案的基础上进行创意和个性化调整，如添加创意元素、调整色彩搭配、改变布局等，使直播场景设计更符合品牌形象和直播主题。同时，也可结合当下的流行趋势和热点话题，为直播场景增添一些时尚和新颖的元素。

2. 与直播内容的契合度

直播场景设计要与直播内容契合，这是直播场景设计中至关重要的一点，不能忽视。在设计时，不能为了追求美观而忽略内容的表达，如果直播场景与直播内容不相关或不协调，可能会让观众感到困惑和不适，影响直播效果。

在进行直播场景设计时，要充分考虑直播的主题、内容和目标受众。根据直播的内容、特点和需求，选择合适的色彩、布局、道具等元素，使直播场景能够更好地呈现直播内容。

3. 视觉效果和用户体验

在设计直播场景时，要注重视觉效果的美观和舒适，同时也要考虑用户体验的便捷和流畅。在运用 AI 设计直播场景的过程中，撰写提示词时可从色彩搭配、布局设计、灯光效果等方面进行描述，同时还需考虑观众的观看角度、互动方式和操作便捷性，以便 AI 生成的直播场景设计方案贴合直播主题、适宜观众观看。

4. 版权问题

在使用 AI 生成直播场景设计方案时，要注意版权问题。一些 AI 设计软件可能会使用来自互联网的图片等资源，如果未经授权使用这些资源，可能会侵犯他人版权。为了避免版权问题，可选择使用正版的 AI 设计软件和素材库。同时，也可自己创作一些素材，如手绘图案、拍摄照片等，确保直播场景设计的合法性和原创性。若使用他人作品，要确保获得合法授权，并在使用时注明出处。

5. 道德规范

直播场景设计要符合道德规范，不能出现不良内容。例如，不能使用低俗、色情、暴力等不良素材。

合作探究

假如要策划一场针对学生、上班族等群体的休闲零食直播，需利用 AI 生成直播场景设计方案，你该如何撰写提示词？

文化小课堂

直播新视角：中国传统文化之美点亮现代直播场景

在数字化时代，直播已成为一种极具影响力的传播方式。当直播场景与中国传统文化、审美相结合，便开启了一场独特的文化与视觉盛宴。

中国传统文化源远流长，蕴含着丰富的审美元素。从古典建筑的庄重典雅到传统绘画的悠远意境，无一不展现出独特的魅力。在直播场景设计中，可以借鉴传统建筑的布局和色彩搭配，营造出沉稳大气的氛围。例如，采用中式屏风作为背景，既能增加层次感，又能体现中国传统文化的含蓄之美。

中国传统服饰也是中国传统文化的重要组成部分。在直播中，主播可以身着旗袍等传统服饰，带领观众领略传统服饰之美。同时，传统服饰的精美刺绣、独特剪裁，也能为直播画面增添艺术感。

中国传统色彩，如朱砂红、琉璃黄、青花蓝等，具有深厚的文化内涵，可将这些色彩运用到直播场景的灯光、道具等方面。例如，用朱砂红的灯笼作为直播场景的装饰，既喜庆又富有民族特色。

此外，传统音乐、舞蹈、手工艺等也可以融入直播场景。在直播过程中播放古典音乐，邀请传统舞蹈演员表演，或者展示传统手工艺制作过程，都能让观众深刻感受到中国传统文化的博大精深。

通过将中国传统文化与直播场景设计相结合，不仅能为观众带来全新的视觉体验，更能传承和弘扬中国传统文化，让古老的文化在现代直播的舞台上焕发出新的光彩。

 【任务实施】

任务活动　利用提示词进行直播场景设计

假设你是一家家居用品公司的一名新媒体运营人员，公司准备开展一场家居直播活动，重点推广北欧风沙发、茶几、电视柜等产品，现在请你进行直播场景设计。具体操作步骤如下。

步骤1：明确直播场景的风格。

直播场景的风格可通过直播产品的风格来确定，例如，北欧风家具清新舒适，欧式古典风家具典雅大气，不同类型的家具的风格不一样，营造的场景氛围也不一样。

步骤2：明确具体直播场景要求。

根据直播场景的风格及目标受众的审美偏好，确定直播场景的具体要求，可从空间布局、色彩搭配、道具选择、场景布置和装饰等方面进行策划。清晰的直播场景要求有助于明确提示词内容，为 AI 生成直播场景设计方案指明方向。

步骤3：撰写直播场景设计提示词。

根据直播场景风格及细化的直播场景要求等撰写提示词，可根据 BACK 模型撰写提示词，明确直播的背景信息（直播主题、直播目标、直播场景的风格、直播中的产品等），指出需要 AI 执行的具体操作（生成关于北欧风家具的直播场景设计方案，直播场景设计可从空间布局、色彩搭配、道具选择、场景布置和装饰等方面进行），描述输出的结果（生成的直播场景设计方案应包含列表和详细说明，能够凸显北欧风家具的特色及产品的舒适感）。

> **!!! 参考提示词**
>
> 我要生成以"北欧风家居用品带来清新生活"为主题的直播场景设计方案。场景设定为明亮的开放式客厅，以白色和木色为主，搭配绿色植物，营造自然氛围。重点展示舒适的沙发、简约的茶几和电视柜。音乐选择轻快的民谣，色彩搭配以清新自然为主。

步骤4：生成并优化直播场景设计方案

输入详细的提示词，AI 能为你生成别具特色的直播场景设计方案。对生成的直播场景设计方案进行优化，完成后展示该方案并与同学交流实践体会。

同步实训

▋实训任务　直播选品

实训描述

本次实训旨在帮助学生进一步理解数据化选品的重要性，巩固数据化选品的相关理论知识，掌握数据化选品的思路与方法。通过实践操作，学生能够应用 AI 分析功能进行直播选品实践操作，准确提炼商品卖点，设置商品信息，具备直播选品基本技能。

操作指导

步骤 1：登录 BoTrix BEM 直播电商运营实战平台，进入"直播选品"模块。

步骤 2：进入图 2-13 所示的"商品橱窗"界面，根据任务指导设置商品信息。在进行商品卖点提炼时，可单击商品右侧的"提炼卖点"按钮，进入图 2-14 所示的"商品卖点提炼"界面，然后应用 AI 进行商品属性/特性、商品作用/优势、商品好处/利益等的撰写。

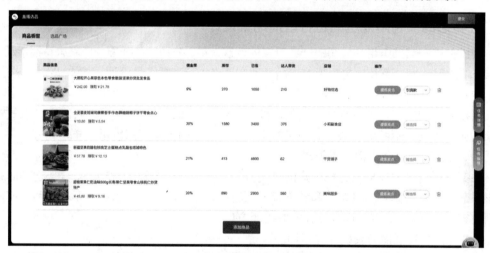

图 2-13　"商品橱窗"界面

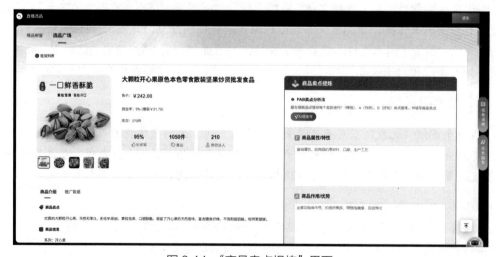

图 2-14　"商品卖点提炼"界面

步骤 3：进入图 2-15 所示的"选品广场"界面，用户可以根据任务指导查看商品列表、商品介绍、推广数据等，以便选择合适的商品。

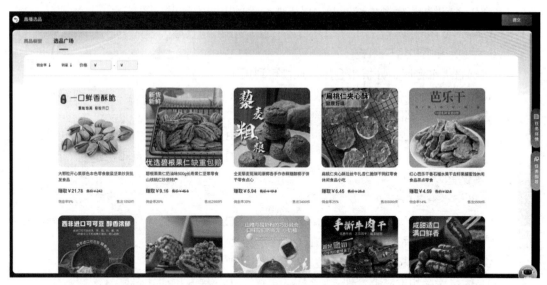

图 2-15 "选品广场"界面

实训评价

基于学生在本次实训中的表现及实训完成情况，对实训考核内容进行评分，同时学生进行自我评价，教师进行点评（见表 2-4）。

表 2-4 实训评价

考核项目	学生 自评分（30%）	教师 评分（70%）
能够根据直播需求进行细致、全面的选品分析，筛选合适的商品并准确设置商品信息（30 分）		
能够根据商品信息，熟练应用 AI 挖掘商品卖点，卖点提炼言简意赅、恰当（40 分）		
能够根据直播需求，通过选品广场进行准确的商品分析与设置（30 分）		
总计（100 分）		
学生自我评价	教师点评	

知识与技能训练

一、单选题

1. 在直播选品时，利用 AI 可以有效辅助商家评估（　　）。

    A. 主播形象　　　　　B. 直播设备质量　　　　　C. 市场需求　　　　　D. 观众互动效果

2. 如果进行游戏直播，要求较高的直播设备是（　　）。

    A. 摄像设备　　　　　B. 照明设备　　　　　C. 计算机和音频设备　　　D. 直播软件

3. 利用 AI 进行直播场景设计时，以下要考虑的因素中最重要的是（　　）。

    A. 创意与个性化　　　　　　　　　　B. 与直播内容的契合度

    C. 视觉效果和用户体验　　　　　　　D. 流行元素的融入

4. 选择直播平台时，分析平台用户规模可利用（　　）。

    A. 人工统计　　　　　B. AI 收集分析数据　　C. 主观判断　　　　D. 询问他人

5. 直播设备选择原则不包括（　　）。

    A. 只选择价格最低的设备　　　　　　B. 根据直播内容和需求选择设备

    C. 考虑预算　　　　　　　　　　　　D. 注重设备质量和稳定性

二、多选题

1. 常见直播设备包括（　　）。

    A. 摄像头　　　　　　B. 话筒　　　　　　C. 照明设备　　　　D. 混音器

2. 直播数据化选品的重要性体现在（　　）方面。

    A. 精准定位目标受众　　　　　　　　B. 提升转化率

    C. 优化库存和供应链管理　　　　　　D. 提升主播知名度

3. 直播场景设计涉及的主要内容有（　　）。

    A. 空间布局　　　　　　　　　　　　B. 色彩搭配

    C. 道具选择　　　　　　　　　　　　D. 灯光设计和背景设计

4. 直播数据化选品的方法有（　　）。

    A. 基于电商平台数据选品　　　　　　B. 竞品数据分析选品

    C. 借助社交媒体数据分析选品　　　　D. 借助直播平台后台数据选品

5. 直播场景设计中的色彩搭配（　　）。

    A. 可以随意选择　　　　　　　　　　B. 不受直播产品的影响

    C. 需要考虑直播主题　　　　　　　　D. 需要考虑目标受众的喜好

三、判断题

1. 直播选品只需要考虑价格便宜即可。（　　）

2. 美妆直播对音频设备要求较高。（　　）

3. 使用 AI 生成直播场景设计方案时，若使用了他人的作品，必须确保获得授权。（　　）

4. 抖音直播主要侧重于带货功能。（　　）

5. 直播场景设计只要美观就行，不用考虑与直播内容的契合度。（　　）

项目三 AI 驱动直播策划与内容创作

职场创新

随着数字化时代的不断进步与发展，AI 技术正以前所未有的速度改变着各行各业的工作方式与商业模式。特别是在新媒体领域，AI 的应用不仅极大地丰富了内容创作的可能性，还为直播行业的策划提供了全新的视角和方法论。本项目从利用 AI 生成直播策划方案、直播脚本、直播营销话术展开，旨在探索如何利用 AI 技术来提升直播活动的吸引力、互动性和商业价值。典型工作任务工作内容与要求如表 3-1 所示。

表 3-1　典型工作任务工作内容与要求

典型工作任务	工作内容与要求（传统）	工作内容与要求（AI 赋能）
直播策划	1. 能够根据产品特性与目标受众，进行市场调研，深入分析同类型产品直播的优劣势，精准定位直播方向与主题，确保直播内容符合目标受众兴趣与需求 2. 能够依据直播主题与目标，完成流程框架搭建，详细规划开场、产品展示、互动环节、促销活动等各部分的时间节点与具体内容，保证直播流程紧凑且富有吸引力 3. 能够结合直播流程规划，撰写详细的直播策划方案，对直播场景、流程设计、画面切换、道具使用等细节进行明确描述，使直播团队各成员清晰知晓工作内容与要求，保障直播策划方案的顺利执行	1. 能够根据大量的直播数据与用户反馈，利用 AI 分析工具，进行用户画像的深度刻画，精准洞察用户的喜好、消费习惯与关注点，为直播策划提供数据驱动的方向指引 2. 能够借助 AI 的创意生成功能，输入产品信息、目标受众特点等关键要素，完成直播创意策划，如独特的直播场景、新颖的互动玩法等，为直播增添创新性与趣味性 3. 能够运用 AI 快速生成直播策划方案初稿，人工优化方案，使方案内容更具逻辑性、吸引力和专业性，提高方案撰写的效率与质量

项目概述

本项目聚焦于 AI 驱动下的直播策划与内容创作，深入探讨如何利用 AI 为直播活动提供全面支持。从直播策划方案的生成到直播脚本的创作，再到直播营销话术的组织，系统展示 AI 在直播领域的应用路径，帮助学生掌握利用 AI 提升直播效果和质量的技能。

学习目标

1. 了解直播策划方案的构成、撰写技巧。
2. 理解单品直播脚本、整场直播脚本的含义，掌握构成脚本的关键要素，能够利用 AI 生成单品直播脚本、整场直播脚本。
3. 熟悉商品讲解话术、营销导向话术的设计要点，能够根据提示工程的基本原理，撰写合适的提示词，完成商品讲解话术、营销导向话术的组织。
4. 严格遵守相关法律法规和行业规范，尊重知识产权，确保内容的合法性和合规性，培养良好的职业道德和法律意识。
5. 培养创新思维，善于学习新工具、新方法，提升分析问题、解决问题的能力。

任务一　利用 AI 生成直播策划方案

任务分析

要掌握利用 AI 生成直播策划方案，需要完成以下内容的学习。
1. 熟悉直播目标的类型，能够根据直播需求确定直播目标。
2. 清楚直播策划方案的框架构成，掌握撰写相应提示词的方法与技巧。
3. 能够利用豆包、文心一言等工具完成直播策划方案的撰写。

【知识储备】

一、直播目标确定

直播目标确定是直播策划的首要步骤，它决定了整个直播活动的方向和效果评估标准。直播目标可分为销售导向、品牌推广、用户获取与留存三类。

1. 销售导向

销售导向直播目标以增加产品销量为主。例如，某美妆品牌直播，期望在直播期间售出一定数量的口红、粉底液等产品，其直播目标就可通过设定具体的销售额、销售数量等指标来衡量。此时，可利用 AI 的数据分析功能，输入品牌过往的销售数据、同类产品直播销售数据等，让 AI 分析并预测本次直播可能达到的销售额及销售数量。

2. 品牌推广

品牌推广直播目标以提高品牌知名度和美誉度为主。例如，某新成立的科技公司推出一款智能手表，其直播目标是让更多人了解该品牌和这款手表的独特功能。此时，可向 AI 说明品牌背景、推广重点及期望、品牌的市场曝光度等情况，让 AI 根据品牌的历史市场占有率等关键指标，生成关于直播活动的品牌推广目标，预测直播后品牌曝光度的提升情况等。

3. 用户获取与留存

用户获取与留存直播目标以吸引新用户关注直播间并促使他们成为长期粉丝为主。以健身直播课程为例，其直播目标可设定为希望通过直播获取多少新粉丝，引发多少观众转化为实际的健身课用户。

想一想

直播目标的确定受哪些因素影响？

二、直播策划方案框架

直播策划方案框架是直播活动筹备的蓝图，涵盖从目标设定到执行细节的关键要素。一份成功的直播策划方案通常包含以下 10 个关键要素。

1. 项目概述

简要介绍直播基本情况，包括直播主题、直播目标、直播时间与直播地点等。直播主题需简要概括活动的核心内容与特色，应简洁明了、富有吸引力，能迅速传达直播核心要点，吸引目标受众关注；直播目标要具体、可衡量；直播时间要明确，包括直播的具体日期、开始和结束时间，需综合考虑目标受众的活跃时间、行业习惯及其他相关因素；直播地点要明确直播的实际场地，若为线上直播则需明确直播平台。

2. 目标受众分析

目标受众分析通常包括目标受众画像构建、目标受众需求与痛点分析等方面。目标受众画像需详细描述目标受众的特征，包括但不限于年龄、性别、地域、职业、收入水平、兴趣爱好、消费习惯等。应针对目标受众画像深入分析目标受众在相关领域的需求、期望及面临的问题和痛点，以便在直播中提供有针对性的解决方案，增强直播的吸引力和互动性。

3. 直播内容规划

直播内容规划主要涉及直播板块及流程细节，需明确各部分的先后顺序和大致时间分配。常见直播板块包括开场、产品介绍环节、互动环节、优惠促销（如适用）环节、结尾等。开场常通过有趣的话题、音乐或主播的热情问候引入直播主题，介绍直播流程和亮点，以吸引观众的注意力；产品介绍环节详细讲解产品的特点、功能、优势、使用方法等，结合实际演示或案例分析，可以让观众更好地了解产品；互动环节可设置问答、抽奖、投票等互动形式，鼓励观众积极参与，增强与观众的互动和联结；优惠促销环节推出折扣、满减、赠礼等优惠活动，可以刺激观众的购买欲望；结尾总结直播重点，再次强调优惠信息，引导观众关注账号、分享直播间或购买产品。

除介绍上述直播流程外，还可重点介绍直播内容的亮点，突出直播内容的独特卖点和吸引观众的关键元素，如独家产品展示、专业嘉宾分享、有趣的互动游戏等。

4. 直播形式与互动设计

清晰描述直播活动的呈现形式，如单人讲解、多人访谈、演示直播等，或者多种形式相结合。直播形式应根据直播内容和目标受众的喜好进行选择，以达到最佳的直播效果。

同时说明互动环节的设计情况，常见的互动方式包括问答、抽奖、投票、弹幕互动等。应根据直播主题及内容设计合适的互动环节，如针对问答环节，可提前收集观众常见问题；进行抽奖活动，应阐述清楚抽奖规则，如以关注直播间、分享直播间、发送特定弹幕等方式参与抽奖，奖品则可以是产品、优惠券、周边礼品等。

5. 直播团队

明确直播活动中各类人员的职责和任务，包括主播、助播、运营、技术支持等人员的职责和任务。

6. 直播场景与设备

介绍直播场景设计情况。需根据直播主题和品牌形象设计合适的直播场景，场景应能够营造出与直播内容相匹配的氛围，增强观众的代入感。直播场景可以是实体场景，如直播间、办公室、产品展示厅等，也可以是虚拟场景。

同时要列出直播所需的设备，包括高清摄像机、手机、摄像头等拍摄工具，话筒（如电容话筒、无线话筒）、声卡等音频设备，主光灯、辅光灯、背景灯等灯光设备，高速稳定的网络设备，用于直播推流、画面切换、互动管理等操作的计算机等。明确各项设备的具体型号、参数及要求等，确保直播画面清晰、声音流畅、互动功能正常。

7. 宣传推广计划

介绍宣传渠道、宣传内容、宣传节奏等推广计划中关于直播活动的具体事项。确定直播活动推广的渠道，例如社交媒体平台（微信、微博、抖音、小红书等）、品牌官网、行业论坛、线下海报、合作媒体等，需根据目标受众的活跃平台，有针对性地选择宣传渠道，以强化宣传效果。

针对确定的宣传渠道，策划相应的宣传内容，需明确各个渠道宣传使用的素材，注意宣传内容应突出直播主题、亮点、福利等关键信息，吸引用户关注和参与。常见的宣传素材包括海报、短视频、推文等。同时，制订宣传推广的时间计划，明确在不同阶段、不同渠道发布的宣传内容和推广活动。一般来说，应在直播前一周开始预热，逐渐加大宣传力度，在直播前一天和当天进行重点推广。

8. 预算规划

对直播活动涉及的各项费用进行估算，列出费用项目、金额和备注。常见的费用项目包括人员费用、场地租赁费用、设备采购与租赁费用、宣传推广费用、奖品与道具费用、其他费用等。根据直播活动的重点和需求，合理分配预算，确保资源的有效利用。

9. 风险预案

对直播过程中可能出现的各种风险进行全面识别和分析，包括技术风险、人员风险、内容风险、互动风险等。针对每种风险制定具体的应对措施和解决方案，确保在风险发生时能够迅速做出反应，减少损失。

10. 效果评估指标

对直播活动的效果进行预评估，可从直播的观看指标、互动指标、销售指标等方面明确具体的指标数据，以衡量直播情况。

三、直播策划方案撰写

直播策划方案撰写是将理论框架转化为具体执行计划的过程。下面详细介绍如何利用 AI

工具撰写一份全面且具有操作性的美妆产品直播策划方案。

步骤 1：选择合适的 AI 工具。

目前市面上支持方案生成的 AI 工具较多，如豆包、文心一言、扣子等。

豆包的"帮我写作"功能提供了"方案策划"模块（见图 3-1），用户在输入框中修改身份、方案主题，即可自动生成直播策划方案。图 3-2 所示为输入相关信息后生成的直播策划方案。此时生成的直播策划方案缺乏有针对性的内容描述，可在图 3-2 所示的输入框中补充更多关于零食品牌、目标受众、预算限制等方面的信息，让豆包生成更贴合实际的方案。

图 3-1　豆包的"方案策划"模块

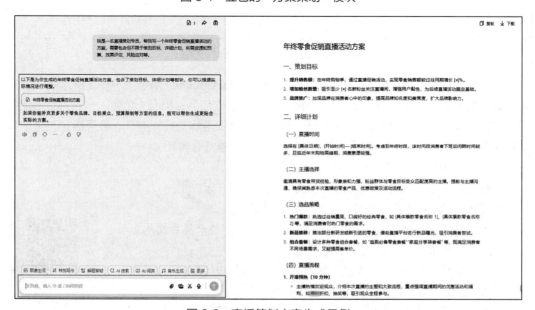

图 3-2　直播策划方案生成示例

文心一言的"创意写作"功能同样提供了"策划方案"模块，用户按照提示输入直播策划的方案主题，明确具体的内容要求、字数、格式要求等（见图 3-3），即可生成直播策划方案。

图 3-3　文心一言的"策划方案"模块

图 3-4 所示为登录扣子进入"项目商店"后打开的"文本创作"界面，这里提供大量不同类型的文本创作工具，用户选择"文案大师"模块，在打开的界面的输入框内输入直播策划方案提示词即可生成直播策划方案。

图 3-4　扣子的"文本创作"界面

提示词的撰写可应用 BARD 提示词构建法，即 Background（背景）——提供足够的信息辅助 AI 理解问题；Aim（目标）——清晰地陈述问题或任务；Role（角色）——为其设定身份，让其发挥创意；Demand（要求）——对输出结果从内容构成、细节、呈现形式甚至字数等方面进行限制。提示词的描述越精准细致，结果就越符合预期。

步骤 2：利用 AI 生成直播策划方案。

下面以扣子为例，讲解如何利用它生成直播策划方案。

步骤 2.1：登录扣子，进入"文案大师"模块。

步骤 2.2：根据 BARD 提示词构建法，梳理关于美妆产品直播的背景、目标、角色、要求信息，输入提示词。

步骤 2.3：单击"发送"按钮，即可生成直播策划方案。

步骤 3：优化与完善直播策划方案。

AI 生成的直播策划方案往往还存在一定的问题，策划人员需要从内容

提示词和生成
结果示例

准确性与针对性、逻辑连贯性、创意独特性、预算合理性、目标可行性等方面对直播策划方案的内容与细节进行评估，并对其进行优化、完善。

（1）内容准确性与针对性：可从产品信息、涉及的行业知识等方面进行评估。例如，检查 AI 生成的直播策划方案中对美妆产品的成分、功效、使用方法等的介绍是否准确无误，方案中涉及的美妆行业趋势、流行元素等内容是否符合当下实际情况，等等。

（2）逻辑连贯性：梳理直播流程，看各环节之间的过渡是否自然流畅，检查内容的组织是否有条理。

（3）创意独特性：评估方案中的互动环节是否新颖有趣。可对常见的问答、抽奖形式进行适当创新，例如举办"美妆盲盒猜猜猜"活动，主播展示美妆盲盒外观，观众通过线索猜测盲盒内的产品，猜对可获得奖励。用独特的直播亮点吸引观众，如邀请美妆界知名仿妆达人，在直播现场模仿热门妆容，使用本次直播的美妆产品，展示产品上妆效果。

（4）预算合理性：查看各项预算分配是否合理，审核是否有不必要的开支。

（5）目标可行性：分析方案设定的销售目标、观看人数目标等是否合理可行，结合实际情况调整目标。

 【任务实施】

任务活动　利用豆包生成母婴产品直播策划方案

步骤 1：确定直播主题。

研究当前母婴市场的趋势、热门产品、目标消费群体特征及竞争对手的直播策略，选择一个具体的母婴产品类别（如婴儿服饰、辅食制作工具、儿童安全桌椅等）作为直播主题。

本次直播主题＿＿＿＿＿＿＿＿＿＿＿＿＿＿＿＿＿＿＿＿＿＿＿。

步骤 2：确定直播策划方案的框架，撰写提示词。

明确直播策划方案需包含的核心要素，如项目概述、目标受众分析、直播内容规划、直播形式与互动设计、直播团队、直播场景与设备、宣传推广计划、预算规划等，应用 BARD 提示词构建法撰写直播策划方案的提示词。

提示词示例

步骤 3：生成与优化直播策划方案。

输入提示词，生成直播策划方案，检查方案是否符合直播目标和受众需求，根据行业发展现状与直播实际情况优化方案内容，同时添加创意元素，如故事化介绍、用户案例分享等。

步骤 4：展示成果。

展示与分享优化完成的直播策划方案，总结用 AI 生成直播策划方案的收获。

🎓 进阶小课堂

向 AI 提问的实用技巧小贴士如下。

1. 清晰准确地提问：避免冗长、复杂的表述，清晰阐述问题的核心，提供必要的背景与细节，让 AI 更好地理解问题。例如问旅游建议，需说明预算、时间、偏好地点等："我有 5 天假期，预算 3000 元，喜欢海滨城市，给我推荐一个旅游地。"

2. 引导回答方向：若对答案有特定格式需求，可提前说明，同时明确回答的范畴，以便得到更精准的答案。例如，输入"以项目计划书格式，给我一份开咖啡店的商业计划"，

AI会给出以项目计划书格式（包含执行摘要、市场分析、营销策略等内容）呈现的答案。

3. 追问与细化问题：若AI首次回答不够深入，可通过追问获取更多细节；若回答有误或不完整，应指出问题并要求AI进行修正和补充。

任务二　利用AI生成直播脚本

任务分析

要掌握利用AI生成直播脚本，需要完成以下内容的学习。

1. 了解单品直播脚本的概念及基本结构，通过实践灵活应用AI，生成满足直播需求的单品直播脚本。

2. 了解整场直播脚本的概念及基本结构，通过案例分析和实践训练，提升用AI生成整场直播脚本的能力。

【知识储备】

一、单品直播脚本创作

（一）认识单品直播脚本

单品直播脚本是围绕一个特定产品展开的详细直播计划。单品直播脚本的创作重点是口播文案的撰写，它要能够指导主播在有限的时间内将产品的特点、优势、使用方法等信息清晰地传达给观众，激发观众的购买欲望。

单品直播脚本的核心在于突出产品的特点、优势和使用场景，通过详细的介绍和演示，吸引观众的注意力并促成购买。单品直播脚本可以设计为表格样式，示例如表3-2所示。

表3-2　单品直播脚本示例

直播环节	内容描述	主播台词/动作
开场（第1～5分钟）	直播开始，主播打招呼，介绍自己及本次直播的产品	"大家好，欢迎来到我们的直播间！我是你们的主播×××，今天我要给大家介绍一种非常优质的苹果，它是来自×××果园的精选产品……"
产品引入（第6～10分钟）	展示苹果外观，强调其特点，如色泽、形状等	"大家可以看到，这种苹果的色泽非常鲜艳，红彤彤的，形状也非常饱满，让人一看就非常有食欲……"
产品详述（第11～20分钟）	深入介绍苹果的生长环境、口感、营养价值等	"这种苹果生长在阳光明媚、土壤肥沃的×××地区，每一个都经过精心培育，口感清脆，汁水丰富。而且，它还富含多种维生素和矿物质，对我们的健康非常有益……"
展示吃法（第21～25分钟）	展示苹果的多种吃法，如直接吃、做沙拉、榨汁等	"这种苹果不仅可以直接吃，还可以用来做沙拉、榨汁等，怎么吃都非常美味。我现在就给大家展示一下怎么用它来做沙拉……"
互动（第26～30分钟）	与观众互动、回答观众的问题、进行抽奖等	"大家有什么问题或者想要了解的都可以在评论区告诉我！我会随机抽取几位观众送出我们的苹果试吃装……"

（续表）

直播环节	内容描述	主播台词/动作
优惠促销（第31~35分钟）	介绍购买方式，强调优惠活动，鼓励观众下单	"现在下单购买我们的苹果有优惠活动！前 100 名下单的观众还可以享受额外的小礼品！快来买吧……"
结尾（第36~40分钟）	总结产品特点，感谢观众，预告下次直播	"非常感谢大家的观看和支持！这种苹果真的是非常优质的产品，希望大家都能品尝到它的美味！下次直播我们再见……"

（二）利用 AI 生成单品直播脚本

步骤 1：选择合适的 AI 工具。

市面上存在多种直播脚本生成工具，如豆包、文心一言、熊猫办公 AI 写作、造作 AI 助手、聪明灵犀等。图 3-5 所示为熊猫办公 AI 写作中"互联网电商"场景下的"带货口播稿"界面，用户进入该界面，填写商品名称、产品特点，单击"立即创作"按钮后即可生成用于口播的文案（见图 3-6），可对其进行复制、下载、编辑操作。

应用扣子生成直播
带货口播文案

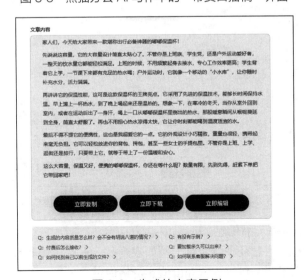

图 3-5　熊猫办公 AI 写作中的"带货口播稿"界面

图 3-6　生成的文案示例

图 3-7 所示为造作 AI 助手"电商零售"场景下的"直播带货口播文稿"功能，用户进入该界面后，在"开始创作"模块输入产品名称、产品的亮点提炼、优惠政策等内容，单击"智能创作文案"按钮，该模块右侧就会显示直播带货口播文稿；用户若对生成的文稿不满意，可以让其续写，以便优化文稿。

图 3-7　造作 AI 助手中的"直播带货口播文稿"功能

图 3-8 所示为聪明灵犀"AI 写作"场景下的"直播带货话术"应用模块，用户进入该界面后输入文章主题或者关键词，然后对生成的直播带货话术的专业性等方面进行详细描述，并设置生成字数、语气风格，单击"开始生成"按钮，该模块右侧就会展示生成的直播带货话术。

图 3-8　聪明灵犀中的"直播带货话术"应用模块

步骤 2：详细梳理直播产品信息。

详细了解产品的基本信息及独特卖点，例如农产品，需要了解其种植环境、生长过程、口感、存储条件、加工工艺、包装、营养价值、价格促销信息等。清楚地了解直播产品的信息，能够为应用 AI 工具设置信息或者撰写提示词奠定良好的基础。

步骤 3：利用 AI 工具生成单品直播脚本。

对豆包、文心一言等没有提供专门的单品直播脚本生成功能的 AI 工具来说，要生成单品直播脚本，需要通过撰写提示词来完成。提示词需要明确单品直播脚本中涉及的产品信息、卖点，以及对脚本形式、语言风格的要求等，以便生成的脚本更契合需求。对于熊猫办公 AI 写作、造作 AI 助手等工具，用户根据梳理的直播产品的详细信息，按照要求进行设置后，即可生成单品直播脚本。

举例

提示词："请生成一个关于［品牌］智能手表的单品直播脚本，以表格形式呈现，表格中需要包括开场引入（强调智能手表对健康和生活管理的帮助）、外观设计（描述颜色、表带材质）、功能讲解（心率监测、运动模式、消息提醒等功能）、使用演示（如何切换手表界面、切换运动模式等）、价格与优惠（原价、直播优惠价、赠品信息）、互动环节（解答观众关于手表续航、与手机兼容性的问题）和结尾引导购买的内容。"

步骤 4：调整和优化单品直播脚本。

利用 AI 工具生成的单品直播脚本还需要根据实际情况进行调整和优化，以确保其贴合直播主题和风格。可以手动调整，也可利用追问功能对生成的单品直播脚本中的某些内容进行优化。

二、整场直播脚本创作

（一）认识整场直播脚本

整场直播脚本是对一次完整直播活动的全面规划，涵盖了直播过程中的各个环节和多个产品。整场直播脚本通常包括直播标题、直播主题、人员分工、直播环节等要素，示例如表 3-3 所示。

表 3-3 整场直播脚本示例

直播标题	秋季丰收节——探索田园之美，品味地道农产品			
直播主题	本次直播旨在展示秋季丰收的田园风光，介绍当地特色农产品，促进农产品销售，同时传递健康、绿色的生活理念			
人员分工	主播：负责讲解、互动和产品销售 助播：协助主播展示产品，处理后台订单和回答观众的问题 摄影师：负责直播画面的拍摄和切换，确保画面清晰、美观 场控：负责营造直播间的氛围，同时监控直播数据			
直播环节	时长	内容描述	负责人员	话术示例
开场介绍	5 分钟	介绍直播主题、主播团队和当天直播的亮点	主播	大家好，欢迎来到我们的秋季丰收节直播间！我是你们的主播×××，今天我们将一起探索田园之美，品味地道的农产品。我的小伙伴×××（助播名字）也会和我一起为大家服务！希望大家喜欢我们的直播……

（续表）

直播环节	时长	内容描述	负责人员	话术示例
农产品介绍1	20分钟	详细介绍第一款农产品：静宁苹果。展示细节特写，进行种植环境展示、试吃讲解，说明直播优惠价格	主播、助播	接下来，我要给大家介绍的是我们今天直播的特色水果：静宁苹果。大家可以看到，这种苹果的色泽非常鲜艳，口感清脆。我现在就来尝一口，哇，真的太好吃了！大家如果喜欢，可以点击链接购买！原价69元5千克，直播间为49元5千克……
农产品介绍2	20分钟	讲解第二款产品：蒲城酥梨。介绍蒲城酥梨的种植历史、评价、功效、试吃感受、售价等	主播、助播	再看第二款产品：蒲城酥梨。蒲城酥梨，种植历史悠久，汉唐时期已有记载，元明清时为贡品。其口感酥脆，汁多味美，具有清热润肺、止咳化痰等功效。试吃后，你会感受到它的独特魅力，每吃一口都能感到幸福与满足……
农产品介绍3	15分钟	介绍第三款产品：猕猴桃。讲述猕猴桃的品种类别，说明直播间的猕猴桃的品种为徐香，介绍其口感特点、吃法、营养价值、售价等	主播、助播	猕猴桃品种繁多，如黄金奇异果、徐香、翠香等。我们直播间卖的是徐香猕猴桃，其口感细腻柔软，味道偏甜，果肉翠绿多汁；吃法多样，可直接剥皮食用，也可榨汁、做果酱；富含维生素C、膳食纤维，有益健康……
农产品介绍4	15分钟	介绍第四款产品：血橙。介绍其特点、口感、营养价值、试吃感受、包装与价格等	主播、助播	血橙，其独特之处在于果肉色泽鲜红如血，口感鲜美多汁，甜中微酸，风味独特；富含花青素、维生素C及矿物质，营养价值高。试吃一口，满口盈香，仿佛大自然的馈赠，让你"爱不释口"，健康美味两不误……
互动	20分钟	进行问答、抽奖等互动，提高观众参与度	主播、助播、场控	现在我们来玩一个问答游戏，谁能告诉我这种苹果的主要营养价值是什么？答对的观众有机会获得我们的农产品礼包！快来参与吧……
快速重复前面的农产品介绍	45分钟	再次快速介绍全场农产品，重点介绍主推款产品及有库存的产品，同时介绍优惠信息、与观众互动	主播、助播	……
结尾	10分钟	鼓励观众赶快下单，同时总结直播情况，感谢观众的支持，预告下次直播	主播	我们的直播马上就要结束了，没有下单的朋友们，想品尝一下不一样品质的××，赶快下单！还有库存，而且今天的优惠力度很大……非常感谢大家的观看和支持！今天的直播就到这里了，希望大家喜欢我们的农产品。下次直播我们将为大家带来更多惊喜，记得关注我们的直播间！再见

（二）利用AI生成整场直播脚本

以扣子为例，介绍利用AI生成整场直播脚本的步骤。

步骤1：登录扣子，进入项目商店，在搜索框内输入"直播脚本"，在弹出的下拉列表中选择"直播脚本大师"选项，进入"直播脚本大师"界面，如图3-9所示。

图 3-9　扣子的"直播脚本大师"界面

步骤 2：根据整场直播脚本构成要素，撰写生成整场直播脚本的提示词，提示词应明确具体的产品、产品卖点等核心内容，以便生成的整场直播脚本更贴合实际。

举例

提示词："你现在是一名直播策划专员，要撰写一个主题为'陕西特色农产品专场销售'的直播脚本，该直播的目标是推广陕西特色农产品，促进销售转化。直播间的产品有洛川苹果（2.5 千克装、礼盒装，原价 79 元，现在 59 元）、蒲城酥梨（5 千克装，原价 85 元，现在 49 元）、周至猕猴桃（4 千克装，59 元）、大荔冬枣（1.5 千克装，35 元）、富平柿饼（2.5 千克装，59 元）等，直播时长为 2 个小时。请你根据上述直播信息生成整场直播脚本，脚本以表格形式呈现，包含直播标题、直播主题、人员分工、流程设计（开场、产品介绍、互动设计、结尾）、话术等。"

步骤 3：输入提示词，生成整场直播脚本。图 3-10 所示为利用扣子的"直播脚本大师"生成的整场直播脚本示例。需要注意的是，该页面内容显示不完整。若要查看完整内容，可拖动下方的左右进度条进行展示。

除了上面这种撰写提示词生成整场直播脚本的方法，用户还可以根据整场直播中的主要环节来分别利用 AI 生成脚本内容。例如，在造作 AI 助手"电商零售"场景下有"开场聚人阶段口播创作"功能，用户输入产品介绍、目标人群、福利预告，即可生成开场口播文案；利用"直播中留客锁客口播创作"功能，用户输入产品名称、互动话术、锁客话术，即可生成产品的留客锁客口播文案；利用"直播催单下单口播文案创作"功能，用户输入产品介绍、优惠介绍、说服购买话术、催单话术、感谢话术、引导话术等信息后，即可生成产品的催单下单口播文案。

图 3-10 "直播脚本大师"生成的整场直播脚本示例

 **合作探究**

你认为整场直播脚本的复杂性体现在哪里？举例说明。

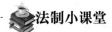 **法制小课堂**

《网络直播营销行为规范》相关内容

2020 年 6 月 26 日，中国广告协会发布了国内首份《网络直播营销行为规范》。2020 年 7 月 1 日，《网络直播营销行为规范》实施。该规范对直播电商中的各类角色、行为都做了定义和规范。以下是该规范的节选内容。

第五条 网络直播营销活动应当全面、真实、准确地披露商品或者服务信息，依法保障消费者的知情权和选择权；严格履行产品责任，严把直播产品和服务质量关；依法依约积极兑现售后承诺，建立健全消费者保护机制，保护消费者的合法权益。

第六条 网络直播营销主体不得利用刷单、炒信等流量造假方式虚构或篡改交易数据和用户评价；不得进行虚假或者引人误解的商业宣传，欺骗、误导消费者。在网络直播营销中发布商业广告的，应当严格遵守《中华人民共和国广告法》的各项规定。

 【任务实施】

任务活动 1　利用熊猫办公 AI 写作生成单品直播带货口播文案

假设现在你要制作一份爱媛果冻橙的单品直播带货口播文案，请利用熊猫办公 AI 写作工具生成该产品的口播文案。

步骤 1：明确直播目标和关键信息。

直播目标：通过介绍爱媛果冻橙的特点、优势，吸引观众购买，提高销量。

关键信息：介绍爱媛果冻橙的产地、外观、口感、营养价值、食用方法、价格、优惠活动等，可通过互联网搜集这方面的信息，为后面撰写商品亮点做好前期准备。

步骤 2：登录熊猫办公 AI 写作，进入"带货口播稿"界面，输入商品名称与产品特点。

商品名称：_____

产品特点：_____

步骤 3：完成信息设置后生成口播文案，并仔细阅读。

步骤 4：根据搜集到的爱媛果冻橙产品信息检查口播文案是否需要优化，阐述理由并优化。

任务活动 2　利用豆包生成整场直播脚本

假设你现在要设计一份以"店庆促销"为主题的母婴产品整场直播脚本，请你利用豆包来生成整场直播脚本，并优化与完善脚本。具体步骤如下。

步骤 1：确定直播内容大纲。

明确直播要推销的母婴产品类别，如婴儿奶粉、纸尿裤、婴儿车、儿童玩具、母婴护理用品等，并列出重点推荐的产品清单。规划直播环节，可包括开场、产品与优惠信息介绍、互动、答疑解惑、促单与结尾等部分。

步骤 2：从流程设计方面明确整场直播脚本的基本要求。

（1）开场：引起年轻父母或准父母群体的注意，营造轻松、温暖的氛围。

（2）产品与优惠信息介绍：针对每种母婴产品，详细描述其优势、材质、安全性、使用方法、适用年龄段、与其他产品相比的独特之处等内容；同时清晰地传达产品的价格优惠、赠品、组合套餐优惠等内容，强调产品的性价比。

（3）互动：设计一些与观众互动的方式，如提问、抽奖、邀请观众分享育儿经验等，提高观众参与度和黏性。

（4）答疑解惑：预估观众可能对母婴产品存在的疑问，如质量问题、使用注意事项、退换货政策等，并根据问题解惑，消除观众的疑虑。

（5）促单与结尾：再次强调重点产品和优惠信息，促进下单；同时总结直播内容，感谢观众观看并引导观众关注下次直播。

步骤 3：撰写提示词，利用豆包生成整场直播脚本。

步骤 4：检查与优化脚本。

根据步骤 2 确定的基本要求检查生成的脚本，根据实际情况对脚本进行必要的调整和优化，总结 AI 工具应用体验。

任务三　利用 AI 生成直播营销话术

任务分析

要掌握利用 AI 生成直播营销话术，需要完成以下内容的学习。

1. 通过丰富的案例学习，深入理解商品讲解话术的设计要点，准确撰写提示词。

2. 通过丰富的案例学习，掌握营销导向话术的设计要点及 AI 运用技巧。

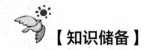

【知识储备】

一、商品讲解话术组织

（一）商品讲解话术的设计要点

商品讲解话术是直播销售过程中至关重要的一环，旨在通过生动、准确的语言，向观众传递商品的价值，激发其购买欲望。以下是商品讲解话术的设计要点。

1. 开场具有吸引力，能快速引起注意

可以使用独特的开场白来吸引观众的注意力，如惊人的事实、有趣的问题、引人入胜的故事等。此外，展示商品的独特之处或与热点话题的相关性，也可让观众对商品产生好奇心。

2. 详细介绍商品信息及卖点

商品信息及卖点主要包括品牌故事、功能与特点、材质与质量、使用方法等，具体介绍如表 3-4 所示。

表 3-4 商品信息及卖点介绍

类别	介绍	作用	举例
品牌故事	品牌的历史、价值观和声誉等	让观众感受到品牌的底蕴，对品牌产生信任	介绍某个有着百年历史的皮具品牌，分享它从一个小工坊发展为国际知名品牌的历程，以及它一直坚持的精湛手工制作传统，让观众感受到品牌的底蕴，对品牌产生信任
功能与特点	详细说明商品的功能、特性	便于观众清晰地了解商品的基本情况	如笔记本电脑，可介绍它的处理器性能、内存容量、图形处理能力、续航时间、轻薄便携性等
材质与质量	介绍商品所使用的材料及质量保证	从商品本身出发，解决观众对质量的担忧	如讲解一款实木家具，要说明木材的种类、来源和质量等级、环保评级等
使用方法	简单易懂地演示商品的使用步骤	解决观众的使用难题	如一款新型咖啡机，要向观众展示如何添加咖啡豆、加水，以及如何操作来制作出一杯香浓的咖啡，甚至可以包括一些使用小技巧，如调整研磨度

3. 介绍商品创造的价值

强调商品能为观众解决什么问题，或者如何提高生活品质或工作效率。例如一款智能家居系统，介绍它可以让用户通过手机远程控制家中的灯光、窗帘、电器等，不仅方便快捷，还能节省时间，为生活带来极大的便利。

4. 讲解要有利于与观众建立情感联结

可通过生动的语言描绘商品在不同场景下的使用情况，让观众产生联想和情感共鸣。例如，描述一款野餐篮："想象一下，在阳光明媚的周末，你和家人带着这款精美的野餐篮来到郊外的草地上。打开篮子，里面装满了美味的食物和饮品，大家围坐在一起，享受着大自然的美景和温馨的家庭时光。"

也可根据不同观众群体的特点和需求进行个性化讲解。例如，向年轻观众推荐一款时尚背包，要强调它的潮流设计和多种搭配方式；向商务人士推荐同一款背包，则要突出它的大

容量、多隔层设计，方便携带计算机和文件等办公用品。

5. 做好答疑的准备

提前准备好观众可能提出的问题，如价格、质量、售后等问题，并给出合理的答案。例如，当观众对一款高端护肤品的价格有疑问时，主播可解释它所采用的珍贵成分、先进的研发技术及与其他同类商品相比的独特优势，让观众觉得物有所值。

生成商品讲解话术
提示词模板

6. 做好促成购买的准备

在直播中，促成购买是引导观众下单消费的关键环节。可通过反复强调商品优势、当前优惠活动，如折扣、赠品等，鼓励他们尽快做出购买决定。

（二）利用 AI 生成商品讲解话术时的注意事项

利用 AI 生成商品讲解话术时，需要注意以下几个方面。

1. 内容准确

内容准确主要体现为信息准确、语言表达准确。要注意核查生成的内容在商品信息方面有没有错误，包括品牌、型号、功能、参数、材质等。同时还要注意核查语句是否通顺、逻辑是否清晰，避免出现歧义。

2. 突出重点

要注意核查生成的话术是否能突出重点。例如一款降噪耳机，其优势是降噪功能，那么降噪程度、适用场景等应作为重点突出展示。此外，要注意话术阐述应聚焦于商品为消费者带来的主要价值，如提高生活品质、解决特定问题等。

3. 个性化与具有针对性

对于目标受众明确的商品，生成的话术要贴合目标受众的需求。例如，针对老年人群体的电子产品讲解，语言要通俗易懂，多强调操作的便捷性；而针对年轻科技爱好者则可适当使用一些专业术语，突出电子产品的高科技含量和创新性。同时，针对不同使用场景下的商品，要注意根据场景来优化话术。例如旅行背包，对于徒步旅行场景，需重点描述背包的舒适性和防水性；对于商务旅行场景，则应强调其收纳功能和对电子设备的保护功能。

4. 能让消费者产生情感共鸣

生成的话术要具有故事性与情感元素，能让消费者产生情感共鸣。例如，在话术中增加品牌故事、用户案例等，让消费者产生共鸣；生动描绘商品在使用场景中给人的体验，激发消费者的情感共鸣，如描述一家人围坐在客厅，使用新的智能投影仪观看电影的温馨场景，让消费者联想到自己使用该商品时的美好画面。

5. 避免夸大

要注意核查生成的话术是否做到了实事求是。在突出商品优势的同时，不能夸大其功能或效果。如果涉及与其他商品的对比，要做到客观公正，基于真实的数据和事实，不能恶意贬低竞争对手的商品。

6. 具有合规性

要注意核查生成的话术是否符合相关法律法规，特别是广告宣传方面的规定。不能使用绝对化用语（如"最好""第一"等），同时也要避免虚假宣传、侵权等问题。不能抄袭其他品牌或商品的讲解话术，要保证内容的原创性，避免知识产权纠纷。

二、营销导向话术组织

（一）营销导向话术设计要点

应用豆包生成商品
讲解话术示例

营销导向话术是以实现销售目标为核心，通过运用特定语言技巧和表达方式，引导消费者对产品或服务产生兴趣，促使其采取购买行动的话术。它基于心理学原理，如马斯洛需求层次理论、说服理论等，关注如何激发消费者的购买动机、消除购买顾虑和强化购买决策。营销导向话术设计要点如下。

1. 了解目标受众

要深入分析目标受众的年龄、性别、消费习惯、需求痛点等，有针对性地组织话术，这样他们才能对产品产生兴趣。例如，针对中老年人的产品营销，要注重产品的易用性和对健康的益处。

2. 突出产品价值

在营销导向话术中要注重突出产品的核心价值，包括功能价值、情感价值等。例如，推销一款高端钢笔："这不仅是一支钢笔，还是精湛工艺的结晶。笔尖采用特殊的金合金材质，书写顺滑如丝，每一笔都能彰显您的品位。无论是签署重要文件还是记录生活点滴，它都能成为您的得力助手，体现您对品质生活的追求。"

3. 建立信任

在营销导向话术中，可通过展示产品的认证、用户评价、品牌声誉等方式增强消费者的信任感。例如，"我们的产品通过了国际权威机构的检测认证，品质有保障。已经有上万名用户使用后给出了好评，大家可以放心购买"。

（二）利用 AI 生成营销导向话术的方法

1. 明确输入信息

向 AI 详细描述产品信息，包括品牌、功能、特点、优势、目标受众、优惠信息等。例如，"这是一款女性时尚手提包，品牌是××，采用优质皮革，有独特的印花设计，容量大，适合年轻女性，当前有 8 折优惠"。

2. 设定营销目标

根据直播营销的不同阶段，设定相应的提示词。例如，在开场激发兴趣阶段："生成一个能吸引年轻女性关注××品牌手提包的开场白，强调其独特印花设计。"在促成购买阶段："生成强调手提包优质皮革和大容量优势，以及 8 折优惠信息，促使消费者购买的话术。"

3. 优化和调整话术

对 AI 生成的话术进行优化和调整，确保话术符合品牌形象和产品实际情况，增强让消费者产生情感共鸣和引导购买的效果，同时避免出现生硬或不合理的表述。例如，如果生成的话术过于平淡，可以手动修改润色，增加一些生动的词汇。

📖 **文化小课堂**

传统文化与直播内容策划及话术撰写

在数字化时代，将中国传统文化融入直播中，能为直播带来独特的魅力与价值，赋予直播内容深厚的文化底蕴和情感吸引力。在直播内容策划与话术中融入中国传统文化，可以采用以下方法。

1. 选择与设计主题

可围绕传统节日策划直播主题，例如围绕春节、中秋、端午等节日开展直播；可以以剪纸、刺绣、陶瓷、木雕等传统技艺作为直播主题；还可以传统文学为主题，如以古诗词、古典小说、神话故事等为主题。

2. 融入视觉元素

可在直播背景中使用具有传统文化特色的元素，如古典屏风、书画等。例如，进行传统茶艺直播，可以将直播环境布置成古色古香的茶室，摆放中式茶桌、茶具，悬挂书法作品，营造出浓厚的传统文化氛围；展示汉服时，还可使用与传统文化相关的道具，搭配相应的配饰，如发簪、玉佩、香囊等，详细介绍这些配饰的材质、制作工艺和寓意。

3. 设计互动环节

可设计一些与直播主题或者产品相关的传统文化知识问答，如"端午节除了吃粽子还有什么习俗"，让观众在评论区回答，回答正确的观众有机会获得小礼品；还可设计传统技艺体验互动，指导观众进行简单的传统技艺实践，如教观众折纸，或者教观众编织中国结。要在观众实践过程中给予鼓励。

4. 邀请嘉宾

嘉宾包括民间艺人、学者等。例如，邀请剪纸艺人、捏面人师傅、糖画艺人等民间高手到直播间展示技艺，在嘉宾展示过程中，让他们讲解自己从艺的经历、技艺的传承及每一个作品背后的故事；邀请研究传统文化的学者，讲解传统文化的相关知识，如历史演变、文化价值等。

将传统文化融入直播内容，一方面可以让直播变得丰富、有趣，能够极大地增加流量，促进销售转化；另一方面也可以让传统文化变得生动、鲜活，向世界展示传统文化的魅力。

【任务实施】

任务活动1　利用文心一言生成商品讲解话术

某网店新上了一款华为智能手表，扫描右侧二维码可获取商品基本信息。现在请你利用文心一言生成该商品的讲解话术。具体操作步骤如下。

步骤1：明确商品信息。

收集基本资料，详细了解商品的品牌、型号、功能、特点、材质、外观设计、目标消费群体等信息。可进一步通过互联网搜集信息，分析商品与竞品相比的独特之处。

商品基本信息

步骤2：撰写提示词，生成话术。

按照下列要点，撰写提示词，生成商品讲解话术。

（1）引起注意。

> **提示词：**
> "为[商品名称]创作一个能瞬间吸引消费者的开场白，如提出有趣的问题或展示惊人的数据。"

（2）介绍商品信息。

> **提示词：**
> ① 品牌故事："讲述[品牌名称]的发展历程和品牌价值观，用于[商品名称]的讲解。"
> ② 功能与特点："详细描述[商品名称]的功能，包括[具体功能1]、[具体功能2]等，同时阐述这些功能如何为消费者带来便利。"
> ③ 材质与质量："介绍[商品名称]的材质[材质名称]，强调其质量优势和对商品性能的提升。"
> ④ 使用方法："说明[商品名称]的使用步骤，要清晰易懂，适合普通消费者。"

（3）介绍商品价值。

> **提示词：**
> ① 解决问题："强调[商品名称]能解决[具体问题]。"
> ② 提高生活品质或工作效率："阐述[商品名称]如何提升消费者的[生活品质方面/工作效率方面]。"

（4）建立情感联结。

> **提示词：**
> ① 使用场景描绘："描绘[商品名称]在[具体场景]中的使用画面，让消费者产生向往之情。"
> ② 个性化推荐："为[目标消费群体]推荐[商品名称]，突出介绍满足他们需求的商品特点。"

（5）答疑。

> **提示词：**
> "生成针对消费者对[商品名称]价格的疑问的回答，要突出商品的性价比"；或者"列出消费者可能对[商品名称]质量提出的问题，并给出合理的解释"。

（6）促成购买。

> **提示词：**
> "为购买[商品名称]的消费者提供不同预算下的购买建议，并介绍当前的优惠活动。"

步骤3：调整与优化生成的话术。

检查话术的准确性，确保生成的话术与商品实际信息相符，没有错误或夸大其词的内容。检查是否与消费者建立了有效的情感联结，可以手动添加一些生动的描述、用户案例或故事来增强情感共鸣。同时，还可根据商品的定位和目标消费群体，调整话术的风格，融入品牌特色等。

任务活动2 利用豆包生成营销导向话术

假设现在你要推销一款新型的空气炸锅，扫描右侧二维码可获取商品基本信息。现在请你利用豆包生成营销导向话术。具体操作步骤如下。

商品基本信息

步骤 1：明确输入信息。

向豆包描述空气炸锅的详细信息。

> **提示词：**
>
> "这是一款［品牌名］空气炸锅，具有 360° 热风循环技术，能均匀加热食物，可制作薯条、鸡翅、蛋挞等多种美食。容量为［×］升，适合家庭使用。操作简单，有智能触控面板和预设菜单。外观设计简约时尚，颜色是［具体颜色］。节能环保，清洗方便。目前正在进行直播促销，购买可享［具体优惠］，还赠送［赠品信息］。"

步骤 2：设定营销目标。

（1）开场吸引关注（激发兴趣阶段）。

> **提示词：**
>
> "请生成一个能吸引家庭主妇关注［品牌名］空气炸锅的开场白，要提到它能轻松制作多种美食。"

（2）介绍商品特点（强化商品价值阶段）。

> **提示词：**
>
> "详细描述［品牌名］空气炸锅的 360° 热风循环技术、智能触控面板和预设菜单、清洗方便的特点，以及这些特点带来的好处。"

（3）消除购买顾虑（消除顾虑阶段）。

> **提示词：**
>
> "生成对消费者对空气炸锅容量和节能方面可能存在的疑问的回答。"

（4）促成购买（促进下单阶段）。

> **提示词：**
>
> "生成强调空气炸锅外观简约时尚、当前优惠和赠品信息，促使消费者购买的话术。"

步骤 3：优化和调整话术。

检查豆包生成的话术，确保语言流畅、生动。例如，可以将"这个优惠活动时间有限，数量也不多"修改为"这次直播优惠活动时间紧迫，活动时间为×月×日—×月×日，且赠品数量有限，活动期间先到先得！"，以便促进下单。同时，检查话术是否符合空气炸锅的实际情况，确保信息准确无误。

同步实训

▍实训任务一　直播策划

实训描述

本次实训聚焦于提升学生的直播策划能力。通过实践操作与理论学习相结合的方式，学生将进一步提升直播基础信息策划、直播流程设计的相关技能，具备应用 AI 进行直播策划的实践能力。

操作指导

具体操作步骤如下。

步骤 1：登录 BoTrix BEM 直播电商运营实战平台，进入"直播策划"模块。应用博导 AI 学习助手，通过提问互动功能学习与掌握直播策划的相关知识。

步骤 2：根据上述步骤学习结果及任务指导进行直播基础信息策划，包括直播宣传主旨、粉丝变现、引流拓新、冲销量、清库存，如图 3-11 所示。

图 3-11　直播基础信息策划

步骤 3：完成直播基础信息策划后，进入"直播流程设计"界面，如图 3-12 所示，单击右上角的"新增节点"按钮，即可添加自己策划的各个直播环节，包括直播环节名称、用时、流程内容等，完成后单击"提交"按钮。

图 3-12　"直播流程设计"界面

实训评价

基于学生在本次实训中的表现及实训完成情况，对实训考核内容进行评分，同时学生进行自我评价，教师进行点评（见表 3-5）。

表 3-5　实训评价（一）

考核项目	学生 自评分（30%）	教师 评分（70%）
深入理解直播策划方案关键要素，包括但不限于项目概述、目标受众分析、直播内容规划、直播形式与互动设计等，为后续策划工作奠定坚实基础（20分）		
能够根据直播需求进行完整细致的直播信息梳理，直播基础信息设置准确（30分）		
能够根据直播需求进行完整的直播流程设计，包括但不限于开场预热、直播话术脚本、福利发放和吸粉技巧等，整体流程设计合理且富有逻辑，具有操作性（50分）		
总计（100分）		
学生自我评价	教师点评	

实训任务二　单品直播策划

实训描述

本次实训聚焦于提升学生的单品直播策划能力。通过实践操作与理论学习相结合的方式，学生将进一步理解单品直播脚本的基本构成，掌握产品介绍的基本要点，能运用 AI 生成高质量的单品直播脚本。

操作指导

具体操作步骤如下。

步骤 1：登录 BoTrix BEM 直播电商运营实战平台，进入"单品直播策划"模块。

步骤 2：阅读任务信息，利用 AI 互动功能（见图 3-13），通过提问学习单品直播脚本的相关知识。

图 3-13　AI 互动功能

步骤3：进入"单品直播策划"界面，如图3-14所示，根据上述步骤的学习结果及任务指导等进行单品直播脚本的撰写，具体包括开场介绍、产品介绍、使用演示、互动环节、催单和下播。

图3-14 "单品直播策划"界面

实训评价

基于学生在本次实训中的表现及实训完成情况，对实训考核内容进行评分，同时学生进行自我评价，教师进行点评（见表3-6）。

表3-6 实训评价（二）

考核项目	学生 自评分（30%）	教师 评分（70%）
深入理解单品直播脚本的基本构成，掌握单品直播脚本话术的撰写要求，为后续策划工作奠定坚实基础（20分）		
对单一产品，能够全面剖析其特点、优势、目标受众及市场定位，精准规划直播流程，组织话术，突出单品核心卖点，激发观众购买欲望（30分）		
基于对产品的深入了解及目标受众需求，创作出生动、准确且极具感染力的产品讲解话术（50分）		
总计（100分）		
学生自我评价	教师点评	

知识与技能训练

一、单选题

1. 单品直播脚本的主要目的是（   ）。

   A. 娱乐观众   B. 推广品牌

   C. 详细介绍单个产品   D. 分析市场趋势

2. 下面不属于常见的直播互动方式的是（   ）。

    A. 问答环节   B. 演示直播   C. 投票表决   D. 抽奖环节

3. 营销导向话术的主要目的是（   ）。

    A. 提升观众观看体验   B. 增加商品销售量

    C. 讲解商品使用方法   D. 分析商品质量

4. 在利用 AI 生成直播脚本时，（   ）通常不包括在单品直播脚本中。

    A. 开场引入   B. 多产品介绍   C. 互动   D. 结尾引导购买

5. 单品直播脚本的创作核心在于突出产品的（   ）。

    A. 价格优势   B. 品牌优势

    C. 特点、优势和使用场景   D. 外观设计

二、多选题

1. 利用 AI 生成直播策划方案时，需要准备（   ）等信息以便撰写合适的提示词。

    A. 直播背景   B. 产品类型   C. 目标人群   D. 主播个人喜好

2. 单品直播脚本的创作要点包括（   ）。

    A. 清晰的产品介绍   B. 生动有趣的话术

    C. 详细的动作描述   D. 吸引人的优惠活动

3. 在利用 AI 生成营销导向话术时，需要注意（   ）。

    A. 话术应符合品牌形象   B. 避免生硬或不合理的表述

    C. 增强情感共鸣   D. 能促进下单

4. 商品讲解话术设计要点中介绍商品创造的价值包括（   ）。

    A. 强调商品能为观众解决什么问题

    B. 讲解商品如何提高生活品质

    C. 讲解商品如何提高工作效率

    D. 介绍商品所使用的材料及质量保证

5. 营销导向话术设计要点包括（   ）。

    A. 了解目标受众   B. 突出产品价值   C. 促进下单   D. 建立信任

三、判断题

1. 直播策划方案的撰写要求包括清晰表达目标、详细描述流程、突出重点信息。（   ）

2. 在单品直播脚本创作中，不需要了解产品特点。（   ）

3. 商品讲解话术设计要点中不包括做好答疑和促成购买的准备。（   ）

4. 营销导向话术以实现销售目标为核心，不需要考虑消费者心理。（   ）

5. 单品直播脚本和整场直播脚本在结构和内容上没有明显区别。（   ）

AI 赋能直播间装修与商品上架

项目四

AI 的广泛应用让直播电商多个核心环节呈现出智能化和高效化的新趋势。在直播间装修方面，AI 能赋能直播间贴片设计、直播间背景图设计；在商品上架环节，从智能生成商品标题到高效执行直播商品发布，AI 大大提升了工作效率和质量。本项目将聚焦 AI 在直播间装修和商品上架中的应用，深入探讨其为直播电商核心环节带来的技术支持和实践变化，帮助学生全面掌握这一新兴领域的关键能力，为职业发展打下坚实基础。典型工作任务工作内容与要求如表 4-1 所示。

表 4-1　典型工作任务工作内容与要求

典型工作任务	工作内容与要求（传统）	工作内容与要求（AI 赋能）
直播间装修	1. 能够根据直播主题、目标受众及品牌形象，从空间规划、背景布置、灯光设置、色彩搭配等方面进行直播间装修方案设计 2. 能够根据装修方案，执行与监督直播间装修的实施，确保装修效果符合设计预期，具备良好的审美特性，且能满足日常直播需求 3. 在直播间装修过程中，具备灵活的问题处理技能，能够及时发现装修问题，与相关人员进行沟通，高效解决问题，确保直播间装修效果符合预期	1. 能够根据直播间装修需求，利用 AI 自动生成装修方案，并根据实际情况进行方案选择与优化 2. 能够根据直播间装修方案，进行智能背景推荐、灯光与装饰元素设置等操作，设计具备良好视觉营销效果的直播间 3. 能够根据直播需求与环节设计，借助 AI 设计具有吸引力的直播贴片，提高直播转化效果，助力直播顺利开展

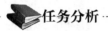

项目概述

本项目围绕 AI 赋能直播间装修与商品上架展开，学生将了解利用 AI 设计直播间贴片与直播间背景图，以及智能生成商品信息等方面的基础知识，能够进行直播间装修、商品上架等操作，提升直播运营的实际操作能力。

学习目标

1. 掌握利用 AI 设计直播间贴片的方法。
2. 清楚直播间背景图的尺寸要求，能够利用 AI 进行直播间背景图设计。
3. 理解电商平台商品标题的构成及利用 AI 生成商品标题的原理与方法，能够分析爆款标题特征，优化 AI 生成的商品标题。
4. 熟悉直播间商品发布的相关事宜，掌握抖店商品发布的基本流程。
5. 培养职场创新思维，能够在 AI 赋能的直播环境中发现问题解决思路和商业机会。
6. 提升职业综合素养，具备良好的团队协作与沟通能力。

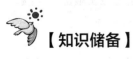

任务一 直播间装修

任务分析

要掌握直播间装修的基础知识，并进行相关实践活动，需要完成以下内容的学习。

1. 了解直播间贴片的常见类型，熟悉其设计要求与流程，清楚如何用 AI 设计直播间贴片。
2. 掌握直播间背景图的尺寸要求、设计的关键点等，能应用 AI 进行直播间装修。

【知识储备】

一、AI 助力直播间贴片设计

（一）直播间贴片常见类型

直播间贴片是在直播过程中，出现在屏幕特定位置的图片、动图或者短视频片段，图 4-1 所示为不同直播间的贴片示例。它的主要功能有预热直播亮点，透露即将上架的爆款商品；引导观众关注直播间，增加粉丝量；展示品牌标识，强化观众对品牌的印象。直播间贴片主要有以下常见类型。

1. 品牌标识类贴片

品牌标识类贴片通常是直播商家或合作品牌的标识，放置在画面角落等位置。

2. 基础信息类贴片

基础信息类贴片主要用于提升直播体验，展示主播信息、直播预告等。例如，用于展示主播的昵称、头像，以及直播的标题、时间、平台等。

图 4-1　不同直播间的贴片示例

3. 特色卖点类贴片

特色卖点类贴片用于吸引观众停留，突出直播间的特色产品或优惠活动。例如，上新产品、优惠信息（"满减优惠券""首单立减"）等，通常配有吸引人的图片和简短描述。

4. 信息提示类贴片

信息提示类贴片用于提示重要信息，如直播福利发放时间、下一个商品展示倒计时等。例如，某直播间有贴片显示"距离下一轮优惠券发放还有 5 分钟"，吸引观众持续停留观看。

5. 引导关注类贴片

引导关注类贴片包含引导观众关注直播间的图标和文字，常出现在画面显眼但不影响主要内容展示的位置，如"点击关注主播，获取更多冬季时尚穿搭技巧"。

6. 重点推介类贴片

重点推介类贴片能承载更多内容，根据直播内容灵活展示相关画面。例如，主播现场制作美食，贴片同步展示食材的特写，勾起观众的食欲，调动观众的情绪。

（二）利用 AI 设计直播间贴片

1. 明确直播主题及内容

要设计直播间贴片，首先需要清楚直播的主题、内容、主播情况等基本信息，以便弄清楚该场直播需要的贴片有哪些。例如，专场羽绒服直播涉及的贴片可能有模特信息贴片、优惠信息贴片等。

2. 策划直播间贴片的类型及内容

当了解直播主题及内容后，根据直播环节策划需要的直播间贴片类型及内容。如果不清楚一场直播需要哪些贴片，在贴片设计上没有思路，可以利用 AI 获取灵感。

在向 AI 提问时，需要注意提问的方式与内容的准确性。角色扮演式提

利用 AI 设计美妆
产品直播间贴片的
思路

问的基本结构是角色扮演+角色细节+需要解决的问题，即根据问题匹配角色，构建 AI 身份背景，利用特定结构组成提示词来提出问题。先给 AI 一个清晰的角色定位，让其扮演具体的角色，模拟真实的场景来进行交互，这样可以让 AI 更加深入地理解问题。

3. 利用 AI 制作直播间贴片

当了解直播需要的贴片类型及内容后，接下来就是制作直播间贴片。目前，很多直播平台都自带直播间贴片类工具，当用户了解直播间贴片的基本信息后，按照平台要求输入相应信息就可生成具体的贴片了。图 4-2 所示为抖店后台的"直播工具"模块，选择相应的贴片类型后，即可进入相应的设置界面。图 4-3 所示为选择"发红包"后出现的界面，用户设置红包基本信息后，直播间就会出现红包贴片。

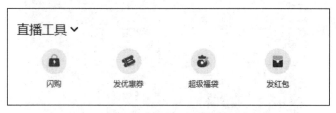

图 4-2 "直播工具"模块

图 4-3 "发红包"界面

有些平台支持用 AI 生成直播间贴片，例如即创，用户在利用其直播间装修功能时，设置直播背景信息中有贴纸功能，如图 4-4 所示，用户可以根据直播内容设置优惠信息、天气

信息等，生成相应的贴纸，这些贴纸会根据 AI 生成的背景图调整颜色、模板，以匹配直播间的风格。

图 4-4　即创直播间装修中的贴纸功能

 合作探究

你觉得在贴片设计方面，AI 还有哪些待提升的功能？言之有理即可，也可结合具体的 AI 工具来谈其在直播间贴片设计方面的优势与不足。

■ 二、AI 助力直播间背景图设计

1. 直播间背景图的尺寸要求

直播间背景图是指在直播过程中，观众所看到的主播背后的图像。其通常是主播为了营造特定的直播氛围、展示个人或品牌特色而精心设计的。

直播间背景图的尺寸并没有统一的标准，不同平台和应用场景可能会有不同的要求。抖音直播间背景图的建议尺寸为 1125 像素×633 像素，比例为 16∶9。这个尺寸适合竖屏播放模式，能够保证在抖音平台上展示的效果最佳。背景图格式建议为 jpg 或 png，大小不超过 2MB。

通用直播间背景图的建议尺寸为 1920 像素×1080 像素，这是全高清的分辨率，能够满足高清显示的需求，适用于大多数直播场景。如果直播场景有特殊需求，例如需要展示大型道具或多人互动，可以适当调整背景图尺寸。

2. 直播间背景图设计的关键点

要让直播间背景图看起来既美观又吸引人，设计时可以遵循以下搭配原则和建议。

（1）与直播内容相契合。

背景图应与直播的主题和内容保持一致。例如，如果是美妆直播，背景图可以选择清新、时尚的元素；如果是 3C 产品直播，则可以选择科技感强的背景图。此外，设计时还要选择与直

播内容或品牌色彩相协调的背景图颜色，以加强整体视觉效果，使直播间看起来更加统一和谐。

（2）简洁而不失个性。

背景图不宜过于花哨或复杂，以免分散观众的注意力。简洁的背景图更能凸显主播和直播内容。在保持简洁的同时，可以用一些个性化的装饰或元素来展现主播的独特风格，如添加一些代表主播个性的小物件或图案。

（3）打造立体感与层次感。

合理利用光影效果可增强背景图的立体感，使直播间看起来更加生动有趣。例如，使用柔和的灯光来照亮背景图，能够营造出温馨或专业的氛围。不同元素的叠加和排列可以创造出具有层次感的背景图。

（4）考虑观众视角。

设计背景图时应考虑到观众可能使用的不同设备（如手机、平板电脑、计算机等），确保在不同设备上都能呈现出良好的视觉效果。背景图应保持整洁，避免有杂物或给人乱糟糟的感觉。一个整洁的背景图可以给观众留下良好的第一印象。

（5）定期更新与调整。

随着季节、节日或直播内容的变化，可以适时更新背景图，以保持直播间的新鲜感和吸引力。同时也可收集观众的反馈和建议，根据其喜好和需求来调整背景图。

3. 利用 AI 设计直播间背景图

目前，市场上可用于生成直播间背景图的工具有很多，如豆包、文心一言、文心一格、Canva 可画等。利用 AI 生成直播间背景图的基本流程如下。

步骤 1：确定主题与风格。

根据直播的主题和内容，确定背景图的主题与风格。选择能够吸引目标观众的色彩和整体风格，确保与直播内容相协调。

步骤 2：选择支持生成直播间背景图的 AI 工具。

选择支持生成直播间背景图的 AI 工具，如文心一格、Canva 可画、稿定设计、创客贴等。这些工具可以根据输入的提示词和参数生成符合要求的背景图。

步骤 3：输入提示词与参数。

根据所选 AI 工具的要求，输入相关的提示词和参数。提示词可以包括直播的主题、元素、风格等，参数可能涉及图片的尺寸、分辨率等。提问时要注意技巧，设定角色，清晰描述任务要求，对结果进行明确的限制，以使设计的背景图符合预期。

步骤 4：优化生成的图片。

一般 AI 工具会根据提示词生成 4 张图片，用户可以根据自己的需求及喜好，选择一张进行精细加工（可以导入 PS 进行精细处理，也可利用平台自带的 AI 处理功能，例如 AI 抠图、调整清晰度、替换模板、删除元素等），或者调整提示词继续让 AI 生成图片，直到得到满意的背景图，并将其应用于直播间中。

利用 AI 生成直播间
背景图

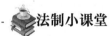**法制小课堂**

利用 AI 生成的图片存在版权问题吗

在我国的法律中，版权一般归属于创作者。然而，AI 生成的图片的创作主体存在模糊性。AI 是利用算法和训练数据生成图片的，并非传统意义上的自然人创作。

根据现行《中华人民共和国著作权法》，著作权人包括作者和其他依照本法享有著作权的自然人、法人或者非法人组织。AI本身不是自然人、法人或非法人组织，所以其不能直接成为著作权人。

《中华人民共和国著作权法》第三条规定："本法所称的作品，是指文学、艺术和科学领域内具有独创性并能以一定形式表现的智力成果。"由此可见，受到著作权法保护的作品需要同时满足以下三点：①具有独创性；②属于文学、艺术、科学领域；③是能够以一定形式表现的智力成果。对于利用 AI 生成的图片，其独创性的判断存在争议。如果利用 AI 生成的图片仅仅是对已有数据的简单拼凑和重组，不是具备独创性的智力成果，那么其可能不会被认定为受著作权法保护的作品。但如果 AI 通过复杂的算法和训练，生成了具有独特创意的图片，其在一定程度上可能符合独创性的要求。

在利用 AI 生成图片的过程中，训练数据的来源至关重要。如果训练数据包含侵犯他人版权的数据，例如未经授权使用了大量受版权保护的图片作为训练数据，那么基于这些数据生成的图片可能存在侵权问题。在我国，未经授权将他人作品用于商业或其他用途是违法的。如果训练数据存在此类侵权问题，即使图片是由算法生成的，其生成过程也可能涉及侵权。

【任务实施】

任务活动 1　应用创客贴 AI 设计直播间背景图

××家居企业主营北欧风家具、智能家居用品及环保家居装饰，在春节来临之际，该企业要进行"智享新年，家居焕新"年货直播专场活动，销售特色年味家居套装、智能扫地机器人及环保新年装饰。现在工作人员计划利用创客贴 AI 生成一张直播间背景图。具体操作步骤如下。

步骤 1：进入创客贴官网，在首页选择"创客贴 AI"—"一句话设计"选项，如图 4-5 所示，该功能能根据用户的需求生成对应的图片。

图 4-5　选择"创客贴 AI"—"一句话设计"选项

步骤 2：进入"一句话设计"界面，如图 4-6 所示，用户可与 AI 进行互动，撰写提示词，为其设定角色，描述对背景图的要求，例如场景、风格、颜色要求等。

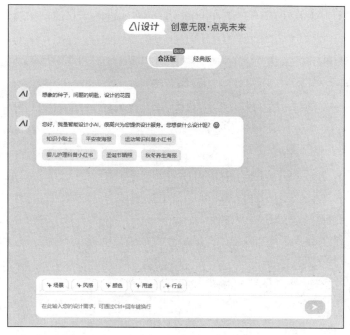

图 4-6 "一句话设计"界面

步骤 3：AI 根据提示词生成直播间背景图，用户可挑选大致合适的图片并利用 AI 的编辑功能对图片进行优化，也可通过追问及优化提示词的方式来优化直播间背景图。完成后将生成的图片展示出来，与同学交流实践感受。

任务活动 2 应用即创进行咖啡直播间装修

千乐咖啡作为咖啡界的新兴品牌，正在抖音平台进行推广，公司每周二至周五 14:00、周末 18:00 开播，销售特色咖啡。请你利用即创进行直播间装修。具体操作步骤如下。

步骤 1：梳理直播信息，包括直播标题、活动类型及内容、直播商品特色等；根据直播信息初步拟定直播间的装修方案，例如直播标题为"咖啡宝藏大揭秘"，背景为装饰墙面，色调为暖色调，给人舒适之感；同时背景图中显示商品信息、优惠券信息等。

步骤 2：在浏览器内搜索"即创"，找到其官方网站，登录后进入首页，如图 4-7 所示。

图 4-7 即创首页

步骤 3：选择"AI 直播"—"直播间装修"选项，进入"直播间装修"界面，如图 4-8 所示。

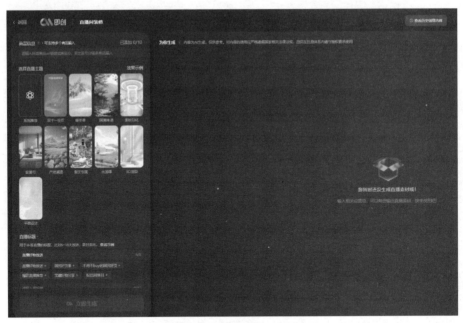

图 4-8　"直播间装修"界面

步骤 4：在抖音搜索千乐咖啡官方旗舰店，进入后选择一款商品，进入分享界面，点击"复制链接"按钮，如图 4-9 所示；将商品链接复制到"直播间装修"界面内的"商品信息"栏内，如图 4-10 所示。"商品信息"栏内支持输入多个商品信息，最多可输入 10 个，可以输入抖音商品 URL 链接或者商品 ID，输入多个商品信息时需要用英文逗号隔开。

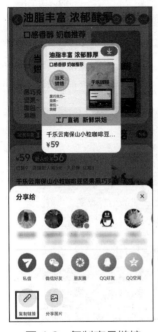

图 4-9　复制商品链接

图 4-10　输入商品链接

步骤 5：由图 4-11 可知，即创提供了"双十一狂欢""暖冬季""国潮来袭""美妆日化"等多个主题供用户选择，当用户不清楚自己的直播主题时，也可选择"系统推荐"。直播标题最多输入 8 个汉字，例如"咖啡宝藏大揭秘"，系统也提供了多个不同主题的直播标题，用户可结合直播实际进行选用。为了突出、明确直播的主题特色，也可设置直播副标题，例如"新品上新""买 1 赠 1""正品保证"等，副标题最多输入 12 个汉字。

步骤 6：系统从色调、场景两个方面帮助用户进行场景风格的设计，如图 4-12 所示。例如，直播主题选择"系统推荐"，这时"色调"下拉列表中会提供系统推荐、暖色调、冷色调三种选项，"场景"下拉列表中会提供系统推荐、实景背景、平面设计等不同类型场景的图。若不选择相关场景风格，系统会智能地按照商品详情择优生成。

步骤 7：系统提供优惠贴纸、天气贴纸、主播尺码贴纸供用户选择，如图 4-13 所示。例如，店铺直播满 39 元可使用 5 元优惠券，此时就可使用优惠贴纸，设置优惠券金额，以及使用条件（最多 8 个汉字）；若未设置，系统会根据上面的商品信息自动匹配优惠贴纸。天气贴纸即展示特定地点的天气情况。主播尺码贴纸适用于服饰类直播场景的装修，用于展示主播的身高、体重及穿衣的尺码，方便顾客选择衣服尺码。

图 4-11　设置直播主题及标题　　　图 4-12　设置场景风格　　　图 4-13　设置贴纸

由于是对咖啡的直播间进行装修，天气贴纸及主播尺码贴纸都可不设置。

步骤 8：设置完上述信息后单击"立即生成"按钮，AI 自动生成如图 4-14 所示的直播间装修效果图。

针对生成的直播间装修效果图，预览效果，若不满意，可以调整直播标题、背景、直播商品等，对其进行优化，如图 4-15 所示，每个类别可生成 5 个结果，综合考虑选择合适的即可。

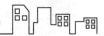

图 4-14 直播间装修效果图　　　　图 4-15 直播间装修效果图优化

🎓 进阶小课堂

在电商领域利用 AI 生成图片的实用技巧小贴士如下。

1. 精准描述：用丰富的细节勾勒画面内容，例如 "复古风皮质棕色单人沙发，雕花扶手，暖光灯下质感细腻"，越具体，生成的图片越契合设想。

2. 设定风格：添加艺术风格关键词，如"赛博朋克风的智能手表，炫光背景"，让图片适配目标受众喜好。

3. 融入场景：把商品置于使用场景下，如"简约卧室里的白色香薰蜡烛，烛光摇曳"，增强画面故事感与代入感，提升吸引力。

4. 参考竞品：借鉴热门竞品图的文案，调整表述，使其既贴合流行趋势，又凸显差异，引导 AI 产出更有竞争力的视觉内容。

🔵 任务二　直播间商品上架

📕 任务分析

要掌握直播间商品上架的相关知识，需要完成以下内容的学习。

1. 掌握电商平台商品标题的构成及利用 AI 生成商品标题的原理与步骤。

2. 熟悉直播商品发布的相关事宜，能够在商品发布过程中灵活应用 AI 进行商品标题、商品图等的设计。

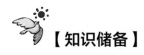

【知识储备】

一、利用 AI 生成商品标题

1. 利用 AI 生成商品标题的原理

电商平台商品标题通常由核心关键词、属性词、营销词三部分构成。核心关键词是主体，用于表明商品是什么。商品标题示例如图 4-16 所示，其中"爱媛 38 号果冻橙"即核心关键词，用于精准匹配搜索需求。属性词用于细化产品特性，如产地词"四川"、重量词"5 千克"等，能够帮助消费者筛出心仪的商品。营销词用于提升吸引力，如"新鲜当季"等，刺激购买欲。灵活组合这三类词，能让标题更吸睛，精准触达目标客群。

图 4-16　商品标题示例

利用 AI 生成商品标题，其原理在于 AI 基于深度学习算法（主要是神经网络模型），通过对大量文本数据（包括商品标题、产品描述、广告文案等）的学习，掌握语言的结构、语义和语用规则。当用户输入与商品相关的信息时，模型会根据所学知识，预测出最可能符合要求的标题。

2. 利用 AI 生成商品标题的步骤

步骤 1：明确商品基本信息。

详细梳理商品的各项功能，了解商品的特性，清晰界定商品的目标受众，考虑目标受众的消费心理和需求等。尽可能全面地搜集、整理商品信息，为后面梳理产品关键词提供有用的参考。

例如，一款智能手表，其功能可能包括精准的心率监测、多种运动模式、超长续航、蓝牙通话与信息提醒、防水防尘等。在生成标题时，就可以把这些有关基本信息的关键词提供给 AI，让其进行学习。

步骤 2："知识"投喂"，分析爆款商品标题的特征。

了解了商品基本信息后，用户可搜索电商平台上同类商品的爆款标题，例如搜集淘宝平台上 10 个爆款智能手表的标题，将其"投喂"给 AI，让其分析并总结这些爆款商品标题的特征。

步骤 3：结合爆款商品标题的特征，梳理商品关键词。

通过 AI 分析结果，用户能了解爆款标题的特征，掌握其标题基本构成。例如，爆款智能手表标题的基本构成为品牌与型号、核心卖点与功能、是否为新品、是否有优惠、适配人群等。那么围绕这些基本构成元素，用户就可梳理出这款智能手表的核心关键词，并在核心关键词的基础上进行拓展，形成丰富的关键词组合。

爆款商品标题特色
分析实例

步骤 4：撰写并输入提示词。

撰写恰当的提示词并输入 AI。提示词格式一般为"请为［商品名称］生成［数量］个商品标题，该商品具有［商品功能与特性描述］，面向［目标受众描述］，关键词为［关键词列表］"。在撰写提示词时，可以融入爆款标题的特征，且提示词的描述要清晰准确，避免模糊和歧义。

举例

> 提示词：
>
> "现在你是一名电商运营专家，请为新款 S10 Ultra 2 手表 S9 生成 5 个简洁的商品标题（不超过 20 字），该商品具有遥控自拍、运动追踪、蓝牙通话、计步、倒计时、影音娱乐等功能，支持蓝牙连接、微信与支付宝支付、百度导航、心率监测、血压监测、血氧监测、睡眠监测、AI 智能对话，面向各年龄阶段人群，关键词为'新款''强大健康监测功能''支持独立支付''百度地图同步''AI 语音'。生成的标题应具有爆款标题特征：说明品牌与型号、核心卖点与功能，体现新品与优惠信息，明确适配人群。

步骤 5：生成结果并优化。

根据 AI 生成结果，对标题进行筛选与优化。筛选标准如下。①相关性：标题必须与商品的实际功能、特性和目标受众高度相关。避免出现"标题党"现象，即标题很吸引人，但与商品内容不符。②吸引力：从语言表达、创意等方面评估标题的吸引力。一个好的标题能够在瞬间吸引消费者，激发他们的兴趣。③独特性：在众多同类商品标题中，要有自己的独特之处，如表述方式独特、强调商品的差异化优势等。

优化标题的方法有：①融入热词，可通过网络搜索工具了解当前热词；②使用数字，用具体数字呈现功能亮点，如"24 小时""10 项"，使消费者直观感受到商品效能；③把功能与出行、运动等场景紧密联系，让消费者产生代入感；④优化关键词顺序，把热门、核心关键词往前放，增加曝光机会。

合作探究

> 与同学交流，假设你现在要生成一款冬季儿童运动休闲裤的商品标题，投放在抖音平台上，你将如何利用 AI 生成商品标题呢？

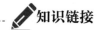

知识链接

> **优化关键词顺序**
>
> 商品标题里，关键词顺序至关重要。搜索引擎在抓取关键词时，靠前的关键词权重更高，优先匹配消费者搜索词。例如搜索"女士纯棉短袖"，标题开头就含"女士纯棉短袖"的商品，比后半段才有该词组的标题的排名靠前。同时，遵循消费者阅读习惯，把关键卖点、热门属性词前置，让消费者能一眼锁定关键信息，利于消费者快速判断商品与自己需求的契合度，进而提升转化率，让流量高效地转化为订单。

二、直播商品发布

（一）直播商品发布的不同情况

要进行直播商品发布，首先得清楚直播商品发布的具体情况。例如，在抖音平台，有抖店的商家在进行直播时，可通过抖店后台或者巨量百应平台进行商品发布操作。具体操作步骤如下。

步骤 1：这里以巨量百应平台为例，输入账号和密码后进入巨量百应平台，如图 4-17 所示。

图 4-17　进入巨量百应平台

步骤 2：单击"添加商品"按钮，即可弹出"添加商品"界面，商家可通过"最近带货""我的店铺"，或者手动输入商品名称或 ID 进行直播商品添加，如图 4-18 所示。

图 4-18　添加直播商品

（二）抖店商品发布的流程

下面以抖店商品为例，讲述具体的商品发布流程。

步骤 1：进入抖店后台，登录抖店账号。

步骤 2：在左侧菜单栏中选择"商品创建"选项，进入"商品发布"界面，如图 4-19、图 4-20 所示。

图 4-19　选择"商品创建"
　　　　选项

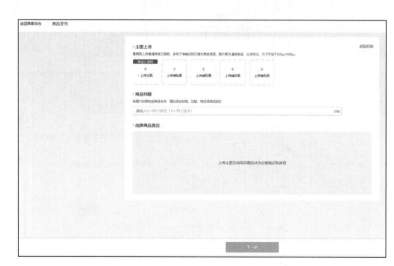

图 4-20　进入"商品发布"界面

步骤 3：设置商品信息。

（1）上传商品主图。

上传商品主图的方式有"本地上传""图库选择""AI 智能做主图"三种。选前两种上传主图的方式的前提是商家已经自行设计好主图。当商家没有设计好的主图时，就可以借助"AI 智能做主图"来进行商品主图的设计与上传，如图 4-21 所示。

应用稿定设计 AI
添加商品背景图

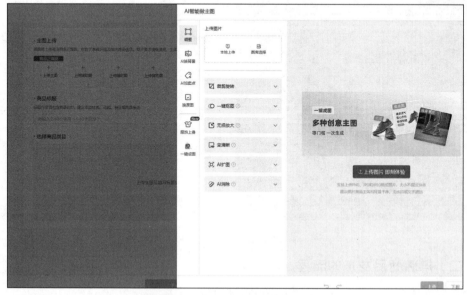

图 4-21　"AI 智能做主图"界面

商家可上传商品图片，然后利用"调整""AI 换背景""AI 加卖点""服饰上身"等功能对上传的商品图片进行编辑和优化。例如，通过"调整"功能对商品图片进行裁剪旋转、

AI 扩图、AI 消除等操作，如图 4-22 所示。利用"AI 换背景"功能，则可以对商品图片的背景进行调整，可以上传画质清晰的单纯背景图，避免出现商品、文字等干扰因素，如图 4-23 所示；之后系统会根据上传的背景图生成排版布局多样的主图，选择合适的主图即可完成主图的上传。

图 4-22 "调整"功能

图 4-23 "AI 换背景"功能

需要注意的是，抖店商品主图可上传 5 张，需上传高清商品正面图，以便系统准确识别及填充商品信息。图片要求清晰美观、主体突出，尺寸不低于 600 像素×600 像素。

（2）撰写商品标题。

上传完主图之后，要撰写商品标题，如图 4-24 所示。标题内容需包含商品名称，建议添加材质、功能、特征或商品描述，可为 2～60 个字符（1～30 个汉字）。可以单击"AI 生成标题"按钮，然后系统会根据上传的主图自动生成与主图相契合的商品标题；针对生成的标题，可单击"立即使用"按钮，也可在此基础上进行标题的优化。上传商品主图及撰写商品标题后，系统会智能识别商品类目。

图 4-24 撰写商品标题

步骤4：单击"下一步"按钮，进入商品信息完善界面，商家可以在这里设置基础信息（见图 4-25，包括热搜词推荐、导购短标题、品牌、年代、款式等）、图文信息（见图 4-26，包括商品正面图、主图视频等）、价格库存（见图 4-27，包括发货模式、现货发货时间、商品规格、价格与库存、设置商品优惠券等）、服务与履约（见图 4-28，包括运费模板、售后政策、商品状态等）、商品资质（包括老字号认证证书、报关单、赠品资质、质检报告等，均为选填项）、达人带货（即是否支持联盟达人带货）等。

图 4-25　设置基础信息

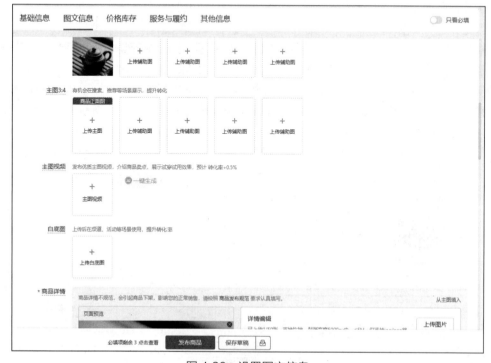

图 4-26　设置图文信息

图 4-27　设置价格库存

图 4-28　设置服务与履约

　　步骤 5：按照商品信息及平台规则完成上述商品信息设置，检查无误后单击下方"发布商品"按钮即可完成抖店的商品发布。之后，商家如果要进行抖音直播卖货，即可通过后台"直播管理—直播中控台"进行直播商品上架，其操作与通过巨量百应平台进行直播商品上架的操作基本一致。

（三）抖店商品发布的注意事项

1. 遵守平台规则

（1）商品资质审核

确保所发布的商品具备平台要求的各类资质证明文件，如营业执照、生产许可证、质量检测报告等。不同类型的商品可能需要不同的资质，例如食品类商品需要食品经营许可证等。如果商品资质不齐全或不符合平台规定，商品将无法通过审核上架，甚至可能导致直播账号受到处罚。

（2）广告宣传规范

商品的宣传文案和描述应符合平台的广告宣传规则，避免虚假宣传、夸大功效等行为。例如，不能声称某减肥产品具有"快速减肥，无须运动，永不反弹"等不切实际的效果。宣传内容应真实、客观、有依据，否则一旦被观众投诉或被平台查处，将损害直播间的信誉和口碑，影响后续的直播带货业务。

2. 商品信息应具有准确性与一致性

在发布商品前，应仔细核对商品的各项信息，包括名称、价格、库存、详情描述等。确保信息的准确性，避免出现错别字、数据错误或信息前后矛盾的情况。例如，若商品详情中写的续航时间与商品参数表中的数据不一致，这会让观众对商品的质量和可靠性产生怀疑。

直播过程中对商品的介绍和宣传应与商品详情保持一致。不能在直播中夸大商品的优点或更改优惠政策等信息。如果出现不一致的情况，观众可能会感到被欺骗，从而影响购买决策和对直播间的信任度。

3. 注重商品图片质量

商品图片应符合平台规定的尺寸、格式和清晰度要求。图片背景应简洁干净，突出商品主体，避免使用过于花哨或与商品无关的背景。同时，图片应真实反映商品的颜色、外观等特征，不能进行过度的美化或修图，导致商品实物与图片差异过大。

4. 注重商品库存管理

在直播过程中，实时监控商品的库存情况。一旦有订单生成，及时更新库存数量，确保库存数据的准确性。如果库存不足，应及时在直播中告知观众，并根据情况调整商品的销售策略，如推荐替代商品或告知观众补货时间。提前设置库存预警值，当库存数量接近预警值时，及时采取措施，如联系供应商补货、调整直播商品推荐顺序等，避免在直播过程中商品突然售罄而导致观众购买失败，影响购物体验。

5. 注重商品售后保障信息

在商品详情中明确说明商品的售后服务政策，包括退换货条件、售后服务电话或在线客服渠道、保修期限等信息，让观众在购买前了解商品的售后保障情况，增强其购买的安全感。

同时，简要介绍商品售后问题的处理流程，如观众如何申请退换货、需要提供哪些凭证、售后处理的时间周期等，这有助于提高售后处理的效率和透明度，减少纠纷和误解。

📖 文化小课堂

AI 赋能直播间装修：传统文化与现代审美交融

在数字化时代，AI 赋能直播间装修已成为一种潮流。直播间的装修不仅关乎视觉效果，更会影响观众的观看体验和商品的销售。当我们将传统文化融入直播间装修时，能展现出独特的魅力。

在直播间装修中，色调的选择是至关重要的。借助 AI，我们可以从传统文化中汲取直播间装修的灵感。例如，从中国古代宫廷建筑中提炼出的明黄色和朱红色，在传统文化中象征着尊贵与吉祥，将其应用于直播间背景，能够给人一种大气磅礴的感觉。

图案也是体现审美与文化的关键。AI 可以帮助我们将传统的中国纹样（如云纹、回纹、龙凤纹等）巧妙地融入直播间的装饰中。通过 AI 的精准设计和处理，这些传统图案能够以现代、简洁的方式呈现于直播间，使观众在观看直播时，既能感受到传统文化的韵味，又能体会到现代设计的时尚感。

空间布局上，可借鉴中式园林错落有致、虚实结合的理念。AI 可以根据这一理念来优化直播间的空间布局，使各个展示区域层次分明。例如，通过 AI 模拟中式屏风的隔断效果，在直播间内划分出不同的功能区，既能让观众有移步换景的视觉享受，又能使商品展示更具条理性。

用 AI 赋能直播间装修，将传统文化与现代审美相结合，能够打造出独具特色的直播间，让观众在购物的同时领略传统文化的魅力。

【任务实施】

任务活动　利用 AI 生成水果商品标题

悠果甄选铺是淘宝平台上一家销售各种水果的店铺，目前正值海南金煌芒上市之际，店铺上新了一批一级大果。假设你是该店铺的运营人员，请利用 AI 撰写至少 3 个商品标题，每个标题字数不超过 30 字。具体操作步骤如下。

商品信息

步骤 1：扫描右侧二维码，阅读商品信息，了解商品基本属性。

步骤 2：登录淘宝平台，搜索关键词"金煌芒"，然后按照"销量"排名，如图 4-29 所示，整理出平台上热销的 10 款金煌芒商品标题，将其"投喂"给 AI，例如豆包，让其分析爆款商品的标题特征。

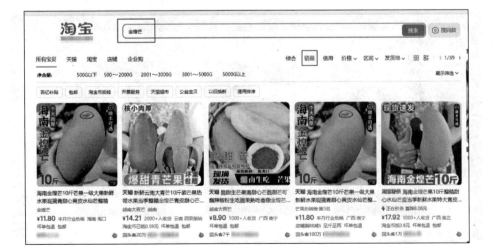

图 4-29　搜索淘宝平台上的爆款标题

步骤3：阅读爆款标题的分析结果，根据金煌芒商品的基本信息撰写提示词，让 AI 帮助生成 10 个金煌芒商品标题，注意让其融入爆款标题的特征。

步骤4：至少选择 3 个标题进行优化，可融入相关热点趋势词、促销词等。

进阶小课堂

在使用 AI 生成商品标题时，需要注意以下问题。

1. 避免夸张：虽然 AI 可以生成富有吸引力的标题，但不能夸大商品性能，以免让消费者产生心理落差，给商品带来负面评价。

2. 符合平台规则：不同电商平台对商品标题有不同的要求，如有些平台禁止使用特殊符号或违规词汇，要确保 AI 生成的标题符合这些规则。

3. 精准定位关键词：电商平台的商品标题中，关键词是核心。精准定位商品的核心关键词，例如商品的主要卖点、属性、功能等至关重要，且在此基础上构建长尾关键词，有助于商品标题的展示，吸引有特定需求的消费者。

实训任务一　直播间搭建

实训描述

本次实训旨在帮助学生全面了解室内直播间、户外直播间、虚拟直播间搭建的方法与技巧，巩固所学理论知识，增强实践应用技能。通过实训操作，学生将理解 AI 如何赋能直播间装修，掌握直播间搭建的具体流程与要求，提高对 AI 的认知和应用能力。

操作指导

具体操作步骤如下。

步骤1：登录 BoTrix BEM 直播电商运营实战平台，进入"直播间搭建"模块，"直播间搭建"界面如图 4-30 所示。

图 4-30　"直播间搭建"界面

步骤 2：单击"室内直播间"下方的"进入任务"按钮，进入"室内直播间"界面，如图 4-31 所示；在该界面根据视频讲解内容、任务指导及操作指导等，进行直播背景、道具、设备的选择与设置，完成符合直播间装修需求的室内直播间的搭建。

图|4-31　"室内直播间"界面

步骤 3：类似于室内直播间的搭建，参考视频讲解内容、任务指导及操作指导进行户外直播间、虚拟直播间的搭建。

实训评价

基于学生在本次实训中的表现及实训完成情况，对实训考核内容进行评分，同时学生进行自我评价，教师进行点评（见表 4-2）。

表 4-2　实训评价（一）

考核项目	学生 自评分（30%）	教师 评分（70%）
能够根据任务背景信息深入了解直播需求，选择合适的直播道具进行室内直播间搭建（30 分）		
能够结合直播背景信息，选择合适的直播道具进行户外直播间搭建，效果良好（30 分）		
能够根据直播背景信息及直播效果需要，选择合适的道具搭建高质量的虚拟直播间（40 分）		
总计（100 分）		
学生自我评价	教师点评	

▌实训任务二　直播间商品上架

实训描述

本次实训活动主题为"直播间商品上架"，旨在通过"单品上架""组合上架"的实训操作，帮助读者巩固所学理论知识，增强信息提取与整合能力，掌握商品分析、营销卖点提炼、商品信息准确填写、商品定价、商品组合销售等基本能力，同时更深入地理解 AI 如何赋能直播间商品上架，形成灵活应用 AI 辅助商品上架的思维，综合提高 AI 技术的认知和应用能力。

操作指导

具体操作步骤如下。

步骤 1：登录 BoTrix BEM 直播电商运营实战平台，进入"直播间商品上架"模块。

步骤 2：阅读任务详情与任务指导，了解任务操作的要求与相关要点，单击图 4-32 所示界面中的"单品上架"按钮，选择要上架的商品，并进行单品上架信息设置，包括上架数量、商品售价、营销卖点、销售策略，如图 4-33 所示。

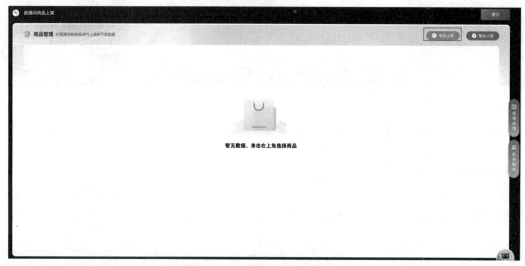

图 4-32　"商品管理"界面

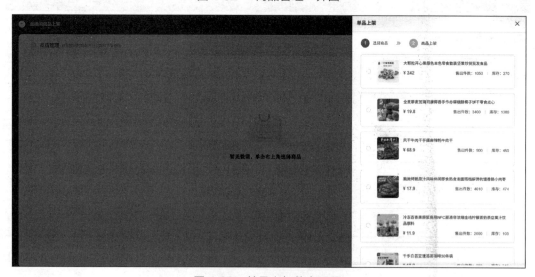

图 4-33　单品上架信息设置

步骤 3：单击图 4-32 所示界面中的"组合上架"按钮，先进行组合商品选择，然后设置组合上架信息，包括组合名称、上架数量、组合售价、营销卖点、销售策略，如图 4-34 所示。

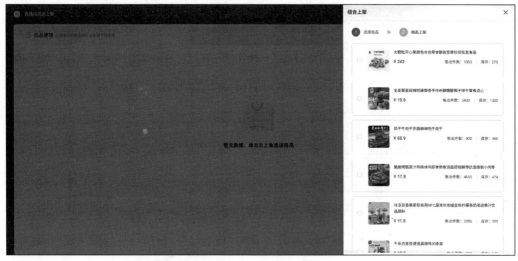

图 4-34　组合上架信息设置

实训评价

基于学生在本次实训中的表现及实训完成情况，对实训考核内容进行评分，同时学生进行自我评价，教师进行点评（见表 4-3）。

表 4-3　实训评价（二）

考核项目	学生 自评分（30%）	教师 评分（70%）
能够深入理解任务背景及要求，准确进行单品上架信息设置，包括上架数量、商品售价、营销卖点、销售策略等（50 分）		
能够深入理解任务背景及要求，准确进行组合上架信息设置，包括组合名称、上架数量、组合售价、营销卖点、销售策略等（50 分）		
总计（100 分）		
学生自我评价	教师点评	

📊 知识与技能训练

一、单选题

1.（　　）主要用于提升直播体验、展示主播信息等。

   A. 品牌标识类贴片　　　　　　　　　　B. 基础信息类贴片

   C. 特色卖点类贴片　　　　　　　　　　D. 信息提示类贴片

2. 抖音直播间背景图建议的尺寸是（　　　）。

    A. 1920 像素×1080 像素   B. 1125 像素×633 像素

    C. 1080 像素×720 像素   D. 2560 像素×1440 像素

3. 电商平台商品标题的构成通常不包括（　　　）。

    A. 核心关键词   B. 修饰词   C. 属性词   D. 营销词

4. 下面关于直播间背景图的说法不正确的是（　　　）。

    A. 背景图应与直播的主题和内容保持一致

    B. 合理利用光影效果可以增强背景的立体感

    C. 随着季节、节日或直播内容的变化，可以适时更新背景图

    D. 直播背景图不需要通过一些个性化的装饰或元素来展现主播的独特风格

5. 下面关于在直播间装修中利用 AI 生成内容的说法，不正确的是（　　　）。

    A. 角色扮演式提问的基本结构是角色扮演+角色细节+需要解决的问题

    B. 关于直播背景图提示词的撰写，通常涉及直播主题、元素、风格、图片的尺寸与分辨率等

    C. 如果不清楚一场直播需要哪些贴片，可以利用 AI 获取灵感

    D. 利用 AI 生成的商品标题尽量不要改，因为这是经过大数据分析、模型训练出来的结果，是市场爆款的展现

二、多选题

1. 以下属于特色卖点类贴片的是（　　　）。

    A. 上新产品   B. 产品信息   C. 主播姓名   D. 优惠信息

2. 引导关注类贴片的特点有（　　　）。

    A. 包含引导观众关注直播间的图标和文字

    B. 常出现在画面显眼但不影响主要内容展示的位置

    C. 主要用于展示主播信息

    D. 用于提示重要信息

3. 直播间背景图的作用包括（　　　）。

    A. 营造氛围   B. 展示信息   C. 降低成本   D. 提升品牌形象

4. 发布抖店商品时，完善商品信息环节包括设置（　　　）等方面的内容。

    A. 基础信息   B. 图文信息   C. 价格库存   D. 服务与履约

5. 优化商品标题的方法有（　　　）。

    A. 融入热门趋势词   B. 把功能亮点用数字化的方式呈现

    C. 制造紧迫感或稀缺感   D. 优化关键词顺序

三、判断题

1. 直播中重点推介类贴片只能展示静态画面。（　　　）

2. 所有直播平台的直播间背景图尺寸要求都是统一的。（　　　）

3. 直播间背景图设计得越花哨越好，这样能吸引更多的观众目光。（　　　）

4. 抖店商品图片背景应简洁干净，突出商品主体，避免使用过于花哨或与商品无关的背景，以免分散观众的注意力。（　　　）

5. 品牌标识类贴片通常被放置在画面中心的位置。（　　　）

AI 加持直播预热

职场创新

AI 在直播预热中展现出强大的赋能能力，从直播预告文案编写、直播预告海报设计到直播预告短视频创作与发布，AI 可提升直播预热效率与质量，精准触达目标受众。对直播运营人员而言，掌握 AI 相关技能已成为提升工作成效和竞争力的关键。本项目将深入探讨 AI 在直播预热中的具体应用与实践路径。典型工作任务工作内容与要求如表 5-1 所示。

表 5-1　典型工作任务工作内容与要求

典型工作任务	工作内容与要求（传统）	工作内容与要求（AI 赋能）
直播预告海报设计	1. 能够依据直播的整体策略与目标受众特点，构建全面且精准的直播预告海报设计框架，且海报设计元素紧密围绕直播核心信息，以清晰且富有吸引力的方式呈现 2. 能够熟练运用专业设计软件，如 Photoshop、Illustrator 等，进行海报的排版、色彩搭配、图形绘制等设计工作，确保海报视觉效果精美、符合品牌形象和直播氛围 3. 能够收集在不同渠道发布海报后的曝光量、点击量、转化率等数据，分析各渠道对海报传播效果的影响，不断优化与完善不同平台的海报设计方案	1. 能够借助 AI 快速收集直播预告海报设计创意，为构建自己的直播预告海报设计框架提供参考与创意来源 2. 能够掌握主流 AI 工具的操作与应用，根据不同直播需求选择合适的 AI 工具智能化生成直播预告海报 3. 能够在 AI 生成的直播预告海报基础上，将自己的创意和审美与 AI 能力相结合，发挥 AI 在快速生成创意和素材方面的优势，通过人工干预提升海报的艺术性和独特性

项目概述

本项目围绕 AI 加持直播预热展开，重点讲解 AI 如何助力直播预告文案的编写、直播预告海报和直播封面图的设计，以及直播预告短视频智能创作与发布。通过学习，学生将了解 AI 助力文案、图片、短视频创作的方法与流程，掌握提示词撰写的方法与技巧，具备基本的 AI 工具应用能力，提升直播运营的实际操作能力。

学习目标

1. 熟悉直播预告文案的类型，掌握应用 AI 编写直播预告文案的方法。

2. 掌握直播预告海报、直播封面图设计的基本理论，能够应用 AI 设计直播预告海报及直播封面图。

3. 掌握直播预告发布的途径及相关技巧，能够在社交媒体发布直播预告。

4. 掌握短视频分镜头脚本的基本构成要素，能够选择合适的 AI 生成短视频分镜头脚本。

5. 清楚短视频创作基本流程，掌握常用短视频智能剪辑工具，能够应用 AI 完成短视频智能剪辑与发布。

6. 培养创新思维，敢于突破传统直播预热模式，探索利用新兴 AI 技术创作独特的直播预热方案，提升自身在数字化时代的创新能力与感知能力。

7. 增强文化自信，培养对传统文化的热爱与传承意识，鼓励将现代科技与传统文化结合，创作出既具有科技感又富有文化底蕴的直播预热内容。

任务一　直播图文预告智能生成与发布

任务分析

要掌握直播图文预告智能生成与发布的相关知识，并进行相关实践活动，需要完成以下内容的学习。

1. 了解直播预告文案的类型，熟悉如何应用 AI 撰写直播预告文案。

2. 清楚直播预告海报的尺寸要求、类型等，掌握应用 AI 设计直播预告海报的方法。

3. 理解直播封面图的概念、尺寸要求、构成要素，掌握相应提示词的撰写技巧，进行直播封面图的设计。

4. 熟悉直播预告发布的途径及相关技巧，能够在社交媒体平台发布直播预告。

【知识储备】

一、AI 助力直播预告文案编写

（一）直播预告文案的类型

1. 名人借势型

名人借势型直播预告文案以直播中的嘉宾作为亮点，借助嘉宾的知名度或专业度来吸引观众；适合有艺人、行业专家等嘉宾参与的直播。该类型直播预告文案常见于品牌、达人的直播预告中，如图 5-1 所示。

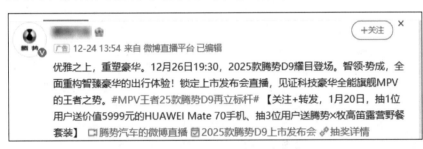

小米集团副总裁、中国区总裁@王晓雁 与小米服务部总经理@小米于澎 今晚19:00做客小米商城直播间，开启总裁对话！

一次性解读小米服务：送拆装一体、以旧换新、智能诊断、保障服务、本地化服务，选购大件商品，全程无忧！

直播期间福利不断，每10分钟互动至高赢小米电视，一站式以旧换新专享三重礼！还有产品经理接棒，超多年货节福利，通通等你来！#小米服务，真诚奔赴#

图 5-1　小米微博中的名人借势型直播预告文案

2. 福利诱惑型

福利诱惑型直播预告文案直接突出直播过程中会发放的福利，如抽奖、优惠券等，强调观众能够获得的实际利益，吸引追求实惠的观众。该类型直播预告文案适用于各个领域，但抽奖赠送的奖品、优惠券的金额等需要有足够的吸引力，或满足某一用户群体的需求，这样才能鼓励目标用户群体参与直播活动。图 5-1 所示的小米微博中，在介绍名人参与直播后，在文案的结尾处添加了福利诱惑型直播预告文案，使得这场直播更具吸引力。

3. 主题明确型

主题明确型直播预告文案明确阐述直播的主题内容，让观众能够快速了解直播的大致方向，通常适用于专业性较强或主题明确的直播。图 5-2 所示的直播预告文案，清晰传达了直播主题，使对汽车领域感兴趣的观众能够迅速判断是否要观看。

+关注 ×

（广告）12-24 13:54 来自 微博直播平台 已编辑

优雅之上，重塑豪华。12月26日19:30，2025款腾势D9耀目登场。智领·势成，全面重构智臻豪华的出行体验！锁定上市发布会直播，见证科技豪华全能旗舰MPV的王者之势。#MPV王者25款腾势D9再立标杆#【关注+转发，1月20日，抽1位用户送价值5999元的HUAWEI Mate 70手机、抽3位用户送腾势×牧高笛露营野餐套装】 ▢腾势汽车的微博直播 ☑2025款腾势D9上市发布会 ✂抽奖详情

图 5-2　主题明确型直播预告文案

4. 悬念刺激型

悬念刺激型直播预告文案通过设置悬念，引发观众的好奇心，其不会直接透露直播的全部内容，而是会留下一些线索让观众一探究竟。例如，"后天的直播，将揭秘一款神秘新品，据说会颠覆你的认知，千万别错过"，观众受好奇心驱使，就容易为求解走进直播间。

5. 互动参与型

互动参与型直播预告文案通常强调直播过程中的互动环节，如问答、投票、连麦等，让观众感受到自己能够参与到直播当中，增加观众的参与感。例如，"明天的直播我们准备了超多有趣的互动环节，你可以和主播实时连麦，分享你的观点，还有机会赢得神秘奖品"，该文案通过突出互动性来吸引观众。

（二）应用 AI 编写直播预告文案

AI 的出现，为高效创作优质的直播预告文案提供了全新的思路与有力的工具。应用 AI 编写直播预告文案的基本流程如下。

1. 明确直播关键信息

明确直播关键信息包括确定主题、锁定关键卖点、规划直播时间等。先梳理出这场直播

的主题，例如美妆新品试用、数码产品评测、健身教学，主题越精准，生成的文案越契合需求。接着，锁定关键卖点，罗列产品亮点、优惠力度、嘉宾阵容等重要信息。同时，敲定直播开始的时间与直播时长，精确到具体日期、几点几分开始，方便观众提前安排时间。梳理出这些关键信息后，可将其作为向 AI 输入的基础素材。

2. 选择适配的 AI 工具

选择 AI 工具时，要注意考量工具的口碑、对中文语境理解的准确性，以及过往用户生成文案的质量，确保其契合直播预告文案创作任务。

例如，豆包、文心一言、通义都能处理多样化的指令，按照提示词生成符合要求的直播预告文案。图 5-3 所示为豆包的"帮我写作"界面，这里提供了小红书、朋友圈、微博、广告创意文案等多样化的文案类型，能够满足用户生成符合平台特性的直播预告文案的需求。

再如，造作 AI 助手按行业领域提供多样化的文案类型，以满足不同用户的文案写作需求。在电商零售领域，该工具提供了微博引流文案、抖音营销文案、小红书营销文案、微信群发文案等文案类型，如图 5-4 所示，这些都适用于撰写直播预告文案。

图 5-3　豆包的"帮我写作"界面

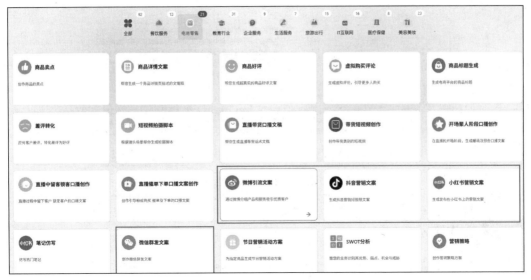

图 5-4　造作 AI 助手电商零售领域文案写作类型展示

3. 撰写精准提示词

输入 AI 工具的提示词的质量，直接关乎生成文案的效果。撰写直播预告文案的提示词时，可应用 BACK 模型。BACK 分别代表背景（Background）、行动（Action）、角色（Character）、知识（Knowledge），即要给模型交代清楚背景和希望达到的目标，清晰地告诉它要做什么，为它选择合适的角色，告诉它完成任务可调用的知识领域。

BACK 模型应用
实例

提示词越详细，AI 越能精准定位需求，减少模糊、笼统的表述，避免生成偏离预期的文案。

4. 筛选与优化生成结果

AI 会依据提示词输出若干个版本的文案，用户需仔细甄别筛选。从相关性层面考量，检查文案是否紧密围绕直播要点展开，有无遗漏关键信息；从吸引力层面考量，评估文案语言是否生动有趣、能否吸引观众；还要审视文案是否契合品牌风格，避免风格突兀。假设 AI 生成的文案提及"时尚穿搭直播"，但忽略了对嘉宾与优惠券的描述，这时就需手动强化这部分内容，或者采用追问的方式，让 AI 补充该内容。还可融入网络热词、调整语句节奏，让文案更接地气、朗朗上口，切实达成吸引观众准时进入直播间的目的。

◐举例

提示词：

"现在你是一位直播运营专家，请撰写一篇关于 11 月 15 日 20:00 在淘宝平台开启时尚穿搭直播的微信朋友圈预告文案，文案需突出知名时尚博主现场分享独家穿搭秘诀这一亮点，同时强调直播中将发放海量优惠券，文案风格活泼有趣，容易吸引年轻受众，字数控制在 150 字以内。"

利用豆包生成直播预告文案的示例如图 5-5 所示。

图 5-5　利用豆包生成直播预告文案的示例

合作探究

请同学们自由发言，讨论对于一张直播预告海报而言，应如何平衡视觉、文案、品牌风格。

▎二、AI 助力直播预告海报设计

利用 AI 生成图片的提示词与技巧

直播预告海报通过视觉元素的巧妙组合，在社交媒体等渠道，传递直播主题、时间和特色内容等信息，吸引观众的注意力，激发观众的兴趣，促使观众参与直播，提高观众的参与度。

1. 直播预告海报的尺寸要求

直播预告海报的尺寸没有固定标准，会因投放平台、展示场景不同而有差异，表 5-2 所示为不同平台直播预告海报的尺寸特点。

表 5-2　不同平台直播预告海报的尺寸特点

平台	特点
淘宝直播	移动端竖版海报建议尺寸为 750 像素×1000 像素，该尺寸契合手机屏幕竖向展示的特点，能完整、清晰呈现直播关键信息，如主播形象、直播主题、优惠亮点，避免出现画面显示不全的状况
抖音直播	竖版海报推荐尺寸为 1080 像素×1920 像素，满屏展示时视觉冲击力较强，契合抖音以竖屏为主的浏览模式，让用户在看视频时迅速被海报吸引 横版海报常用尺寸为 1920 像素×1080 像素，适合投放在抖音 PC 端相关推荐位，或分享至站外平台做宣传
快手直播	竖版海报推荐尺寸为 1242 像素×2208 像素，能够适配多数快手用户的移动端观看习惯，能完整展现重要的直播预告元素，吸引观众进入直播间
微信视频号直播	尺寸以 1080 像素×1260 像素为宜，放在视频号的推荐信息流中，既不会出现拉伸变形，又能保证图文排版美观，第一时间吸引微信用户的目光

2. 直播预告海报的类型

直播预告海报作为吸引观众进入直播间的重要视觉媒介，有着多样的类型，每种类型各有特色，具体如下。

（1）人物特写型

人物特写型直播预告海报将主播或嘉宾的高清特写置于海报中心，利用人物的面部表情、姿态等传递情绪与信息，快速吸引观众的注意力。人物自带流量与辨识度，尤其是知名人士，能引发粉丝的关注热情。该类型的直播预告海报应聚焦于人物，背景简约，文字信息应围绕人物布局，主次分明。图 5-6 所示为应用稿定设计 AI 功能生成的人物特写型直播预告海报。

（2）产品展示型

产品展示型直播预告海报主要突出直播要售卖或介绍的产品，通过精美的产品图，全方位、多角度展示产品外观、细节，让观众提前感知产品亮点。海报配色常与产品风格相符，文字着重说明产品优势、特色功能，辅以直播时间等基础信息。

（3）场景营造型

场景营造型直播预告海报通过构建与直播主题契合的虚拟场景，带领观众提前"置身"直播情境，唤起观众的期待。该类型直播预告海报场景元素丰富，色彩搭配和谐，文字融入场景，像是场景中的标语、旁白，自然又吸睛。例如，图 5-7 所示的直播预告海报，通过融入成都特色元素，营造出一种热闹、烟火气的生活氛围，搭配直播信息吸引观众的注意力，激发观众的观看欲望。

图 5-6　人物特写型直播预告海报　　　图 5-7　场景营造型直播预告海报

（4）福利诱惑型

福利诱惑型直播预告海报在视觉上用醒目的方式呈现直播福利，如红包、优惠券、赠品等，营造出实惠的感觉。该类型的直播预告海报的文字应强调福利力度、领取规则，用大字体、鲜艳色彩凸显折扣、奖品价值，吸引观众购买。例如，图 5-8 所示直播预告海报将优惠用大字体呈现，通过优惠吸引目标人群。

（5）创意简约型

创意简约型直播预告海报摒弃繁杂元素，用简洁的图形、线条与少量文字传递直播核心；依赖独特创意构图、撞色搭配来打造视觉冲击力，文字短小精悍，留给观众想象空间。

图 5-8　福利诱惑型直播预告海报

（6）悬念主题型

悬念主题型直播预告海报画面有意营造神秘氛围，使用隐晦元素、局部特写、模糊处理等方式隐藏关键信息，配合引人遐想的文案，勾起观众的好奇心与探索欲，促使他们为解谜走进直播间。

3. 直播预告海报的基本构成要素

一张吸引人的直播预告海报，通常包含以下基本构成要素。

（1）主播形象

海报中可以使用真人主播形象，展示主播的高清照片，尤其是头部或上半身，以快速建立熟悉感、亲切感，利用主播自身的人气与颜值吸引粉丝关注；也可使用卡通形象，主打趣味、年轻化风格，用 Q 版卡通化的主播形象，为海报增添萌感。

（2）关键文案信息

关键文案信息包括直播主题、直播时间、亮点特色等。用简短有力的文字、大字体突出直播主题，让观众瞬间知晓直播核心内容。明确直播的具体日期，提醒观众准时入场，避免错过直播。把独家优惠、嘉宾阵容、新奇内容等关键卖点展示在醒目位置，激发观众的好奇心与兴趣。

（3）视觉设计元素

视觉设计元素包括背景图、装饰图标、品牌标识、引导行动的元素等。可选取与直播主题契合的场景，渲染氛围；也可用纯色、渐变背景打造现代感；还可添加一些符合直播风格的小图标，提升精致感。将直播主办方的品牌标识置于显眼位置，可持续强化品牌印象，哪怕是个人 IP，也应有专属标识。用醒目的色彩等标注"立即预约""点击预约直播"等字样，引导观众提前锁定直播，提升开播人气。若在特定平台直播，可添加平台标识，告知观众开播渠道，方便其快速找到直播间入口。

4. AI 助力直播预告海报设计

应用 AI 设计直播预告海报的基本流程如下。

步骤 1：明确设计需求。

梳理直播主题，以明确海报的设计风格。例如，美食烹饪分享主题的直播，其海报可能倾向于用暖色调并添加诱人食物等元素。整理直播时间、主播信息、重要卖点等信息。直播预告海报设计应考虑直播产品及受众的风格偏好。如果对海报设计缺乏灵感，可利用 AI 进行创意收集。在利用 AI 进行创意收集时，可使用发散提问让 AI 帮助我们拓展思路，打破常规思维。发散提问不是漫无目的地提问，在提问时要注意对背景信息、所需内容、具体要求的阐述，将这三个关键点合为一体才是好的发散提问，具体见举例。

举例

常规提问与发散性提问示例如图 5-9 所示。

常规提问：	发散提问：
请帮我生成2份适合于电子产品直播宣传的直播预告海报设计创意方案。	请根据以下直播信息，帮我生成2个直播预告海报设计创意方案，要求：直播海报设计方案具有独特性，契合电子产品直播主题，能迅速吸引注意力，激发兴趣，引导观众进一步点击收藏并观看直播。(直播信息：包括直播主题、直播时间、直播卖点、直播目标等，此处略)

图 5-9　常规提问与发散性提问示例

步骤 2：挑选适配的 AI 工具。

目前有很多 AI 工具支持文生图、图生图，用户可以根据自己的使用习惯、工具特点及设计需求选择合适的 AI 工具。

例如，进入创客贴官网，在首页选择"创客贴 AI"—"工具"—"一句话设计"—"会话版"，进入图 5-10 所示界面。根据直播预告海报设计需求信息，先设置海报的场景、风格、颜色、用途、行业；设置了上述信息后，在编辑框内输入提示词，提示词需要简洁易懂，清晰描述出直播预告海报的尺寸要求、主题、促销文案、直播时间、渠道等，并上传海报中需要展示的主体图片，之后即可生成 4 张海报，如图 5-11 所示。用户可单击"编辑"按钮对其进行优化，补充缺失的直播预告海报元素、调整文字内容等；可单击"再次生成"按钮继续生成其他样式的海报，也可单击"编辑文案"按钮对提示词进行优化。

图 5-10　进入"会话版"界面　　　　　图 5-11　生成结果示例

此外，用户选择"经典版"也能设计直播预告海报。选择"经典版"—"电商海报"，根据直播预告海报的文案信息及上传的商品图，即可生成风格多样的电商海报，如图 5-12 所示。选择合适的海报进入编辑界面，如图 5-13 所示，根据直播预告海报的基本构成要素对生成的海报进行优化，例如添加直播二维码、辅助元素等。

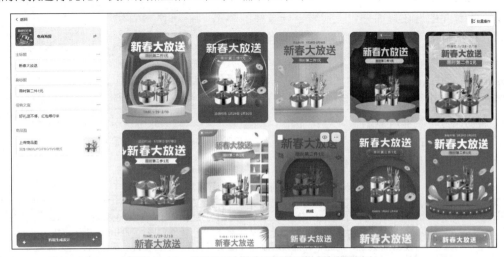

图 5-12　海报设计信息设置及生成海报示例

图 5-13 编辑界面

步骤 3：应用 AI 工具生成直播预告海报。

用户根据选择的 AI 工具海报设计功能特点，或设置海报需求信息，或撰写提示语，具体见步骤 2 中的介绍，这里不赘述。

步骤 4：筛选与优化。

应用 AI 工具生成一批海报后，先淘汰明显偏离需求、画面不协调、关键信息缺失的海报。针对留存的海报，可利用平台自带的 AI 处理功能，例如 AI 抠图、清晰度调整、替换模板、删除元素等，调整画面，让海报视觉效果更佳；可修改文案字体、字号与布局，确保文案清晰可读；也可将海报导入 Photoshop 进行精细处理。同时，应进行海报的合规审核，查看海报有无侵权、违反广告法等问题，例如不能未经授权使用他人肖像，应杜绝极限词，等等。

三、AI 助力直播封面图设计

1. 直播封面图的概念及尺寸要求

直播封面图是在直播平台上代表一场直播的静态图片，它是直播间面向观众的首张名片。当用户浏览直播列表、频道页或平台首页的推荐时，最先看到的就是直播封面图。图 5-14 所示为淘宝中展示的直播封面图。直播封面图具有吸引流量、精准展示直播要点、塑造品牌形象、渲染直播氛围的重要作用。

图 5-14 淘宝中展示的直播封面图

直播封面图的尺寸要求因平台不同而不同，表 5-3 所示为主流直播平台的直播封面图常见尺寸要求。

表 5-3 主流直播平台的直播封面图常见尺寸要求

平台	直播封面图尺寸介绍
淘宝直播	移动端竖版封面图建议尺寸是 750 像素×1000 像素，该尺寸能适配大多数手机屏幕，保证画面完整、清晰，让主播形象、关键文案等元素醒目呈现，吸引用户进入直播间

（续表）

平台	直播封面图尺寸介绍
抖音直播	竖版封面图的理想尺寸为 1080 像素×1920 像素，契合抖音竖屏浏览模式，视觉上更吸睛，有助于在海量的视频流中脱颖而出；横版封面图常用 1920 像素×1080 像素，当需要在 PC 端展示，或分享到站外有横版浏览需求的渠道时，该尺寸较为合适
快手直播	竖版封面图建议尺寸为 1242 像素×2208 像素，遵循快手用户的竖屏观看习惯，使得封面的人物、商品、优惠信息等一目了然，吸引观众从封面跳转至直播间
哔哩哔哩直播	封面图推荐尺寸是 1146 像素×717 像素，哔哩哔哩独特的社区氛围与内容风格，搭配这个特定比例的封面，在 PC 端与移动端都能和谐融入界面布局，便于被老用户识别、被新用户关注
微信视频号直播	封面图适宜尺寸是 1080 像素×1260 像素，在微信视频号的信息推荐流里，该尺寸的封面图不会出现变形、模糊，配合文案排版，能高效引起微信用户的观看兴趣

要注意的是，在制作封面图时，要注意图片分辨率不应低于 72DPI（Pixel Per Inch，每英寸点数）。

2. 直播封面图的构成要素

直播封面图是吸引观众进入直播间的敲门砖，优质的直播封面图通常包含以下构成要素。

（1）主播形象：让观众快速识别谁在直播，利用主播自身人气与亲和力，拉近与观众的距离。例如，艺人、知名主播能瞬间吸引粉丝的目光。

（2）直播主题：明确告知观众这场直播的核心内容，帮助目标受众精准定位。诸如"冬季穿搭大分享""30 分钟高效健身课"这类主题，观众扫一眼就知道该直播是否能满足自身的需求。

（3）视觉亮点：运用鲜艳色彩、独特构图、夸张元素等，让直播从海量信息流里脱颖而出，高饱和度的色彩、创意的光影效果更容易吸引观众的注意力。

（4）辅助文案：补充关键信息，如直播时间、优惠福利等，给观众更多进入直播间的理由，折扣、赠品信息会引导观众消费。

（5）品牌标识：加深品牌印象，助力品牌传播。对于品牌专场直播，应凸显品牌标识、吉祥物等元素，提高观众的品牌忠诚度。

（6）氛围营造：通过场景、道具的搭配，营造出契合直播风格的氛围，感染观众情绪，让他们提前"入戏"。例如，万圣节主题的直播中，主播戴着搞怪南瓜帽，背后是南瓜灯、蜘蛛网等万圣节经典装饰，营造神秘又欢乐的氛围。

3. 应用 AI 设计直播封面图

应用 AI 设计直播封面图的关键，主要体现在以下方面。

（1）明确设计思路

要设计直播封面图，需要先明确直播主题，确定直播封面图的风格。例如，美妆直播封面图的风格可以是时尚简约，母婴用品直播封面图的风格可以是温馨甜美。清楚了直播主题与风格后，就需要构思直播封面图的主体元素了。例如美食直播，主体元素可以是色泽诱人的菜肴、新鲜食材，搭配精美的餐具摆盘；还可以是米其林大厨形象照，搭配简洁的文字介绍。

（2）撰写提示词与设置参数

在应用文生图的 AI 工具时，直播封面图的提示词可把风格、主体、细节要求融合起来，同时在描述中添加直播封面图的尺寸、投放平台等信息，如下文举例所示。

举例

提示词：

"创作一幅适配抖音竖版浏览模式（比例为 9∶16）的梦幻甜美风格直播封面图。画面中央是一位娇俏灵动的年轻女主播，肌肤白皙如雪，双眸清澈，眼眸里似藏着细碎的星光，卷翘的睫毛浓密又纤长，精致的小翘鼻下的嘴唇涂抹着亮晶晶的唇釉，脸颊上有淡淡的粉色腮红，一头蓬松的金色卷发，头戴一顶缀满珍珠与粉色绸缎蝴蝶结的头箍，身着一条漂亮的淡粉色连衣裙。她身前摆放着一张雕花复古梳妆台，台面铺满了各类美妆产品——粉钻外壳的口红、珍珠手柄的腮红刷、雕花水晶瓶的香水，周围还散落着粉色的玫瑰花瓣。背景是一片如梦似幻的粉色云雾，云雾间隐隐透出糖果色的城堡尖顶，暖色调的光从后方轻柔洒下，让整个画面如同蒙上一层浪漫又朦胧的薄纱，画面上方用飘逸的粉色艺术字写着'［主播名字］美妆直播，甜蜜开启'，右下角标注直播时间 1 月 8 日 20∶20。"

有些 AI 工具内有参数设置项，例如在可灵 AI 的"图片生成"界面，如图 5-15 所示，除创意描述外，用户还可以根据使用平台及场景设置图片比例、生成数量。

（3）筛选与优化

利用 AI 工具生成一批直播封面图后，从中挑出最契合直播主题、视觉效果最吸睛的候选图。利用图片编辑软件（如 Photoshop、创客贴、稿定设计）及直播平台自带的 AI 设计功能，对选择的直播封面图进行元素替换、色调微调、裁剪，或添加直播专属文字信息，例如直播时间、主播名字，完善直播封面图。

图 5-15 可灵 AI 的"图片生成"界面

▌四、直播预告发布

1. 直播平台内的直播预告发布

多数直播平台设有专门的预告发布板块。在淘宝直播的直播预告设置界面（见图 5-16），填写预告名称、预告开播时间（预告之间的间隔时间必须大于 30 分钟），上传预告封面图，并添加预告商品；完成创建后，观众进入平台就能看到该预告。

对于抖音直播，用户登录巨量百应平台后，选择"经营"—"直播"—"创建直播计划"，进行"选商品""备话术"设置后，即可进入"引流量"模块发布预告引流内容，例如发布引流视频/图文，如图 5-17 所示。注意：直播账号的带货口碑分应≥70，作者等级应≥L4，这样才有权限进行直播预告设置。设置好直播预告后，观众即可在抖音搜索直播账号，或访问店铺，提前了解直播信息。用户可通过发布引流视频并挂载直播预告贴纸，为直播提前"蓄水"。

图 5-16　淘宝直播的直播预告设置界面

图 5-17　应用巨量百应平台设置抖音直播预告

2. 社交媒体平台直播预告发布

微博作为开放性社交平台，传播力强，所以利用微博图文功能进行直播预告发布是直播引流的一大利器。用户可以在微博上发布提前利用 AI 撰写的直播预告文案，带上热门话题标签，如 #直播预告#，关联直播话题，吸引感兴趣的网友关注。同时，还可与一些领域内的达人进行合作，例如 @美妆达人的账号，借他们的流量，提高曝光度。为了让预告效果更理想，可在直播预告文案的下面附上相应的直播预告海报，以增强直播的吸引力，如图 5-18 所示。

图 5-18　微博直播预告示例

利用微信进行直播预告优势显著。其一，微信私域流量庞大且精准，微信朋友圈、微信群汇聚的都是熟人、潜在客户，基于信任纽带，预告能迅速触达目标受众，引发关注。其二，传播形式多元，不管是图文、短视频还是小程序卡片，都可承载丰富信息，生动展现直播亮点、福利、时间等关键要素，勾起人们的兴趣。其三，互动性强，好友能即时点赞、评论、询问，发布者可以借此收集反馈，按需优化预告，还可以趁热打铁，私聊答疑，进一步为直播造势。

用户可通过在微信朋友圈、微信群发布直播预告文案，搭配吸睛的图片、视频，以及在微信公众号推文中嵌入预告信息来进行直播预告。微信公众号适合深度预告内容，用户可以撰写一篇文章介绍直播嘉宾、详细福利、产品清单，再把文章分享到微信朋友圈、微信群，精准触达私域流量。微信公众号推文底部还可嵌入直播预约小程序，方便读者一键预约。

在社交媒体发布直播预告，要注意制定科学合理的发布时间策略。一般提前 1～3 天发布直播预告较为合适，太早容易被观众遗忘，太晚则观众来不及准备。对重大直播活动，应提前一周预热，分阶段释放亮点信息，维持热度。在发布直播预告时，应注意避开社交媒体平台流量低谷期，选择工作日 19:00—21:00、周末 14:00—16:00 这类流量高峰时段，让预告获得更多曝光机会。

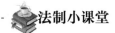

法制小课堂

《互联网信息服务深度合成管理规定》相关内容

国家互联网信息办公室、工业和信息化部、公安部联合出台《互联网信息服务深度合成管理规定》（以下简称《规定》），并于 2023 年 1 月 10 日正式生效实施。《规定》聚焦前沿技术、着眼长远发展，系统规范深度合成服务，完善深度合成管理体系，筑牢技术安全屏障，维护风清气正网络生态，助力网信事业高质量发展。《规定》节选如下。

第四条 提供深度合成服务，应当遵守法律法规，尊重社会公德和伦理道德，坚持正确政治方向、舆论导向、价值取向，促进深度合成服务向上向善。

第五条 鼓励相关行业组织加强行业自律，建立健全行业标准、行业准则和自律管理制度，督促指导深度合成服务提供者和技术支持者制定完善业务规范、依法开展业务和接受社会监督。

第六条 任何组织和个人不得利用深度合成服务制作、复制、发布、传播法律、行政法规禁止的信息，不得利用深度合成服务从事危害国家安全和利益、损害国家形象、侵害社会公共利益、扰乱经济和社会秩序、侵犯他人合法权益等法律、行政法规禁止的活动。

深度合成服务提供者和使用者不得利用深度合成服务制作、复制、发布、传播虚假新闻信息。转载基于深度合成服务制作发布的新闻信息的，应当依法转载互联网新闻信息稿源单位发布的新闻信息。

【任务实施】

任务活动 1　应用 AI 编写直播预告文案

趣享零食铺是抖音平台上的一家专注于各类创意零食销售的店铺。春节来临之际，店铺拟在 2 月 10 日—2 月 12 日 20:00—22:30 举行直播大促活动。这次直播的主题是"新春囤货，零食狂欢"，直播产品从甜辣卤味到萌趣造型饼干，应有尽有，直播间优惠多多，全场低至 5 折起，还有买三送一福利。现在工作人员晓丽计划利用 AI 撰写一篇不少于 50 字的直播预告文案。具体操作步骤如下。

步骤 1：进入微博，搜索关于直播预告的微博文案，并查看其互动数据，以综合评价文案的营销效果。

步骤 2：将互动数据表现良好的微博直播预告文案整理出来，让 AI 帮助分析这些优秀直播预告文案的撰写特色，并将其应用在自己的微博直播预告文案提示词中，请 AI 生成关于此次新春直播的直播预告文案。

步骤 3：AI 根据提示词生成微博直播预告文案；检查并优化微博直播预告文案。

任务活动 2　应用 AI 设计直播预告海报

趣享零食铺的工作人员晓丽在完成了微博直播预告文案的撰写后，需要设计直播预告海报，以搭配文案进行后面的微博直播预告发布。应用 AI 进行直播预告海报制作，可参考如下步骤。

步骤 1：结合任务活动 1 的背景信息，梳理直播信息，包括直播企业名称、直播主题、直播时间、直播特色等。

步骤 2：选择一个合适的具备海报设计功能的 AI 工具，并简要阐述其 AI 文生图或者图生图的功能特点。

步骤 3：根据选择的 AI 工具，撰写直播预告海报提示词或根据工具特色进行海报设计参数设置。

步骤 4：生成并优化直播预告海报。

任务活动 3　微博直播预告发布

趣享零食铺的工作人员晓丽在完成了微博直播预告文案撰写、直播预告海报设计后，现在要进行微博直播预告的发布。具体操作步骤如下。

步骤 1：登录微博账号，将撰写好的直播预告文案输入编辑框内，编辑框如图 5-19 所示。

图 5-19　编辑框

步骤 2：选择"图片"，上传已经制作完成的直播预告海报，并核查和优化博文内容，添加表情、话题等，以提高直播预告的吸引力。

步骤 3：单击"发送"按钮，发布直播预告。

进阶小课堂

在电商领域利用 AI 生成直播预告文案与海报的实用技巧小贴士如下。

1. 语言风格应适配平台风格：例如，微博的用户多为年轻群体，撰写提示词时可要求 AI 采用活泼、简短且口语化的表达；撰写微信朋友圈文案时可引导 AI 从朋友分享的角度撰写，注意让读者产生情感共鸣；撰写微信公众号文案时，可要求 AI 围绕产品亮点详细展开描述。

2. 突出亮点，制造悬念：让 AI 抓取直播的爆品，用疑问、感叹句式勾起观众好奇心，利用观众"追新奇"的心理；借助 AI 融入热门话题标签，实时追踪美妆、科技等领域的热门话题，增加曝光机会。

3. 搭配文案安排视觉元素：生成文案后，手动微调段落间距，加粗小标题，添加个性化表情包、符号等，让内容层次分明、生动有趣；注意在生成前设定好海报投放平台，可让 AI 生成的海报自动适配微博小图、微信朋友圈方形图、微信公众号长图等规格，保证画面的完整性与清晰度。

任务二　直播短视频预告智能创作与发布

任务分析

要掌握直播短视频预告智能创作与发布，需要完成以下内容的学习。

1. 掌握短视频分镜头脚本基本构成要素，熟悉常用的生成短视频分镜头脚本的 AI 工具，能够根据营销需求选择合适的 AI 工具生成直播预告短视频分镜头脚本。

2. 熟悉短视频创作基本流程，掌握常用短视频智能剪辑工具，能够完成短视频创作、短视频智能剪辑与发布。

【知识储备】

一、AI 助力短视频分镜头脚本撰写

（一）短视频分镜头脚本的基本构成要素

短视频分镜头脚本是创作短视频的蓝图，它详细规划了每个镜头的内容、拍摄手法、画面呈现等，基本由表 5-4 所示的几部分构成。

表 5-4　短视频分镜头脚本的基本构成要素

基本构成要素	介绍
镜号	给每个镜头编排的号码，从 1 开始依次递增。作用是方便拍摄团队在拍摄与后期剪辑时，精准定位和查找特定镜头，让流程更有条理

（续表）

基本构成要素	介绍
景别	景别指摄影机与被摄体的距离不同，而造成被摄体在摄影机寻像器中所呈现出的范围大小的区别。常见景别有远景、全景、中景、近景、特写
画面内容	对每个镜头里具体视觉元素的文字描述，包含场景、人物、道具、动作等信息
台词	人物对白、旁白、独白等声音元素对应的文字内容
时长	每个镜头持续的时间，一般以秒为单位。精彩刺激的动作镜头可能时长较短，仅为 2~3 秒；舒缓的风景展示镜头的时长一般为 5~8 秒
运镜	运镜指摄影机的运动方式，不同运镜技巧会打造出各异的视觉效果。推镜头用于突出主体，例如从环境推到人物面部特写；拉镜头则相反，能延展视野，呈现主体所处的环境；摇镜头模拟人环顾四周的视角
音效	配合画面的声音效果，分为环境音、动作音效、背景音乐等
拍摄地点	明确拍摄镜头的具体场地信息

（二）利用 AI 生成短视频分镜头脚本

目前，市面上能够生成短视频分镜头脚本的 AI 工具有很多，根据生成方式及过程大致可以分为两类，一类是通过提示语生成短视频分镜头脚本的 AI 工具，例如豆包、文心一言等；另一类是通过设置视频信息、产品信息等生成短视频分镜头脚本的 AI 工具，例如模力视频、聪明灵犀等。下面就结合具体的 AI 工具来讲述短视频分镜头脚本生成过程及要点。

1. 通过提示词生成短视频分镜头脚本

在应用豆包、文心一言等 AI 工具生成短视频分镜头脚本时，撰写提示词是关键。提示词要能够精准传达需求，让 AI 清晰捕捉创作要点。通常提示词的开头要清晰阐述视频要传达的核心内容，例如"生成一个介绍智能手表的短视频分镜头脚本"；接着说明视频的预期效果和目的，如"突出智能手表的健康监测功能，吸引健身爱好者购买"；然后可以对视频中的

应用豆包生成短视频分镜头脚本示例

人物角色进行介绍，包括其身份、性格和行为特点等，详细描述视频中出现的场景，规划镜头与画面等（如果没有这方面的创意也可不写）；最重要的是要指出生成的短视频分镜头脚本需要包含的基本元素及脚本的呈现方式。提示词内容描述越精准，生成的短视频分镜头脚本就与期望的越相近。

2. 通过设置视频信息、产品信息等生成短视频分镜头脚本

（1）模力视频

模力视频是一款功能强大、资源丰富且易于操作的视频播放与编辑软件，集多种实用功能于一体，可满足用户多样化的视频观看与创作需求。

用户登录账号进入模力视频首页后，选择创作工具"脚本剪"，如图 5-20 所示，即可进入"脚本编辑"界面，如图 5-21 所示。

图 5-20　选择创作工具"脚本剪"

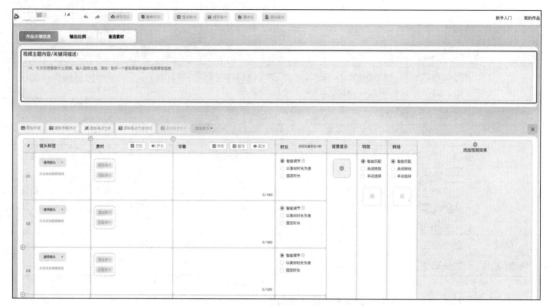

图 5-21 "脚本编辑"界面

在"脚本编辑"界面中，用户输入视频主题内容/关键词描述等信息，模力视频就能依靠自身的技术与数据，快速生成有条理、内容丰富的短视频分镜头脚本。例如，输入关于"富平柿饼"营销短视频的主要信息，单击"AI 生成脚本"按钮，即可弹出一个包含镜头标签、字幕的短视频脚本，如图 5-22 所示。如果对该脚本感到满意，单击"使用该脚本"按钮，刚生成的脚本内容将会自动展示在编辑界面。如果对该脚本不满意，可单击"重新生成"按钮，或者修改"视频主题内容/关键词描述"，直到生成满意的脚本为止。

图 5-22 操作示例

（2）聪明灵犀

聪明灵犀是一款功能强大、集成多种 AI 功能于一体的智能编辑软件，涵盖写作、聊天、绘画、翻译等众多实用功能。用户下载安装聪明灵犀后，选择"AI 写作"模块，进入图 5-23

所示界面，在"AI 热门写作场景模板"下选择"视频脚本"选项，即可出现类型丰富的视频脚本模板。

图 5-23　视频脚本模板

以"短视频带货剧本"为例，用户选择"短视频带货剧本"选项后，即可进入图 5-24 所示的"短视频带货剧本"创作界面，在编辑框输入文章主题或者关键词及详细描述，即可自动生成短视频带货剧本。用户可根据实际需要对生成的剧本进行调整、编辑和校对，确保内容准确无误，之后可单击"复制文本"按钮将其分享至其他平台。

图 5-24　"短视频带货剧本"创作界面

此外，还有很多其他的 AI 工具支持生成短视频分镜头脚本，例如即创、秒创，用户进入短视频分镜头脚本创作界面后，根据界面提示设置脚本的相关信息，包括品牌名、商品信息等，即可快速生成短视频分镜头脚本，如图 5-25、图 5-26 所示。

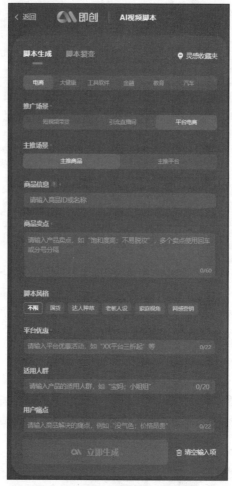

图 5-25　即创脚本生成

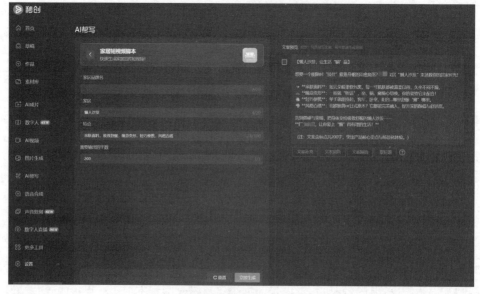

图 5-26　秒创脚本生成

3．短视频分镜头脚本优化

对 AI 生成的短视频分镜头脚本，要注意核查优化，具体从以下方面进行。

（1）理解脚本内容，明确优化方向：仔细阅读，确保完全理解脚本的剧情梗概、角色设定和故事背景，同时分析每个分镜头的内容、镜头语言、运镜方式等，找出可能存在的问题或不足之处，明确优化目标，例如提升视频的吸引力、增强故事的连贯性、提高观众的参与度等。

（2）优化故事的连贯性：检查分镜头之间情节的衔接是否顺畅，有无突兀或逻辑不清的地方；观察角色的行为和情感变化是否自然，是否符合剧情发展，确保每个分镜头都紧密围绕主题展开，避免偏离主线；可调整分镜头顺序，使剧情发展更加流畅、合理。

（3）优化视觉效果：分析每个分镜头的镜头语言能否有效传达故事情感；检查画面构图是否美观，元素布局是否合理，视觉焦点是否突出；评估色彩搭配和光影效果是否和谐，是否符合故事背景和情感基调，是否能够有效突出产品特色等；根据需要可为分镜头脚本添加适当的特效，如转场效果、滤镜、动画等，修改现有的特效，使其更加符合视频的整体风格。

（4）优化节奏与时间：观察镜头切换是否流畅，节奏是否紧凑，是否符合观众的视觉习惯；分析每个分镜头的时间分配是否合理，有无冗长或过于紧凑的部分。

（5）优化观众体验：判断分镜头是否能吸引观众的注意力，是否有趣、新颖；评估分镜头是否能有效传达故事信息，观众是否能轻松理解；可将不合适的分镜头替换为新的分镜头。

（6）优化技术实现：考虑分镜头的拍摄难度和成本，是否超出团队的技术能力和预算范围；分析分镜头在后期制作中的可行性，如特效、剪辑等是否容易实现。

（7）创意与风格：判断分镜头是否具有创意，能否为故事增添亮点；检查分镜头的风格是否与整体视频风格保持一致，有无突兀或不协调的地方。

二、短视频创作

利用 AI 生成短视频分镜头脚本后，接下来就是根据脚本进行短视频的拍摄，即短视频创作阶段，这是整个短视频制作过程的核心部分。要取得良好的拍摄效果，整个团队需要齐心协力，共同从以下方面努力。

（一）拍摄前准备

1．组建团队与进行分工

根据脚本需求，组建专业的拍摄团队，包括导演、摄影师、灯光师、化妆师、道具师等。明确每个团队成员的职责和分工，确保拍摄过程高效有序。

2．准备场景与道具

根据脚本描述的场景，选择或搭建合适的拍摄地点或场景。准备所需道具，确保其与脚本内容相符，且质量良好。

3．挑选演员

根据脚本挑选合适的演员。组织演员进行排练，确保其熟悉角色和剧情。

4．检查设备

检查摄影机、三脚架、灯光设备、录音设备等是否完好，确保拍摄过程中不会出现技术问题。

5. 制订拍摄计划

制订详细的拍摄计划，内容包括拍摄时间、地点、场景顺序等。预留足够的缓冲时间，以应对可能的突发情况。

（二）拍摄过程

1. 设置镜头

根据脚本要求，设置合适的镜头角度、焦距和景深。使用三脚架或稳定器来保持摄影机的稳定性。确保摄影机或手机的分辨率足够高，以获得清晰的画面。同时，根据脚本要求选择合适的景别，如特写、中景、远景等，注意镜头的焦距和景深，确保画面效果符合预期。镜头切换应流畅自然，避免突兀或跳跃。

2. 注重画面构图

遵循基本的构图原则，如三分构图、对称构图、平衡构图等。注意体现画面的层次感，通过前景、中景、后景的巧妙安排来引导观众视线。根据视频主题和风格，选择合适的色彩搭配。注意色彩的饱和度、对比度和亮度，确保画面色彩自然且富有层次感。

3. 调整光线

光线是拍摄的关键，要确保拍摄环境光线充足且柔和。根据场景和角色需求，合理调整灯光位置、强度和颜色。使用反光板或遮光板来优化光线效果，避免过曝或光线不足。

4. 强调演员的自然表演

鼓励演员放松并自然地表演，导演或摄影师可以给予演员必要的指导和反馈，帮助演员更好地代入角色。注意演员的表情和动作是否真实自然，是否符合角色设定和剧情发展。通过细节表现来增强角色的立体感和真实感。

5. 录制声音

确保录音设备正常工作，并被放置在合适的位置，以捕捉清晰的声音。注意环境噪声，必要时使用消噪技术或进行后期处理。确保音频与视频画面同步，避免出现声音与画面不同步的情况。注意调整录音设备的音量，确保声音清晰且不过大或过小。注意音质的纯净度，避免杂音或失真。

6. 注意镜头的切换与连贯性

在拍摄过程中，注意镜头之间的切换和连贯性。使用标记或标记板来帮助后期剪辑。

7. 安全检查

确保拍摄现场的安全，避免任何可能的事故。对演员和其他工作人员进行必要的安全培训。

注意在拍摄过程中仍需保持灵活性，以应对可能的突发情况或创意调整。拍摄过程中，注重每个细节的处理，包括光线、色彩、声音等，以确保最终的视频质量。

（三）拍摄后工作

1. 整理素材

拍摄结束后，整理所有拍摄素材（视频、音频等），对素材进行初步筛选和分类。

2. 备份与存储数据

将所有素材备份到安全位置，以防数据丢失。确保素材存储格式与后期剪辑软件兼容。

3. 与剪辑团队沟通

与剪辑团队分享拍摄素材和脚本，确保他们理解视频的风格和主题。提供必要的指导和反馈，以帮助剪辑团队更好地完成后期工作。

三、短视频智能剪辑与发布

（一）短视频智能剪辑

1. 短视频智能剪辑与传统剪辑的区别

传统剪辑，需后期人员逐帧审阅海量素材，筛选可用片段，再用专业软件手动裁剪、拼接，调整画面顺序及时长。

应用智能剪辑工具，用户导入素材后，智能算法能快速识别关键内容、剔除冗余内容，完成粗剪，显著提升剪辑效率。智能剪辑还支持一键添加字幕，用语音识别技术自动抓取音频生成精准字幕，并可一键套用多种热门字体排版模板。配乐上，AI 可依据视频风格，快速推荐适配的热门音乐，还能智能调节节奏，实现音画无缝贴合。特效方面，AI 工具预设了海量智能特效，点击即可添加逼真光影与酷炫转场，零基础新手也能在几分钟内制作出有质感的短视频，大幅压缩剪辑周期。

2. 常用短视频智能剪辑工具

常用短视频智能剪辑工具有即创、剪映、快影、犀牛剪辑等。下面以即创的智能剪辑为例，讲述其基本功能及操作过程。

步骤 1：用户登录即创，选择"推荐工具"下的"智能剪辑"选项，如图 5-27 所示。

图 5-27 选择"智能剪辑"选项

步骤 2：进入"智能成片"界面，通过输入抖音电商商品 ID/商品链接或者在广告库中选择商品的方式添加商品，完成后单击"添加视频/商品图"按钮，如图 5-28 所示，所有素材总时长需超过 10s，不超过 10min。该界面还提供了"混剪视频"功能，用户可通过"原料库""广告素材""抖音主页""直播高光""本地上传"等多种方式进行素材筛选。

通过"本地上传"添加根据脚本提前准备好的素材，如图 5-29 所示，注意此处要求的视频格式和图片格式，若尺寸超出建议范围，可能导致生成时间超长或效果不佳。

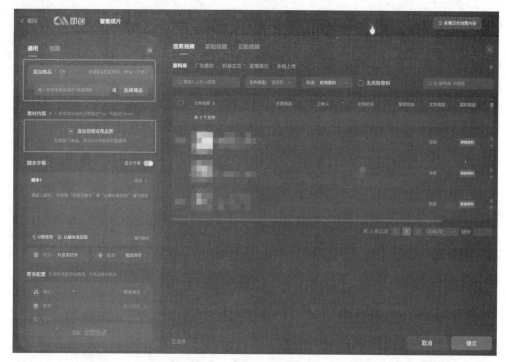

图 5-28　添加视频素材

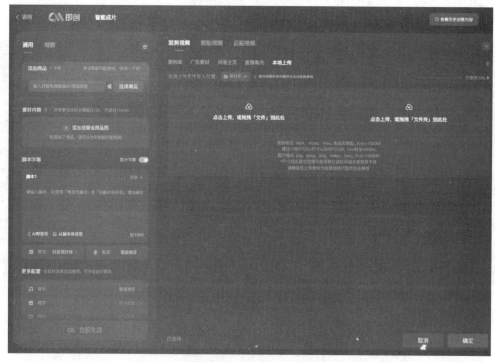

图 5-29　通过"本地上传"添加视频素材

　　步骤 3：在"智能成片"界面的"脚本字幕"输入框中通过"AI 帮我写"或"从脚本库获取"两种方式填充脚本字幕内容，如图 5-30 所示；同时，单击"样式"按钮，可对字幕的字体、字号、对齐方式、样式等进行设置，如图 5-31 所示。

图 5-30　设置字幕 1　　　　　　　　　　图 5-31　设置字幕 2

步骤 4：系统提供了两种配音方式，即系统推荐和音色克隆。系统推荐会根据脚本内容匹配不同身份的主播，用户也可根据自己的偏好选择其他主播，如图 5-32 所示，选择主播后，系统会根据脚本生成视频的音频，并支持音量调节、倍速调节。音色克隆是系统根据用户上传的录音克隆出脚本的完整音频，用户仅需上传 10 秒录音，就可克隆专属音色。

步骤 5：其他设置包括设置音乐（见图 5-33）、花字（见图 5-34）、图片（见图 5-35）等。关于背景音乐，系统会智能匹配，也支持用户进行筛选或使用自己搜集的音乐素材；花字设置是为视频添加文字，并设置样式、字号等，以辅助视频画面的呈现；添加图片则是为视频添加贴图、标志、水印等，总共不超过 3 张。

图 5-32　设置配音　　　　　　　　　　图 5-33　设置音乐

图 5-34　设置花字　　　　　　　　　　图 5-35　设置图片

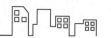

步骤 6：完成上述设置后，将视频的比例设置为 9∶16 或 16∶9，也可选择视频的包装风格，完成后单击"立即生成"按钮，即可显示生成的视频，如图 5-36 所示。视频生成后需要检查画面连贯性、信息准确性，留意有无明显瑕疵，例如画面卡顿、字幕错误等。

图 5-36　生成视频

同时，可对生成的视频进行进一步的剪辑优化，将鼠标指针悬停在生成的视频上，单击出现的"编辑"按钮即可进入编辑界面，对视频中的细节进行优化；单击"更多"按钮则可对视频进行保存、发布、下载等操作。为了使视频效果更优质，也可在其他专业剪辑工具中进行人工剪辑优化。

 合作探究

除了即创这个具备智能剪辑功能的 AI 工具，你还知道或者应用过哪些 AI 视频生成与智能剪辑工具？介绍其基本功能与使用感受。

（二）短视频发布

1. 发布前准备

（1）导出视频：检查有无画面卡顿、杂音，或字幕错别字这类低级失误。

（2）选准封面：封面是短视频的"门面"，可截取视频里最有冲击力、悬念感或最美的一帧，用美图秀秀、醒图等工具简单加工，提亮色彩、突出关键元素，让人一看就想点进来。

（3）撰写文案：文案要勾人又精练，开头抛出悬念、热点话题，再简要概括视频亮点，末尾带上热门话题标签，增加曝光机会。

2. 找准发布时机

一般来说，工作日的 19:00—21:00、周末 14:00—16:00 及 20:00—22:00 是流量高峰，是多数人忙完工作、学习，玩手机放松的时候，这时候发布直播预告短视频，被更多人看到的概率飙升。垂直类短视频，如美食教程，在 11:00、17:00 左右发布为宜；健身类短视频，在 19:00—20:00 发布为宜。

3. 发布操作要点

（1）吃透平台规则：抖音重热门话题、新奇创意；小红书在意图文美感、"种草"属性。仔细研读各短视频平台的发布官方创作指南，别踩违规雷区，确保账号健康发展。

（2）多平台联动：直播预告短视频可同步发布到抖音、快手、微信视频号等多个平台，根据各平台风格微调文案、封面，一份内容，多处引流，扩大影响力。

（3）注重互动：直播预告短视频发布后，运营人员要积极回复评论、私信，观众感受到用心，后续黏性才会高；运营人员还能依据反馈优化内容，让下一次的直播预告短视频更出彩。

 文化小课堂

AI 加持直播预热：与传统文化的奇妙交融

在数字化时代，AI 加持直播预热正焕发出蓬勃生机，当它与源远流长的中国传统文化相遇时，绽放出了别样的璀璨光芒。

使用 AI 编写直播预告文案时，可融入诗词歌赋的韵味。例如一场传统服饰直播，文案中引用"云想衣裳花想容，春风拂槛露华浓"，瞬间将观众带入古典美的意境，勾起观众对传统服饰的向往。使用 AI 设计直播预告海报时，可巧妙运用传统元素，如青花瓷的淡雅色调、祥云纹的飘逸线条、京剧脸谱的鲜明色彩，让海报宛如一幅灵动的传统画卷，吸引观众目光的同时，体现深厚的文化底蕴。

在直播预告短视频智能创作中，AI 可助力生成融合传统技艺的分镜头脚本。例如，展现刺绣工艺的直播，脚本可设计成从丝线的穿梭到精美图案的呈现，配以古典音乐，让观众领略传统刺绣的魅力。而在短视频创作及后期处理时，添加水墨风格的滤镜、古典建筑的背景等，更能强化传统文化氛围。

当这些 AI 加持的直播预热手段与传统文化交织时，不仅为直播增添了独特的魅力和吸引力，也让传统文化在现代科技的助力下焕发出新的活力，走进更多人的视野。

【任务实施】

任务活动 1　利用 AI 生成直播预告短视频分镜头脚本

果趣生鲜铺是抖音平台上一家中高档品质的水果店铺，近期店铺直播活动中惊喜上新车厘子、丹东草莓、奇异果等优质水果。店铺运营人员为了扩大直播影响力，让更多的抖音用户参与直播活动，开展了直播预告短视频创作。请你协助运营人员完成直播预告短视频分镜头脚本制作。具体操作步骤如下。

步骤 1：阅读直播信息表，如表 5-5 所示，明确直播预告短视频的制作要求。

表 5-5　直播基本信息

店铺名称	果趣生鲜铺
直播平台	抖音直播
店铺定位	中高档品质水果店铺
直播时间	周二至周日，每晚 19:30—22:30
直播活动	上新车厘子、丹东草莓、奇异果等，品质上乘，价格实惠，更有红包、优惠券等你来拿
直播目的	扩大直播影响力，吸引更多抖音用户参与直播活动
直播预告短视频要求	1. 时长不少于 30 秒； 2. 突出直播活动特色，精准传递店铺理念； 3. 短视频内容设计吸睛，能够为店铺直播强力引流

步骤 2：了解直播预告短视频分镜头脚本的基本构成元素，明确直播预告短视频的基本要求与核心内容，撰写提示词。

步骤 3：将撰写的提示词输入 AI 工具，生成短视频分镜头脚本。

步骤 4：对生成的短视频分镜头脚本进行阅读分析并优化，完成后进行展示。

任务活动 2　短视频创作及后期处理

果趣生鲜铺的运营人员完成了直播预告短视频分镜头脚本的制作后，接下来就是进行短视频创作与后期处理。现在请你协助运营人员进行短视频的创作与后期处理。具体步骤如下。

步骤 1：研读任务活动 1 完成的短视频分镜头脚本，根据分镜头脚本内容进行短视频素材拍摄及整理。对于需要自己拍摄的，请根据拍摄场景、器材、角色等提前做好准备工作；对于可以通过互联网搜集素材完成视频制作的，搜集整理需要的分镜头视频素材。

步骤 2：选择短视频智能剪辑工具，例如即创，导入视频素材及字幕进行智能剪辑，注意设置合适的字幕样式、画面文字、音乐、配音等，下载并保存经过智能剪辑的短视频。

步骤 3：仔细查看经过智能剪辑的短视频，评估其视觉效果。如果视觉效果不理想，进一步借助传统剪辑方式，对短视频进行精细化处理，使其具备良好的视觉效果。

步骤 4：总结短视频智能剪辑的使用体会，与同学们分享讨论。

> **🎓 进阶小课堂**
>
> 在使用 AI 创作直播预告短视频时，需要注意以下问题。
>
> 1. 内容契合度。AI 可能会产出一些看似精彩但与直播核心内容关联不大的内容，要注意严格筛选，确保短视频内容与直播主题高度契合，且能精准传达直播的关键信息。
>
> 2. 内容生成逻辑。仔细审查 AI 生成的短视频的逻辑连贯性。AI 生成的短视频有时会出现情节跳跃、逻辑不合理的情况。特别是在故事性较强的短视频中，要保证短视频从开头到结尾有清晰的逻辑线索，使观众能轻松理解短视频传递的信息，进而对直播内容有清晰的认知。
>
> 3. 技术适配性。不同平台对短视频分辨率、时长、格式等有不同的规定，利用 AI 生成短视频时要注意根据平台特性适时调整，以确保其在各个平台都能完美展示，提升观众的观看体验。

同步实训

▌实训任务一　直播图文预告发布

实训描述

本次实训旨在帮助学生全面了解利用 AI 生成直播预告海报的方法与技巧，掌握直播图文预告发布的流程。通过实践操作，学生进一步理解 AI 如何加持直播预热，提升直播图文预告发布的实践技能，增强自身对 AI 的认知与应用能力。

操作指导

具体操作步骤如下。

步骤 1：登录 BoTrix BEM 直播电商运营实战平台，进入"直播图文预告发布"模块，如图 5-37 所示。

图 5-37　进入"直播图文预告发布"模块

步骤 2：单击图 5-37 所示界面中的"进入任务"按钮，根据海报制作的背景信息与具体制作要点，单击"在线海报制作"按钮，如图 5-38 所示，进入"在线海报制作"界面，根据任务指导进行直播预告海报制作。

图 5-38　单击"在线海报制作"按钮

步骤 3：完成海报制作后，接下来就要进行图 5-38 所示的"作品描述""设置封面"的操作。作品描述即直播预告文案内容，可添加话题提高热度，并借助"AI 帮你写标题""AI 帮你写简介"功能进行内容撰写。设置完封面相关信息后，单击"保存"按钮即可发布。

实训评价

基于学生在本次实训中的表现及实训完成情况，对实训考核内容进行评分，同时学生进行自我评价，教师进行点评（见表5-6）。

表5-6 实训评价（一）

考核项目	学生 自评分（30%）	教师 评分（70%）
能够围绕直播主题进行创意构思，设计出视觉冲击力强、信息清晰的直播预告海报（50分）		
能够根据平台规则，按照流程完成直播图文预告发布，封面设计应具有吸引力，作品描述能够快速调动读者兴趣，吸引其关注（50分）		
总计（100分）		
学生自我评价	教师点评	

实训任务二　直播预热短视频制作与发布

实训描述

本次实训旨在帮助学生全面了解短视频分镜头脚本的撰写方法与技巧，清楚如何利用AI制作与发布直播预热短视频。

操作指导

具体操作步骤如下。

步骤1：登录BoTrix BEM直播电商运营实战平台，进入"直播预热短视频脚本"模块。

步骤2：阅读任务详情与任务指导，查看商品信息，明确直播预告短视频制作的基本信息，根据上述内容与要求在图5-39所示界面中完成直播预告短视频脚本撰写，包括直播时间、直播主题、亮点环节、福利互动等信息。

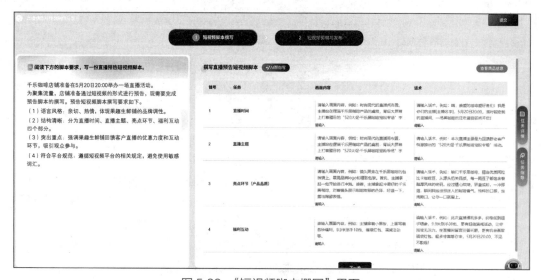

图5-39 "短视频脚本撰写"界面

步骤 3：完成直播预热短视频脚本制作后，进入图 5-40 所示的"短视频剪辑与发布"界面，用户上传需要剪辑的视频素材进行智能剪辑，完成后进行作品描述、设置封面、添加标签及发布设置等操作，即可完成直播预热短视频的制作与发布。

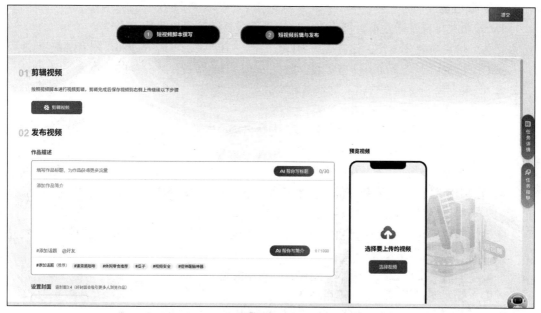

图 5-40 "短视频剪辑与发布"界面（部分）

实训评价

基于学生在本次实训中的表现及实训完成情况，对实训考核内容进行评分，同时学生进行自我评价，教师进行点评（见表 5-7）。

表 5-7 实训评价（二）

考核项目	学生 自评分（30%）	教师 评分（70%）
能够根据直播预热需求，借助 AI 工具，创作结构完整、逻辑清晰的直播预热短视频脚本（30 分）		
能够根据预热短视频脚本及视频表达效果，剪辑预热短视频，且视频画面流畅、具有吸引力，能够很好地达成直播预热需求（30 分）		
能够根据平台规则进行预热短视频的发布，视频封面、描述、标签等设置准确（40 分）		
总计（100 分）		
学生自我评价	教师点评	

知识与技能训练

一、单选题

1. 若要在抖音直播发布直播预告，直播账号需要满足的条件是（　　）。
   - A. 带货口碑分≥70，作者等级≥L4
   - B. 带货口碑分≥80，作者等级≥L3
   - C. 带货口碑分≥60，作者等级≥L5
   - D. 带货口碑分≥90，作者等级≥L2

2. 以下不属于短视频分镜头脚本基本构成要素的是（　　）。
   - A. 镜号
   - B. 弹幕
   - C. 音效
   - D. 拍摄地点

3. 以直播中的嘉宾作为亮点，借助嘉宾的知名度或专业度来吸引观众的直播预告文案属于（　　）。
   - A. 悬念刺激型
   - B. 名人借势型
   - C. 主题明确型
   - D. 福利诱惑型

4. 在利用 AI 生成短视频分镜头脚本时，以下关于撰写提示词的说法正确的是（　　）。
   - A. 提示词只需说明视频要传达的核心内容即可
   - B. 提示词开头要阐述视频核心内容，接着说明预期效果、目的等，还可介绍人物角色、场景等
   - C. 不需要指出生成的脚本需要包含的基本元素
   - D. 提示词越简洁越好，不用精准传达需求

5. 针对即创的智能剪辑功能，关于上传视频素材的说法错误的是（　　）。
   - A. 所有素材总时长需超过 10s，不超过 10min
   - B. 视频格式为 mp4、mpeg、mov，宽高无限制，大小 ＜1000MB
   - C. 尺寸超出建议范围不会影响生成时间和效果
   - D. 可选择系统推荐的吸睛前贴，也可通过本地上传原始素材

二、多选题

1. 下面关于短视频拍摄与剪辑的说法正确的有（　　）。
   - A. 拍摄前，要注意根据脚本描述的场景，选择或搭建合适的拍摄地点
   - B. 根据场景和角色的需求，合理地调整灯光的位置、强度和颜色
   - C. 短视频脚本一旦确定，拍摄过程必须严格执行，不能有任何变动
   - D. 确保音频与视频画面同步，避免出现声音与画面不同步的情况

2. 以下属于直播预告海报类型的有（　　）。
   - A. 人物特写型
   - B. 产品展示型
   - C. 场景营造型
   - D. 福利诱惑型

3. 下面关于直播封面图的说法正确的有（　　）。
   - A. 淘宝直播移动端竖版封面图建议尺寸是 750 像素×1000 像素
   - B. 在制作封面图时，图片分辨率不应低于 72DPI
   - C. 快手直播竖版封面图的理想尺寸为 1080 像素×1920 像素
   - D. 对于直播封面图的提示词，可以把风格、主体、细节要求融合起来，用精准又生动的语言描述

4. 以下关于短视频拍摄过程的说法正确的有（　　）。
   - A. 要根据脚本要求设置合适的镜头角度、焦距和景深，使用三脚架或稳定器保持摄影机稳定

B. 画面构图只需遵循三分构图，无须考虑色彩搭配

C. 光线要充足且柔和，可使用反光板或遮光板优化光线效果

D. 演员表演要自然，导演或摄影师无须给予指导

5. 在社交媒体发布直播预告时，以下说法正确的有（　　　）。

A. 微博直播预告可带上热门话题标签，关联直播话题

B. 微信直播预告可通过微信朋友圈、微信群、微信公众号等渠道发布

C. 提前 1～3 天发布直播预告较为合适，重大直播活动可提前一周预热

D. 发布直播预告应选择社交平台流量高峰时段

三、判断题

1. 直播封面图是直播间面向观众的首张名片。（　　　）

2. 利用 AI 生成的短视频分镜头脚本不需要优化，可以直接用于拍摄。（　　　）

3. 在模力视频相关界面输入主题、关键词等信息后，生成的短视频分镜头脚本不能进行修改。（　　　）

4. 传统短视频剪辑耗时费力，而智能剪辑导入素材后，智能算法能快速识别关键片段，完成粗剪，还能一键添加字幕、智能配乐、添加特效等，剪辑效率大幅提升。（　　　）

5. 发布短视频时，只要在流量高峰时段发布，就一定能获得高曝光率。（　　　）

AI 丰富直播互动

职场创新

在直播电商领域，AI 发挥着关键的赋能作用。AI 通过分析多平台数据，生成热门话题，帮助主播构建丰富的话题库，并通过问卷挖掘观众兴趣，实现个性化互动。同时，AI 能结合时事热点，为直播内容增添新意，提升观众参与度。在直播氛围营造上，AI 利用智能弹幕、情绪分析等功能，优化互动设计与促销活动，增强情感共鸣，提升视听体验。本项目将深入探讨 AI 如何赋能直播电商的核心环节——直播互动，通过 AI 技术的应用，实现直播互动的智能化、高效化与个性化。典型工作任务工作内容与要求如表 6-1 所示。

表 6-1　典型工作任务工作内容与要求

典型工作任务	工作内容与要求（传统）	工作内容与要求（AI 赋能）
直播互动	1. 能够实时监控评论区留言，确保迅速且有效地回应粉丝的各类提问。同时，在评论区筛选出有价值的评论，通过积极互动提升粉丝参与感，营造活跃的直播氛围 2. 能够依据直播主题，创新设计互动活动，确保活动既贴合品牌风格，又能激发粉丝的热情。主播应确保能迅速且有效地回应粉丝的各类提问	1. 能够熟练运用豆包、文心一言、直播练播房等 AI 工具，针对直播间实时评论，快速且批量地生成精准、个性化的回复话术，确保每一个粉丝的问题都能得到及时、恰当的回应，从而提高粉丝的参与感和满意度 2. 能够结合直播主题，并借助 AI 工具，策划出具有创新性的互动活动，并自动生成条理清晰的活动流程，进一步提升活动效果

项目概述

　　本项目围绕 AI 丰富直播互动展开，涵盖直播控场、直播间粉丝互动及突发事件处理三大任务。学生将学习如何运用 AI 进行直播控场、引导互动话题、营造直播氛围，同时利用 AI 智能回复粉丝、设置互动活动、维护粉丝群，并掌握突发事件预防与应急处理策略，全面提升直播运营的实际操作能力。

学习目标

　　1. 掌握直播氛围营造技巧，通过 AI 助力互动、促销等环节。
　　2. 利用 AI 技术快速、准确回复粉丝提问与评论，同时利用 AI 策划并执行粉丝互动活动，提升粉丝满意度与忠诚度。
　　3. 系统掌握构建与维护粉丝群的有效策略，提升粉丝凝聚力与活跃度。
　　4. 全面认识直播间突发事件类型，增强风险意识与应对能力，制定科学合理的预防措施与应急处理流程，确保直播顺利进行。
　　5. 在 AI 赋能直播的环境中，精准把握直播节奏，为观众提供良好的观看体验。
　　6. 具备创新思维，能够在直播互动设计中大胆思考、发挥创造力，巧妙设计并引导互动话题，提升直播间活跃度与互动水平。

任务一　直播控场

任务分析

　　要掌握直播控场的基础知识，并进行相关实践活动，需要完成以下内容的学习。
　　1. 学习并理解直播控场的关键内容，包括直播节奏把控、互动话题引导及直播氛围营造等。
　　2. 将所学知识应用于实际直播场景中，通过实践不断优化和调整控场策略。

【知识储备】

　　直播控场是保障直播顺利进行、提升直播效果的关键所在，主要涵盖直播节奏把控、互动话题引导和直播氛围营造这三大核心板块。

一、直播节奏把控

1. 直播流程管理

　　直播流程管理是直播运营中的关键环节，旨在确保直播按照既定脚本和时间节点顺利推进，同时灵活应对实际情况，实现预期效果。直播流程管理需要场控与主播、策划团队、运营人员和技术支持团队密切配合，通过明确分工和实时沟通，保证直播的各个环节（如开场互动、产品展示、福利活动等）顺畅衔接。在直播中，场控需利用时间提醒工具实时监测数据（见图 6-1）和引导互动，确保每个环节的时间分配合理，不拖延或遗漏；同时关注突发问题，如设备故障、商品链接错误或冷场等，并及时调整直播节奏。

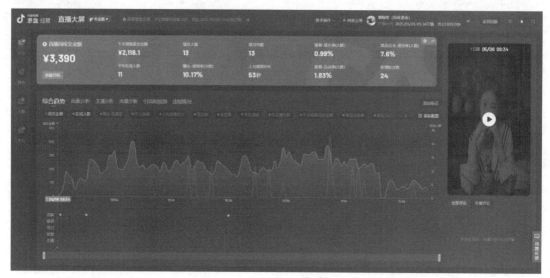

图 6-1 实时监测数据

2. 内容节奏适配

直播开场阶段，主播应以简洁且极具吸引力的开场白迅速吸引观众的注意力，例如"今晚我们将带您走进乡村田野，探索农产品的奥秘与美味"。在主体内容呈现环节，将农产品介绍、种植过程、营养价值等合理拆分为小段，每段时长控制在 3～5 分钟，其间穿插提问、现场演示等互动环节，保持观众的兴趣。结尾时，主播需对重点内容进行总结，并预告下一期直播的精彩看点，引导观众持续关注。

3. 流量波动应对

主播要实时密切关注在线人数的变化趋势，如图 6-2 所示。当在线人数处于上升趋势时，应加快直播节奏，及时推出核心内容；当在线人数趋于平稳或出现下滑时，则需放缓节奏，适时插入轻松愉悦的话题，例如在美食直播中分享网友对某一美食的创意吃法，以此重新吸引观众的目光。

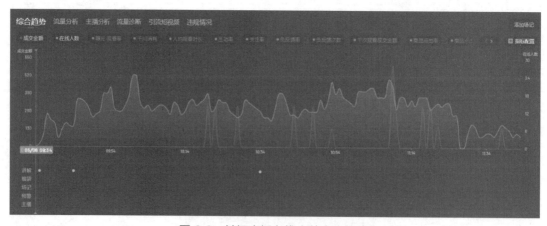

图 6-2 某场直播在线人数变化趋势

▌ 二、互动话题引导

1. 日常话题储备

如何应用 AI 获取
直播互动话题

AI 通过分析社交媒体、搜索引擎趋势和观众行为数据，自动生成与直播主题相关的高热度话题，帮助主播构建多元化的话题库。例如，AI 可以为生活类直播间提供"夏季省电妙招"或"宅家必备美食攻略"等话题。在助农直播间，AI 可以生成"如何挑选新鲜的农产品"或"农产品背后的绿色种植故事"等话题，如图 6-3 所示，满足观众的需求。通过 AI 的辅助，主播能够更高效地准备直播内容，提升观众的参与度和满意度。

图 6-3　运用 AI 生成热点话题

2. 观众导向挖掘

主播在直播过程中需实时留意弹幕中的关键词，据此提炼出契合当下情境的话题。例如，当助农直播间的观众频繁提及"有机农产品"一词时，主播可迅速引入"有机农产品的种植标准与营养价值"等话题。此外，主播还应定期通过问卷等形式收集观众反馈，了解他们对农产品的需求和兴趣点，如"你最想了解的农产品种植知识是什么"，以此激发观众的参与热情。AI 可以通过问卷分析（见图 6-4），挖掘观众的兴趣点和需求，生成个性化的话题建议，激发观众的参与热情。这种观众导向的互动方式，使直播内容更贴近观众，增强了互动效果。

3. 热点融合策略

AI 通过实时监测新闻、社交媒体和行业动态，捕捉最新的时事热点，并结合直播主题，生成具有话题性的讨论内容。例如，结合环保政策，AI 可以建议主播讨论"绿色农业对农产品市场的影响"（见图 6-5）；在节日期间，AI 可以提供与节日相关的农产品及其文化内涵的介绍。通过这样的热点融合策略，主播不仅能够丰富直播内容，

图 6-4　运用 AI 进行问卷分析

提升观众的参与度，还能传递有价值的信息，增强直播的吸引力和影响力。

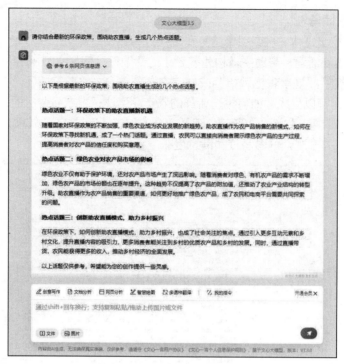

图6-5　运用 AI 生成讨论内容

　　通过 AI 技术的支持，直播团队在互动话题和话术设计中能够更加精准、高效地满足观众需求，提升直播的互动性和观赏性。

合作探究

　　请同学们自由发言，讨论：在直播互动话题引导中，AI 扮演了怎样的角色？它如何帮助直播团队更精准地把握观众需求，提升直播的互动性？

三、直播氛围营造

应用 AI 生成
买赠活动主题互动
话术

　　直播氛围营造是直播运营中的关键环节，是吸引观众、延长观众停留时间、促进互动与转化的核心手段。通过合理设计互动方式、引入促销活动、激发情感共鸣，以及提升视觉与音效体验，直播团队可以为观众打造一个具有吸引力和沉浸感的直播环境。与此同时，AI 的应用正在重新定义直播氛围的营造方式。

1. 互动设计：与观众建立情感联结

　　互动是直播氛围营造的核心，通过设计弹幕引导、观众提问、互动游戏等多样化的环节，观众将成为直播内容的参与者而非旁观者，从而增强黏性与归属感。主播可以通过提问引导观众发送弹幕，例如"你最喜欢哪个颜色？"，或设置猜谜、答题等轻松有趣的互动游戏，提升直播的趣味性和参与度。借助 AI（如弹幕生成和情绪分析），场控或运营团队可以根据观众的反馈，自动生成热点话题弹幕，引导观众讨论热点内容，让直播氛围更加活跃。

2. 促销活动：营造紧张与期待感

促销活动是直播氛围营造的强效工具，通过红包雨和抽奖等环节，主播能迅速调动观众的情绪，创造紧张感和期待感，营造直播间的热烈氛围。尤其是在高峰时段启动秒杀活动，搭配倒计时和库存提示，可以让观众感受到"机会稍纵即逝"的紧迫感。例如，通过实时监控直播间人数和互动量，动态调整促销时间和力度，提升活动效果。

3. 情感共鸣：用真实故事打动观众

主播情绪状态对直播氛围营造同样至关重要。主播应保持活力，用积极的语言开场和与观众互动。面对观众的提问和质疑，主播应耐心温和地回应，展现出亲和力和专业素养。同时，主播还可以适时分享个人与农产品相关的趣事、感动瞬间等，引发观众的情感共鸣，让直播间充满温情和正能量。

AI 可以通过提取真实用户评论，生成感人的故事供主播讲述。

4. 视觉与音效：打造沉浸式体验

直播间的视觉效果和音效设计直接影响观众的第一印象和整体观看体验。通过设置与主题匹配的布景（见图 6-6）、商品展示区，结合红包雨、掌声等动态特效和音效，主播能有效增强直播的沉浸感和观赏性。例如，背景音乐在农产品直播中起着不可忽视的作用。主播应精心挑选与农产品主题相符的音乐，全程辅助直播氛围的营造。开场时，可以使用欢快、轻松的音乐提升观众的兴奋度和参与度；在讲解农产品特点时，可切换为轻柔、舒缓的纯音乐，避免干扰观众；而在互动环节，则可以切换为动感的音乐，激发观众的热情和参与欲望。

图 6-6　直播间布景

【任务实施】

任务活动　应用 AI 工具生成互动话题与不同主题的互动话术

"绿色田野"助农直播间长期致力于推广东北特色农产品，此次策划的"金秋丰收节——探索东北黑土地上的玉米盛宴"直播活动，是希望通过直播平台让更多人了解东北玉米，激发观众购买欲，拓宽农产品销路，助力乡村振兴。为了增强直播的吸引力与互动性，主播团队将借助豆包，生成既新颖独特又高度贴合直播主题的互动话题与不同主题的互动话术。

步骤 1：明确直播主题与目标。

（1）直播主题："金秋丰收节——探索东北黑土地上的玉米盛宴"。

（2）直播目标：运用豆包精心策划互动话题与互动话术，吸引观众观看直播，并进一步引导直播间观众关注直播间、加入粉丝团、参与抽奖活动，从而实现产品销量的增长。

步骤 2：撰写提示词并使用豆包生成互动话题。

输入提示词："以'金秋丰收节——探索东北黑土地上的玉米盛宴'为背景，生成与玉米烹饪方式相关的互动话题，要求激发观众分享自己的烹饪经验和喜好，语言生动活泼，贴近生活。"

步骤 3：撰写提示词并使用豆包生成互动话术。

（1）关注直播间互动话术。

输入提示词："以'金秋丰收节——探索东北黑土地上的玉米盛宴'为主题，生成引导观

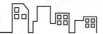

众关注直播间的互动话术，要求语言亲切、热情，突出直播亮点。"

（2）加入粉丝团互动话术。

输入提示词："生成介绍东北玉米产品时，引导观众加入粉丝团的互动话术，需突出粉丝团福利，如专属折扣、优先购买、会员活动等。"

（3）参与直播间抽奖互动话术。

输入提示词："生成在介绍完东北玉米产品特点后，引导观众参与直播间抽奖的互动话术，要清晰说明抽奖规则、奖品和参与方式。"

步骤4：筛选与优化互动话题/话术。

首先，剔除与直播主题不符或语言表达存在错误的内容，确保信息的准确性和相关性。接着，评估保留下来的内容是否契合直播主题。同时，在此基础上强化话术的引导功能，激发观众参与的积极性。完成筛选优化后，确定合适的互动话题与互动话术，为直播成功奠定基础。

进阶小课堂

在利用 AI 生成互动话题和互动话术的过程中，应着重关注以下几点。

1. 准确阐述需求：在向 AI 下达指令时，要清晰、准确地表述直播主题及具体需求，避免使用模糊、宽泛的词汇，确保 AI 能够精准理解创作意图。

2. 凸显关键信息：突出产品核心特点、目标受众等关键信息，同时设定具体且清晰的界限条件，引导 AI 生成高度契合预期目标的内容。

3. 适应直播场景：充分考虑直播的实际场景和互动节奏，使 AI 工具生成的内容能够自然流畅地融入直播流程，增强观众的参与感和体验感，提升直播效果。

4. 持续迭代优化：AI 生成的内容并非一步到位，需要经过多轮调整与优化，若生成内容的效果未达预期，则可以通过调整提示词，让 AI 重新生成内容，直至达到最佳效果。

 ## 任务二　直播间粉丝互动

任务分析

要掌握直播间粉丝互动的基础知识，并进行相关实践活动，需要完成以下内容的学习。

1. 理解直播间粉丝互动的三大核心策略及其重要意义。

2. 掌握粉丝提问与评论回复、粉丝互动活动设置及粉丝群构建与维护的具体方法，提升直播间粉丝互动效果。

【知识储备】

一、粉丝提问与评论回复

1. 及时响应机制

在直播过程中，主播团队需时刻关注评论区动态，确保粉丝的提问与评论能在第一时间被发现，并得到迅速回应，让粉丝感受到被重视，避免长时间等待导致粉丝热情消退。例如，对于简单问题，尽量在 1～2 分钟内给予简短回复，维持互动热度。同时，还可借助巨量百应平台，在开播前设置常见问题的关键词及回复话术（见图 6-7），直播时系统会自动发送。通过这一机制，主播团队能更好地与粉丝互动，增强粉丝黏性。

图 6-7　设置常见问题的关键词及回复话术

2. 实施个性化回复策略

主播需要仔细阅读粉丝的每一条评论，了解其需求。针对不同粉丝的特点、问题内容，给出专属回应。例如，对老粉丝分享的生活趣事，可以用亲切的口吻进行互动，提及过往互动细节，增强情感联系；对新粉丝的基础问题，则需耐心、细致地解答，同时欢迎他们常来直播间。

3. 激发粉丝参与讨论的热情

主播还可以主动抛出一些开放性话题，引导粉丝发表看法。例如，在介绍某类产品时，询问粉丝"你们在使用这类产品的过程中，最关注哪个功能的表现呢"，促使粉丝在评论区畅所欲言，主播适时加入讨论，把直播间气氛推向高潮，使之成为活跃的交流天地。

 合作探究

请同学们自由发言，讨论：在直播中，一位粉丝询问产品保质期，结合及时响应机制和个性化回复策略，主播应该如何回应？

二、粉丝互动活动设置

1. 定期互动活动

主播团队需精心制定一套定期互动方案，例如，每两周举办一次"智慧碰撞——产品知识问答"活动，围绕直播推介的产品设计趣味问答，旨在通过问答活动加深粉丝对产品的认知。此外，每月举办一次"梦想启航——心愿清单抽奖"活动，事先搜集粉丝心愿，并随机选取幸运粉丝完成其心愿，以此激发粉丝的期待和参与热情。活动前夕，通过直播间、社交媒体等多

种渠道进行预热，详尽阐述活动时间、参与流程及丰厚奖品，全力吸引粉丝参与。

2. 创意互动形式

在直播过程中，常规的互动形式，如点赞、评论和送礼物，已经成为粉丝参与互动的基础方式。为了进一步提升粉丝的参与度和直播的趣味性，主播可以采用更多创新的互动形式。例如，设计实时的问答竞赛、词语接龙等趣味游戏，这样不仅能激发粉丝的积极性，还能增加直播的看点。此外，利用连麦功能与粉丝进行即时的语音互动，也可以增强粉丝的参与感和归属感。

3. 互动活动反馈

直播互动活动结束后，主播应立即公布获奖名单及结果，确保透明公正，并向所有热情参与的粉丝表达深切的谢意。对于在活动中表现出色的粉丝，主播应在直播间内特别点名表扬，并赠送精心挑选的礼品，这不仅是对粉丝努力的认可，也是对其他粉丝的激励。同时，主播应广泛收集粉丝的反馈，无论是关于活动规则的改进建议，还是对奖品设置的创新思考，都应耐心记录并深入分析，为未来的互动活动提供优化方向。

✎ 知识链接

在粉丝互动活动中，奖品设置至关重要，它直接影响粉丝的参与热情。例如，在助农直播间粉丝互动活动中，奖品设置对激发粉丝热情、加速农产品推广具有重要意义。除了常规的农产品实物奖品，引入创新奖品能显著提升活动的吸引力。

体验类奖品方面，可设置乡村田园采摘名额，粉丝能亲身走进田间地头，体验亲手采摘新鲜蔬果的乐趣；或提供乡村民宿免费入住券，让粉丝深度感受乡村生活的宁静与美好。

服务类奖品方面，以农产品衍生品的定制化设计服务作为奖品，如以农产品为主题的艺术品或纪念品，这不仅能让粉丝获得独一无二的个性化产品，还能助力农户通过创新设计提升农产品的附加值，从而增强产品在市场上的竞争力。

虚拟奖品方面，可以授予粉丝专属的"乡村振兴使者"称号，增强粉丝的荣誉感。此外，还可以为这些粉丝定制具有鲜明乡村特色的专属聊天气泡，让他们在直播间的互动交流中展现出与众不同的身份特征，进一步满足他们的个性化需求。

这些创意奖品能有效促进粉丝积极参与互动，推动助农直播生态繁荣发展。

▍三、粉丝群构建与维护

1. 粉丝群建立

主播与运营人员要充分利用直播间显眼位置、社交媒体账号简介、短视频片尾等多个关键节点，宣传推广粉丝群信息，吸引粉丝加入。按照粉丝的兴趣偏好，如体育赛事爱好者、美食探索者等，精细划分群组，如"篮球运动交流群""美食发现群"，便于后续有针对性地推送资讯、组织活动，满足不同群体的个性化需求。

2. 活跃粉丝管理

群管理员应识别出那些发言积极、乐于分享的活跃粉丝，给予他们专属的电子徽章、优先参与群内小型福利活动，或担任群内活动组织者助理等奖励，促使他们持续保持热情，成为群内氛围的带动者。他们能够凭借自身的感染力，吸引更多"潜水"粉丝参与互动交流，提升整个粉丝群的活跃度。

3. 粉丝群氛围营造

群管理员定期分享直播背后的有趣故事。例如，如何巧用电子产品提升效率、如何让美食食材发挥最佳风味，以及行业内的新鲜资讯，引发粉丝的好奇心与讨论欲。同时，群管理员可周期性地抛出话题，如"本季最值得入手的好物推荐""家乡的特色美食分享"，鼓励粉丝分享个人体验与见解，打造一个温暖、活跃且充满干货的交流家园。

4. 负面信息处理

一旦群内出现粉丝的不满言论、投诉，群管理员要迅速做出反应，第一时间通过私信与当事人耐心沟通，了解事情全貌，以诚恳、负责的态度积极解决问题。群管理员应及时在群内公示问题处理结果，消除其他粉丝的疑虑，避免负面情绪持续蔓延，消除潜在的危机，维护粉丝群健康和谐的交流环境。

 **合作探究**

请同学们自由发言，讨论：在构建与维护粉丝群的过程中，主播与运营团队应如何有效应对可能出现的负面信息，以打造一个既活跃又健康的粉丝群？

 【任务实施】

任务活动　应用直播练播房开展粉丝互动与直播

"时尚生活"直播间近期计划推广并销售一系列高品质行李箱。鉴于新加入的主播团队在直播技巧、产品讲解及互动方面尚显生疏，为提高直播效率与观众体验，主播团队决定借助抖音平台提供的直播练播房功能进行系统性训练。具体操作过程如下。

步骤 1：打开并登录抖店，选择"内容"—"直播管理"—"直播工具"—"练播房"—"立即练习"，如图 6-8 所示。

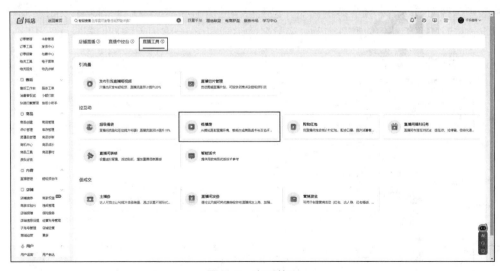

图 6-8　立即练习

首次使用需要手动勾选相关协议，然后单击"开始练习"按钮，如图 6-9 所示。

图 6-9　开始练习

步骤 2：创建练习任务。

步骤 2.1：选择"店铺直播"—"练习中心"—"创建练习任务"，如图 6-10 所示。

图 6-10　创建练习任务

步骤 2.2：创建练习任务分为三大步：填写练习信息、使用 AI 生成直播话术、开始练习。

步骤 2.2.1：填写练习信息。

（1）添加商品/商品名称。

添加方式有两种——"已上架商品"和"自定义商品"（见图 6-11）。选择其中一种方式即可，系统默认选择第一种，可手动重新选。选择"已上架商品"后，可以在"添加商品"下拉列表中选择对应抖店已经上架的商品，也支持按照商品名称或 ID 进行搜索；选择"自定义商品"，有时需要手动输入商品名称，商品名称限制在 30 个字内（推荐控制在 28～30 个字）。

图 6-11　添加商品

（2）选择/补充商品卖点。

若选择"已上架商品"，可直接选择系统推荐的卖点，如图 6-12 所示。若选择"自定义商品"，需手动填写商品卖点。商品卖点数量以 4～6 个为宜，不同卖点之间用逗号隔开。

图 6-12　选择/补充商品卖点

（3）选择/补充营销活动内容。

选择/补充商品对应的营销活动内容，方便生成直播话术。该任务活动中营销活动标签为平台提供的一些通用营销活动，非商品真实的营销活动，仅做练习使用，如图 6-13 所示。

（4）选择/补充主播名称。

未选择时主播为"默认主播"，支持自定义添加主播，主播名称不允许重名，如图 6-14 所示。

图 6-13　选择/补充营销活动内容

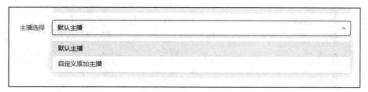

图 6-14　选择/补充主播名称

步骤 2.2.2：使用 AI 生成直播话术。

（1）单击"生成话术"按钮。

单击"生成话术"按钮，如图 6-15 所示。

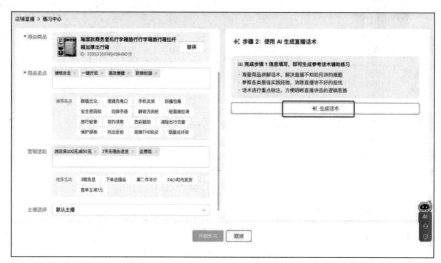

图 6-15　单击"生成话术"按钮

（2）选择要使用的话术。

系统提供了两版话术，如图 6-16 所示。如果对系统生成的话术不满意，可以单击下方的"重新生成"按钮重新生成话术，或者单击"编辑"按钮，对话术进行润色。编辑话术如图 6-17 所示。

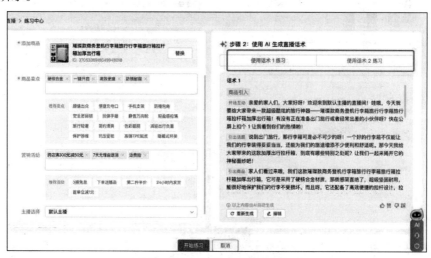

图 6-16　选择使用的话术

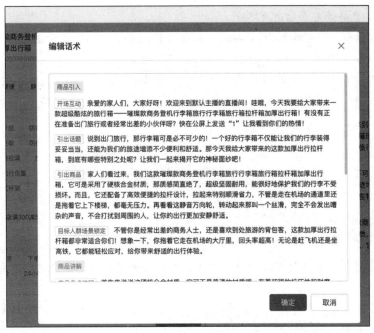

图 6-17　编辑话术

步骤 2.2.3：开始练习。

完成上述设置后，可以单击界面下方的"开始练习"按钮进入练习，如图 6-18 所示。

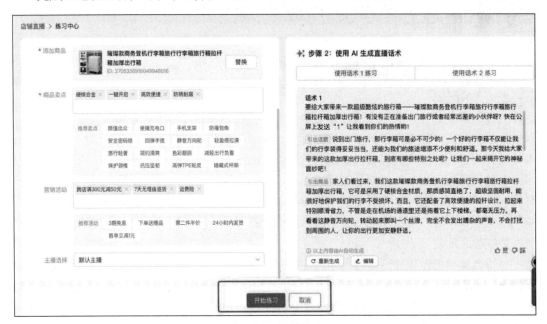

图 6-18　开始练习

🎓 进阶小课堂

在直播练播房练习结束后，主播还可以获取练习报告查看直播表现。

1. 全面评估表现：通过练习报告，主播能直观了解自己的练习评分，明确自己在直

137

播技巧、商品讲解等方面的表现水平。

2. AI 智能分析：报告利用 AI 技术，细致分析主播在直播中的话术使用情况、卖点讲解情况等，提出有针对性的优化建议，助力主播快速成长。

3. 详细回放功能：主播可观看直播回放，支持多种操作，如播放、暂停、拖动进度条等，便于精准定位并复盘自己的直播表现，同时，AI 标注的话术标签让复盘更加高效。

 ## 任务三　直播间突发事件处理

任务分析

要掌握直播间突发事件处理的基础知识，并进行相关实践活动，需要完成以下内容的学习。

1. 掌握直播间突发事件的常见类型，深入理解突发事件预防措施的制定方法，以及熟练掌握突发事件应急处理的技巧。

2. 能够在真实情况下迅速、有效地应对各类突发事件。

 ## 【知识储备】

一、突发事件常见类型

1. 技术问题

直播间常见的技术问题主要包括直播卡顿、掉线、画面模糊、声音异常及直播延迟等。这些问题的出现可能源于网络不稳定，例如直播场地的网络带宽不足，无法承载大量数据流的传输，或者同时在线的设备过多，导致网络资源被抢占；另外，设备故障也是导致出现技术问题的常见原因之一，如摄像头像素不足导致画面模糊，话筒灵敏度下降或损坏导致声音异常，以及计算机硬件老化或配置不足导致直播延迟，等等。这些技术问题的出现会严重影响粉丝的观看体验，降低他们对直播的满意度，甚至导致粉丝流失。

2. 言论风波

言论风波包括主播在直播过程中出现口误、触及敏感话题而引发争议，以及粉丝在评论区发表不当言论、互相争吵攻击等情况。主播的失误可能瞬间点燃舆论热点，引发大量关注和讨论，而粉丝间的不良互动若不及时制止，会让直播间的氛围变得紧张、混乱，严重破坏直播间的形象和口碑。

3. 产品问题

若直播间涉及带货，那么产品问题也是不容忽视的。产品可能出现质量瑕疵，如使用化妆品后出现过敏反应，电子产品功能与介绍存在偏差等；也可能出现实物与宣传不符的情况，如颜色、尺寸、材质等方面的差异；此外，发货延迟也是常见的问题之一。这些问题不仅会

损害消费者的权益，引发他们的不满和投诉，还会对直播间的信誉造成严重影响，降低粉丝对直播间的信任度和忠诚度。

✎ 知识链接

除了上述提到的技术问题、言论风波及产品问题，直播间还可能面临多种类型的突发事件，这些事件均会对直播的顺利进行及直播效果产生重大影响。

人员方面，主播可能因劳累、压力或突发疾病等身体不适，如晕倒、声音嘶哑等，这不仅会导致直播中断，打乱计划，还会引发观众对主播健康的担忧，影响观众对后续直播的关注度。同时，关键工作人员，如导播、技术支持人员因突发意外缺席，会导致直播现场操作与维护人员缺失，引发画面切换失误、音效处理不当等技术问题与流程混乱。外部环境上，场地可能遭遇自然灾害、人为意外等，如暴雨漏水、临时停电，或周边出现交通拥堵等公共事件，导致直播延迟或无法进行。在有现场观众参与的直播中，还可能因人数过多引发拥挤推搡、观众冲突等秩序混乱情况，威胁人员安全，破坏直播观感。

版权及法律问题同样不容忽视，直播内容的侵权，包括未经授权改编、翻译作品等，一旦版权方追究，直播可能被迫停止且相关人员可能面临诉讼赔偿。直播间若存在虚假宣传，违反广告法和消费者权益保护法，会受到监管部门的调查处罚。此外，负面舆情也会对直播间产生冲击，关联方的负面新闻（如品牌方质量丑闻、嘉宾道德争议等）可能会波及直播间，导致观众流失。若有人质疑直播间数据造假，一旦被证实或引发群体怀疑，会破坏观众对该直播间的信任基础，影响直播间的长期发展。

二、突发事件预防措施制定

1. 技术保障方面

为了确保直播的顺利进行，直播前必须进行多次网络测试，选择稳定的网络环境进行直播。同时，应准备移动网络热点作为备用，以防出现网络中断的情况。此外，对直播设备，包括摄像头、话筒、计算机等关键设备进行全面的检查与调试也是必不可少的，确保它们都能正常运行。同时，准备好备用设备，以防设备突发故障。另外，定期更新软件系统，确保设备能够兼容最新的直播技术，从而避免技术问题的出现。

2. 内容把控方面

主播需要提前熟悉直播脚本，对可能涉及的敏感话题和用词进行严格审核，确保直播内容的合规性和正面性。同时，主播应加强自身语言表达的训练，避免在直播过程中出现口误或不当言论。此外，应安排专人实时监控评论区，及时发现并处理不当言论，制定明确的言论规范，对违反规定的行为进行警告、屏蔽或封禁处理，以维护直播间的良好氛围。

3. 产品管理方面

在直播带货时，产品的质量和宣传的真实性至关重要。因此，应严格筛选合作产品，对产品的质量、性能、资质等进行深入考察，确保它们符合宣传标准。同时，与供应商建立高效的沟通机制，实时掌握产品的库存情况和发货进度，以便及时应对可能出现的问题。此外，还应提前预估可能出现的问题，并制定相应的应对预案，以确保在问题出现时能够迅速解决。

🔍 **合作探究**

请同学们自由发言，讨论：直播时主摄像头突然发生故障，从技术保障角度，怎样做能最快恢复直播？后续又该如何避免类似情况再次发生？

▍三、突发事件应急处理

1. 技术问题应对

在直播中一旦出现卡顿、掉线等技术问题，主播应立即安抚粉丝情绪，告知他们团队正在紧急处理问题，请耐心等待。同时，技术人员应迅速排查问题出现的原因，若是网络问题，立即切换至备用网络；若是设备故障，快速更换为备用设备，确保直播能够尽快恢复正常。在处理过程中，主播应保持与粉丝的沟通，及时告知处理进展。

基于 AI 的直播突发问题应对策略

2. 言论风波处理

若主播在直播过程中发现自己口误或发表了不当言论，应立即诚恳地向粉丝道歉，并纠正错误言论，表明自己的态度。对于粉丝间的争吵和攻击行为，主播和管理员应迅速介入调解，引导粉丝进行理性讨论，避免事态进一步恶化。同时，应加强对评论区的监控和管理，及时发现并处理不当言论，以维护直播间的和谐氛围。

3. 产品问题解决

面对产品质量投诉等问题，主播应先向粉丝表达歉意，并承诺会负责到底。然后迅速联系供应商核实情况，了解问题的具体原因和解决方案。根据问题的严重程度，主播应给出相应的解决方案，如退换货、补偿等，并及时公示处理进度，让粉丝了解事情的进展。通过积极处理产品问题，主播可以重塑粉丝对直播间的信任，提升粉丝的满意度和忠诚度。

📖 **文化小课堂**

运用 AI 工具应对直播间突发事件

在直播行业中，突发事件的应对至关重要。将 AI 工具与传统文化智慧相结合，能够帮助主播在紧急情况下生成得体、高效的话术，维护直播间的秩序与氛围。

面对直播卡顿、掉线等技术问题，主播可以借鉴未雨绸缪策略。在直播前，利用 AI 工具预设一系列应急话术，如："我们正在紧急处理网络问题，请大家少安毋躁，精彩即将继续。"这样，既能安抚粉丝情绪，又能展现主播的从容与专业。

在言论风波中，主播应秉持儒家思想中的"和为贵"原则。利用 AI 工具，生成引导粉丝理性讨论的话术，如："感谢大家的热情参与，但请保持理性，共同维护我们直播间的和谐氛围。"这样，既能避免事态升级，又能彰显主播的大度与智慧。

面对产品问题，主播需坚守传统文化中的诚信为本理念。利用 AI 工具，快速生成道歉及解决方案话术，如："非常抱歉给大家带来了不便，我们正在积极处理，确保为大家提供满意的答复。"这样的表述，既能体现主播的责任感，又能赢得粉丝的信任与谅解。

此外，主播在运用 AI 工具时，还应注重话术的个性化与情感化，使其更加贴近粉丝，提升粉丝的归属感与忠诚度。同时，主播还应不断学习传统文化，汲取其中的智慧与精髓，以更加丰富的文化底蕴，提升直播间的文化内涵与品位。

【任务实施】

任务活动　运用 AI 工具生成直播间突发事件应对话术

"美味零食"直播间正处于直播的高潮之际，却意外地碰到了三大难题：首先，直播画面突然变得卡顿且延迟严重，极大地影响了观众的观看体验；其次，主播在满怀激情地介绍各类零食时，不慎触碰到了一个可能引发观众热议的敏感话题，在直播间内掀起了广泛的讨论；最后，一些观众对直播中展示的产品数量提出了质疑，指出实际展示的零食与直播前发布的宣传图片之间存在显著的差异。这三大难题无疑对"美味零食"直播间的信誉造成了不小的损害。

为了高效应对这些突发事件，主播团队将借助文心一言生成对应的话术，以提升自身的应变能力和处理效率。具体步骤如下。

步骤 1：生成技术问题应对话术。

（1）明确问题：直播过程中直播画面卡顿且延迟严重。

（2）生成话术：打开文心一言，在输入框中输入"直播卡顿、延迟应对话术""网络问题解释话术"等提示词，以触发其生成相关话术。在文心一言生成话术后，仔细阅读并评估其适用性，将合适的话术记录下来。

步骤 2：生成言论风波处理话术。

（1）明确问题：主播在直播中触及敏感话题，引发观众热议。

（2）生成话术：打开文心一言，在输入框中输入"主播触及敏感话题道歉话术""直播言论风波应对策略"等提示词，以触发其生成相关话术。在文心一言生成话术后，仔细阅读并评估其适用性，将合适的话术记录下来。

步骤 3：生成产品问题解决话术。

（1）明确问题：观众质疑直播中展示的产品数量与宣传图片不符。

（2）生成话术：打开文心一言，在输入框中输入"产品数量质疑回应话术""直播宣传与实物不符处理策略"等提示词，以触发其生成相关话术。在文心一言生成话术后，仔细阅读并评估其适用性，将合适的话术记录下来。

实训任务一　直播控场

实训描述

本次实训以"直播控场"为主题，旨在助力学生全方位了解直播控场工作，熟练掌握直播控场的相关技巧。通过实际操作，学生可以切实提升在直播运营方面的综合能力，为今后从事直播电商行业奠定坚实基础。

操作指导

具体操作步骤如下。

步骤 1：登录 BoTrix BEM 直播电商运营实战平台，进入"直播间场控"模块。

步骤 2：阅读任务详情与任务指导，了解直播间场控需要处理的问题及如何做好直播间场控，如图 6-19 所示。

图 6-19　阅读任务详情与任务指导

步骤 3：进入"直播间场控"界面，能够清晰地看到已上架的直播商品，并可实时查看用户发送的评论内容。若发现用户发表不当言论，管理员需依据平台规则，在充分了解事件全貌后禁言用户。

步骤 4：进入"直播活动"界面，可以根据直播需求设置优惠券、福袋活动等，以此丰富直播内容，吸引更多观众参与直播互动，提升直播效果，如图 6-20 所示。

图 6-20　设置直播活动

实训评价

基于学生在本次实训中的表现及实训完成情况，对实训考核内容进行评分，同时学生进行自我评价，教师进行点评（见表 6-2）。

表 6-2 实训评价（一）

考核项目	学生 自评分（30%）	教师 评分（70%）
能够根据任务背景及要求进行直播控场操作，且能对直播中的不当言论进行妥善处理（50分）		
能够在直播过程中，根据直播需求设置优惠券、福袋活动等直播活动，增强直播的趣味性（50分）		
总计（100分）		
学生自我评价	教师点评	

实训任务二　直播间粉丝互动

实训描述

本次实训以"直播间粉丝互动"为主题，旨在助力学生了解直播间粉丝互动的重要性，熟练掌握直播间粉丝互动的相关技巧。通过实际操作，学生可以切实提升在直播电商运营中的粉丝互动能力，进而提高直播间观众的参与度和转化率。

操作指导

具体操作步骤如下。

步骤 1：登录 BoTrix BEM 直播电商运营实战平台，进入"直播间粉丝互动"模块。

步骤 2：阅读任务详情与任务指导，使用博导 AI 学习助手进行提问学习（见图 6-21），了解直播间粉丝互动的主要目的与核心方法。

图 6-21　使用博导 AI 学习助手进行提问学习

步骤 3：基于对直播间粉丝互动相关知识的掌握，在"直播间粉丝互动"界面详细阅读界面提示，设置"客服话术开发""FAQ 问题整理"两个板块的话术，如图 6-22 所示。

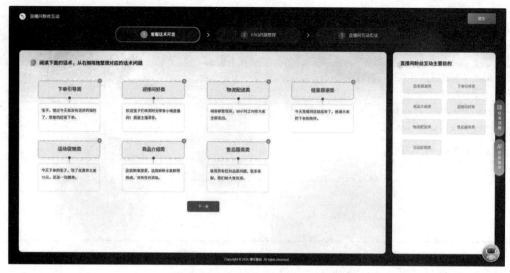

图 6-22　完成对应板块话术设置

实训评价

基于学生在本次实训中的表现及实训完成情况，对实训考核内容进行评分，同时学生进行自我评价，教师进行点评（见表 6-3）。

表 6-3　实训评价（二）

考核项目	学生 自评分（30%）	教师 评分（70%）
能够清楚直播中的各类话术，根据任务背景及要求配置直播间粉丝互动话术，且话术准确合理（50分）		
能够严格按照平台引导，完成从学习到配置的完整实践流程，话术贴合粉丝互动需求（50分）		
总计（100分）		
学生自我评价	教师点评	

实训任务三　直播间突发事件处理

实训描述

本次实训以"直播间突发事件处理"为主题，旨在助力学生全面了解直播间可能出现的各类突发事件，熟练掌握行之有效的应对技巧。通过实际操作，学生可以切实提升在复杂直播环境下的应变能力、沟通能力及问题解决能力，为其在直播电商领域应对各种挑战做好充分准备，确保直播活动能够顺利、稳定地进行，保障直播的质量与效果。

操作指导

具体操作步骤如下。

步骤 1：登录 BoTrix BEM 直播电商运营实战平台，进入"直播间突发事件处理"模块。

步骤 2：阅读任务详情与任务指导，掌握常见的直播间突发事件及相应的处理方法。

步骤 3：在"直播间突发事件处理"模块，了解四种常见的直播间突发事件类型，如图 6-23 所示。从这四种类型中选择一种，进入相应实训界面，并根据界面提示，查看突发事件详情，可借助平台的 AI 分析功能完成直播间突发事件处理方案输出，如图 6-24 所示。完成后提交直播间突发事件处理任务，如图 6-25 所示。

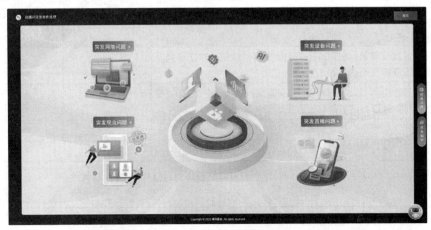

图 6-23　了解四种常见的直播间突发事件类型

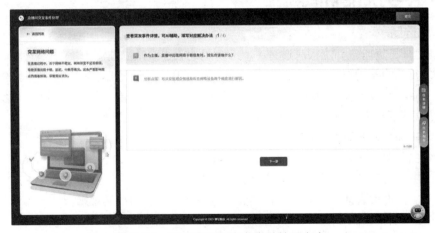

图 6-24　输出直播间突发事件处理方案

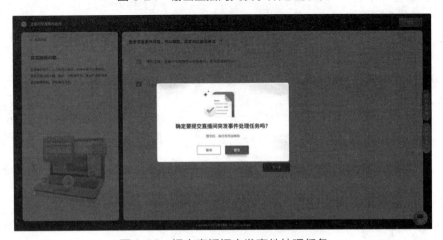

图 6-25　提交直播间突发事件处理任务

实训评价

基于学生在本次实训中的表现及实训完成情况，对实训考核内容进行评分，同时学生进行自我评价，教师进行点评（见表6-4）。

表6-4 实训评价（三）

考核项目	学生 自评分（30%）	教师 评分（70%）
能够根据任务背景及要求，识别直播间的突发事件情况，做出准确、合理的处理，以保障直播活动的正常开展（50分）		
能够严格按照平台引导，完成从填写到提交直播间突发事件处理方法的完整实践流程，处理方法紧密贴合直播场景（50分）		
总计（100分）		
学生自我评价	教师点评	

知识与技能训练

一、单选题

1. 在直播开场阶段，主播应通过（ ）迅速吸引观众的注意力。

　　A. 复杂的开场白　　　　　　　　　　B. 长时间的沉默以营造神秘感

　　C. 简洁且极具吸引力的开场白　　　　D. 直接展示产品，不进行开场介绍

2. 在直播互动设计中，（ ）有助于营造活跃的直播氛围。

　　A. 主播全程介绍产品，不设置任何互动环节

　　B. 主播随意发起一些互动话题，不关注观众的反馈

　　C. 主播结合产品特性和当下热点，开展抢答、话题讨论等互动活动

　　D. 主播临近直播结束时才进行抽奖，且不向观众说明抽奖规则

3. 主播在直播中应（ ）。

　　A. 忽视不重要的提问

　　B. 对每个问题都详细解答，无论其重要性如何

　　C. 及时、有针对性地回答问题，保持互动热度

　　D. 只在直播结束时统一回答所有问题

4. 直播间突发事件处理中，（ ）不是有效的预防手段。

　　A. 提前进行网络测试，确保网络稳定　　B. 对直播设备进行全面检查与调试

　　C. 直播过程中任由观众发表不当言论　　D. 制定明确的言论规范，监控评论区

5. 在直播过程中遇到卡顿、掉线等技术问题时，主播的首要应对措施是（ ）。

　　A. 立即停止直播，重新开启新直播

　　B. 安抚粉丝情绪，告知正在紧急处理问题，请耐心等待

　　C. 立即切换到其他直播平台继续直播

　　D. 忽略技术问题，继续直播

二、多选题

1. 直播间控场包括（　　　）。

    A. 直播节奏把控　　　　　　　　　　B. 互动话题引导

    C. 直播氛围营造　　　　　　　　　　D. 主播着装打扮

2. 为了提升直播的互动性，主播可以（　　　）。

    A. 定期收集观众反馈，了解需求

    B. 灵活切换直播背景，吸引观众的注意

    C. 策划并执行有趣的互动活动

    D. 只在介绍产品时与观众互动

3. 直播间突发事件主要包括（　　　）。

    A. 技术问题（如卡顿、掉线）

    B. 言论风波（如主播口误、观众争吵）

    C. 产品问题（如质量瑕疵、实物与宣传不符）

    D. 主播迟到或早退

4. 在直播过程中，为保持观众参与热情，主播应（　　　）。

    A. 定期推出优惠活动，刺激观众的购买欲望

    B. 在直播间人数下滑时，插入轻松有趣的话题

    C. 对观众的提问和评论置之不理

    D. 分享与直播内容相关的趣事，引发观众的情感共鸣

5. 在直播节奏把控的直播流程管理中，（　　　）是关键要素，需要场控密切关注与协调。

    A. 确保直播按照既定脚本和时间节点推进

    B. 与主播、策划团队、运营人员和技术支持团队密切配合

    C. 仅关注直播脚本的严格执行，不考虑实际情况

    D. 关注并应对突发问题，如设备故障、商品链接错误或冷场等

三、判断题

1. 主播在直播过程中应保持热情，用消极的语言开场和互动。（　　　）

2. 直播间的视觉效果和音效设计直接影响观众的第一印象和整体观看体验。（　　　）

3. 主播只需在产品介绍时与观众互动，其他时间可以忽略观众的提问和评论。（　　　）

4. 无法预防直播间突发事件，主播只能随机应变。（　　　）

5. 在粉丝群维护中，对群内出现的负面信息，群管理员应立即在群内公开回应并批评发表负面言论的粉丝，以迅速平息事态。（　　　）

项目七 AI 促进直播内容智能推广

职场创新

AI 技术正在革新直播内容推广模式，其能精准洞察观众需求，优化直播平台投流策略，同时能借助微信等社交媒体平台拓宽引流渠道。本项目旨在利用 AI 实现直播内容的个性化推荐与多渠道智能引流，提升直播观看率与互动性，为直播行业带来前所未有的推广效率与观众体验升级。典型工作任务工作内容与要求如表 7-1 所示。

表 7-1 典型工作任务工作内容与要求

典型工作任务	工作内容与要求（传统）	工作内容与要求（AI 赋能）
直播平台投流	1. 了解常见直播平台投流渠道，包括自然投流渠道与付费投流渠道 2. 能够实施直播平台投流，包括巨量千川 PC 平台投流、小店随心推投流及巨量百应后台投流	1. 能够利用 AI 生成直播推广建议 2. 能够利用 AI 探究直播人群画像
社交媒体引流	1. 能够了解直播切片的引流价值，包括扩大内容传播范围、吸引精准受众、提升用户好奇心与参与度、提升品牌曝光度和信任度等 2. 能够制作与发布直播切片 3. 能够熟悉不同的微信引流渠道及不同渠道的引流方法	1. 能够利用 AI 制作与发布图文直播预告 2. 能够利用 AI 生成直播切片视频标题与简介 3. 能够利用 AI 生成微信群直播预告话术

项目概述

本项目围绕 AI 促进直播内容智能推广展开，重点讲解 AI 如何助力直播投流、社交媒体引流过程。通过学习，学生将了解直播平台投流的渠道与具体实施方法，熟悉短视频引流、微信引流的具体操作步骤，能够应用巨量千川完成直播投流、利用 AI 辅助制作与发布直播切片，全方位提升直播推广能力。

1. 了解巨量千川 PC 平台、小店随心推、巨量百应后台等直播平台投流渠道的功能和操作方法，以及不同投流方式的特点和适用场景。

2. 能够熟练完成巨量千川 PC 平台、小店随心推、巨量百应后台的投流操作，确保投流工作的顺利进行。

3. 能够在微信公众号、微信朋友圈、微信群等社交媒体平台上策划和执行有效的引流活动，提高社交媒体平台引流的效果和转化率。

4. 熟悉微信公众号、微信朋友圈、微信群等社交媒体平台的引流规则和方法。

5. 掌握 AI 在直播切片制作和发布过程中的应用，能够运用 AI 快速制作出高质量、有吸引力的直播切片，并在合适的时间和平台上进行发布，以实现最佳的引流效果。

6. 提升团队成员的创新素养，鼓励其在直播切片制作、引流策略制定等方面积极创新，以适应不断变化的市场需求和竞争环境。

7. 增强团队成员的沟通协作能力，使其在直播平台投流和社交媒体引流的各个环节中，能够与不同部门和人员进行有效的沟通与协作，共同完成项目目标。

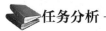

任务一　直播平台投流

任务分析

要掌握直播平台投流的基础知识，并进行相关实践活动，需要完成以下内容的学习。

1. 了解直播平台的投流渠道，熟悉各渠道的特点和优势。

2. 掌握使用巨量千川 PC 平台、小店随心推、巨量百应平台进行直播投流的步骤。

【知识储备】

一、直播平台投流渠道

（一）自然投流

自然投流主要通过优化直播间的各项元素来提高曝光率,具体包括选择有吸引力的话题、标题、标签等。一般来说，有吸引力的话题具有紧扣热点，富有讨论价值、有开放性的特点；有吸引力的标题通常具备简洁凝练、精准概括、引发好奇与情感共鸣的特点；有吸引力的标签一般具有高度相关性、精准性与通用性的特点。表 7-2 展示了这几种元素的优劣对比。

表 7-2　直播间元素优劣对比

直播产品品类	元素类型	优	劣
夏日美妆	话题	揭秘夏日持妆秘诀，打造清爽不脱妆妆容	随便聊聊美妆产品
	标题	夏日必备！不脱妆的美妆好物大公开	卖美妆产品啦
	标签	#夏日美妆 #持妆秘诀 #美妆好物推荐 #清爽妆容	#美妆 #直播 #产品

（续表）

直播产品品类	元素类型	优	劣
家居用品	话题	提升幸福感的家居小物件，让生活更精致	讲一讲家里能用的东西
	标题	这些家居小物件能提升生活幸福感	直播卖家居用品
	标签	#家居好物 #提升幸福感 #家居小物件 #精致生活	#家居 #用品 #直播
运动服饰	话题	运动达人必备！时尚又舒适的运动装穿搭	运动的时候穿的衣服
	标题	运动风穿搭宝典：时尚舒适的运动装都在这	直播卖运动衣服
	标签	#运动服饰 #运动穿搭 #时尚运动 #运动达人必备	#运动服 #衣服 #直播销售

此外，还可以通过提高直播间的互动性、利用直播预热、动员粉丝团等方式来增加自然流量。例如，在直播前 3 小时发布作品进行预热。自然投流的优势在于成本较低，但需要投入较多时间和精力在内容创作和互动管理上。

（二）付费投流

付费投流是借助第三方工具，通过资金投入快速获取精准流量，以抖音平台的付费投流渠道——巨量千川为例，它有着不同的操作端口供用户选择。

1. 巨量千川 PC 平台

巨量千川 PC 平台功能强大且全面，它主要面向有一定投放经验和专业团队的商家。它提供了精细复杂的投放设置选项，如在人群定向方面，其能够依据年龄、性别、地域、兴趣爱好等多维度精准定位目标受众。

在出价策略上，支持多种模式，商家可根据自身预算、营销目标及对流量的需求程度灵活选择。同时，详细的数据报表与实时监测功能，让商家能随时洞察点击率、转化率、投资回报率（Return On Investment，ROI）等关键指标的动态变化，以便及时调整投放策略，优化投放效果，实现流量价值的最大化利用。图 7-1 所示为巨量千川 PC 平台首页。

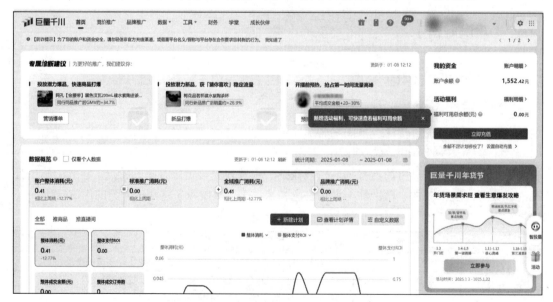

图 7-1　巨量千川 PC 平台首页

2. 小店随心推

小店随心推作为巨量千川的移动端便捷工具，极大地降低了投放门槛，让毫无投放经验的新手也能轻松上手。它的操作界面简洁易懂，直接集成在抖音 App 内，随时随地都能开启投放之旅，而且起投只需 100 元，极大地减小了中小商家的资金压力。

小店随心推在投放目标设定上，充分贴合直播带货场景。例如，在直播带货场景下，可提升"成交""支付 ROI""下单""直播加热""粉丝提升""商品点击"等目标，全方位助力直播发展。图 7-2 所示为小店随心推的推广界面。

图 7-2　小店随心推的推广界面

📝 知识链接

在直播投流的情境下，"支付 ROI"是评估直播流量投入与收益关系的核心指标。具体而言，它是指直播投流所带来的观众支付金额和投流成本之间的比率。例如，一场直播投流花费了 5000 元，这些投流操作引导观众进入直播间，观众在直播间购物并产生了 30000 元的支付金额。那么，这场直播投流的支付 ROI = $30000 \div 5000 \times 100\% = 600\%$。

3. 巨量百应后台

巨量百应后台指的是巨量千川嵌在巨量百应平台的内部，其适用于直播前、直播中期想要快速通过投放提升直播间效果的场景，适配客群是在巨量百应平台内有简单、快捷投放需求的电商达人。图 7-3 所示为巨量百应平台中的"巨量千川"入口。

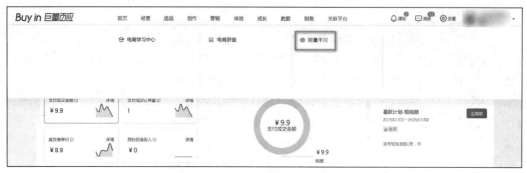

图 7-3　巨量百应平台中的"巨量千川"入口

二、直播平台投流实施

（一）巨量千川 PC 平台投流实施

1. 开通巨量千川账号

访问巨量千川官网，如图 7-4 所示，根据界面提示开通巨量千川账号。

图 7-4　巨量千川官网

2. 选择竞价推广方式

竞价推广方式包括全域推广和标准推广，其中全域推广的投放高度自动化，一个账号只需创建一个"超级计划"，以抖音直播整体支付 ROI 为优化目标；标准推广则需要多个计划，搭配多种产品组合，进行精细化投放。当不确定选择哪种竞价推广方式时，可以向巨量千川PC 平台自带的"智投星"工具进行提问。

举例

提示词：

"我即将开展一场直播，直播时间为 2025 年 1 月 18 日 20:00—22:00，所销售的商品为云南建水紫陶茶具。我想要利用巨量千川 PC 平台进行投流，我的日预算是 500 元。我期望通过这场直播达成直播间商品被点击 500 次、商品成交 100 单、粉丝增加 100 个的目标。你建议我选择巨量千川 PC 平台的哪种推广方式呢？"

智投星给出的投放建议如图 7-5 所示。

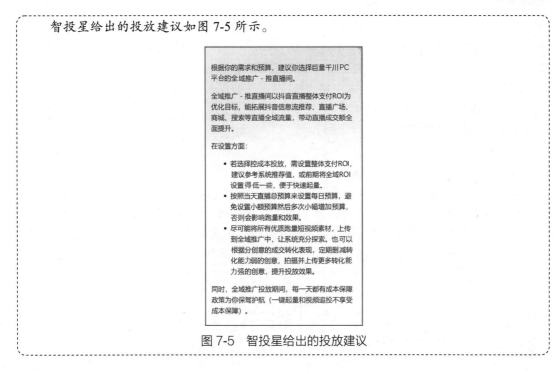

根据你的需求和预算，建议你选择巨量千川 PC 平台的全域推广 - 推直播间。

全域推广 - 推直播间以抖音直播整体支付ROI为优化目标，能拓展抖音信息流推荐、直播广场、商城、搜索等直播全域流量，带动直播成交额全面提升。

在设置方面：

- 若选择控成本投放，需设置整体支付ROI，建议参考系统推荐值，或前期将全域ROI设置得低一些，便于快速起量。
- 按照当天直播总预算来设置每日预算，避免设置小额预算然后多次小幅增加预算，否则会影响跑量和效果。
- 尽可能将所有优质跑量短视频素材，上传到全域推广中，让系统充分探索。也可以根据分创意的成交转化表现，定期删减转化能力弱的创意，拍摄并上传更多转化能力强的创意，提升投放效果。

同时，全域推广投放期间，每一天都有成本保障政策为你保驾护航（一键起量和视频追投不享受成本保障）。

图 7-5　智投星给出的投放建议

3. 创建投放计划

这里以全域推广为例进行讲解。全域推广是一款以支付 ROI 为提升目标，探索全域优质流量，带动直播成交额全面提升的产品。

（1）投放设置

① 选择投放方式。可以选择"放量投放"（特点：系统智能出价，ROI 更有保障）或"控成本投放"（特点：全域 ROI 稳定，成本更可控），如图 7-6 所示。

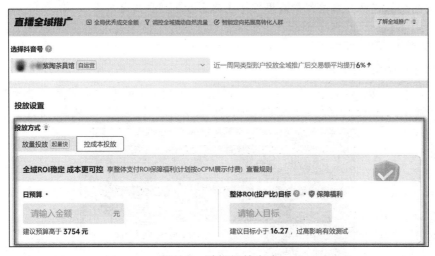

图 7-6　选择投放方式

例如，选择"控成本投放"。此时需要输入"日预算"与期望达成的"整体 ROI（投产比）目标"，其中"日预算"建议按照当场直播总预算设置，"整体 ROI（投产比）目标"在投放初期建议设置得小一点。

② 选择"投放时间"。可以选择"从今天起长期投放"或者"设置开始和结束日期"，如图 7-7 所示。

③ 启用"智能优惠券"。商家启用"智能优惠券"并投放后，系统会对用户发放平台优惠券（商家不额外承担优惠券费用），增强用户下单意愿，如图 7-7 所示。

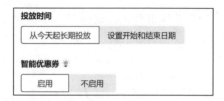

图 7-7　设置"投放时间"与启用"智能优惠券"

（2）素材设置

直播期间，系统将自动推广直播间画面。商家可自主决定是否勾选"智能优选主页视频"与"自选投放视频"，如图 7-8 所示。若勾选"智能优选主页视频"，系统会拉取抖音主页视频送审并进行投放；若不勾选，系统则不会拉取抖音主页视频送审并进行投放。若勾选"自选投放视频"，商家可以批量上传近期优质跑量素材，系统会进行智能优选并进行推广。

图 7-8　素材设置

（3）发布计划

当所有设置完成之后，单击界面下方的"发布计划"按钮即可完成推广。

 合作探究

请同学们探究在直播过程中启用"智能优惠券"的作用是什么。

（二）小店随心推投流实施

1. 找到小店随心推入口

（1）方法一：进入挂车直播间，依次选择"…"—"小店随心推"选项，进入下单页，如图 7-9 所示。

图 7-9　小店随心推入口（一）

（2）方法二：进入抖音 App，依次选择"我"—"≡"—"更多功能"—"小店随心推"选项，进入下单页，如图 7-10 所示。

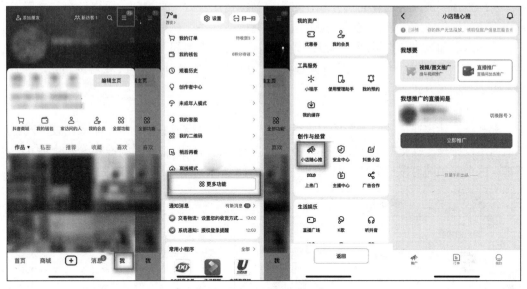

图 7-10　小店随心推入口（二）

2. 认证

进入抖音 App，依次选择"我"—"≡"—"更多功能"—"小店随心推"—"我的"—"常用功能"—"账户信息"—"认证中心"选项，如图 7-11 与图 7-12 所示。在"账户信息"界面根据提示完成认证。

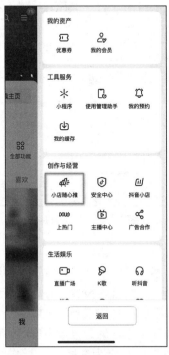

图 7-11　小店随心推入口

图 7-12　"账户信息"界面

3. 设置并完成推广

（1）选择加热方式

根据直播间的特征选择加热方式，对于自然流量比较好的直播间，可以选择"直接加热直播间"的加热方式，因为这类直播间通常有明确的标签，选择这种加热方式能够起到锦上添花的作用。如果是新直播间，可以选择"短视频加热直播间"的加热方式，因为这类直播间没有标签，短视频能够帮助直播间筛选流量，让直播间的流量更精准，更容易转化。图7-13所示为选择加热方式。

（2）选择提升目标

提升目标建议选择"成交"或"支付ROI"。因为小店随心推的流量来源比较广泛，所以前期建议选择"成交"。如果前期支付ROI表现不错，但随着时间的推移，支付ROI开始下滑，这个时候则可以选择"支付ROI"。图7-14所示为选择提升目标。

图 7-13　选择加热方式

图 7-14　选择提升目标

（3）选择投放人群

投放人群有两种选择，分别是"系统智能投放"和"自定义定向投放"。和选择加热方式的逻辑相似，如果直播间有明确的标签，可以选择"系统智能投放"；如果是新直播间，直播间无标签，可以选择"自定义定向投放"，当直播带来的成交量达到30～50单时，直播间就开始有标签了，这时就可以选择"系统智能投放"。当不确定投放人群时，可以借助百度指数了解直播所销售主要产品的目标人群画像。图7-15所示为选择投放人群。

图 7-15　选择投放人群

举例

如果直播间主要卖的是紫陶制成的茶具类产品，那么可以在百度指数中直接搜索"紫陶"，如图 7-16 所示。

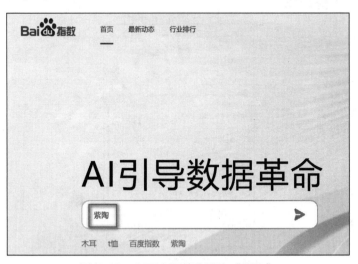

图 7-16　在百度指数中搜索"紫陶"

人群画像如图 7-17 所示。

可以看出搜索"紫陶"的用户多集中在云南地区，其次是广东、山东、北京地区，年龄主要集中在 30～49 岁，性别主要为男性。

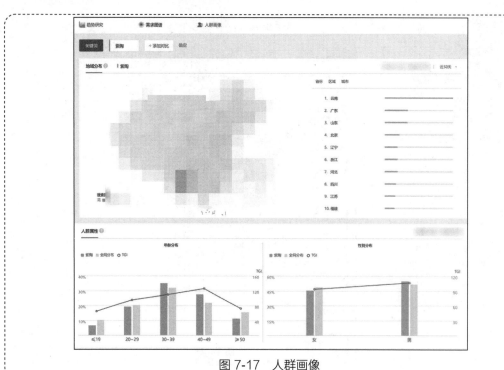

图 7-17　人群画像

（4）选择投放金额

投放金额有 100 元、200 元、500 元、1000 元、2000 元及自定义等。一般不建议一次性投 500 元、1000 元，因为这种投放方式的支付 ROI 会比较低；建议用 100 元或 200 元这样的小金额进行叠投，例如一开始投入 100 元，若发现支付 ROI 较高，则再追投 100 元，依次累加。图 7-18 所示为选择投放金额。

图 7-18　选择投放金额

（5）点击"立即下单"按钮

当所有设置完成之后，点击右下角的"立即下单"按钮，即可完成小店随心推投流。

（三）巨量百应后台投流实施

（1）登录巨量百应平台。

（2）依次选择"营销"—"直播推广"选项，如图 7-19 所示，跳转至巨量千川。

图 7-19 选择"营销"—"直播推广"

（3）绑定抖音账号并进行认证。

（4）完成对公验证。

（5）在"新建推广"界面对"广告类型""我直播的账号""支付 ROI 目标""每日预算"等进行设置，设置完成后单击"立即推广"按钮，如图 7-20 所示，即可完成投放。

图 7-20 新建推广计划

 【任务实施】

任务活动 应用巨量千川 PC 平台完成直播投流

云南建水紫陶馆是一家专注销售各类紫陶器具的抖音店铺。该店铺计划在 2025 年 1 月

18 日 20:00—22:00 开展一场直播销售活动。为了进一步提升直播销售效果，该店铺计划使用巨量千川 PC 平台对直播间进行投流。具体操作步骤如下。

步骤 1：为了得到更好的投流效果，店铺需要对直播基本信息进行整理。本次直播基本信息如表 7-3 所示。

表 7-3　直播基本信息

直播时间		2025 年 1 月 18 日 20:00—22:00
直播目标人群	性别	男
	年龄	30～49 岁
	地域	云南、广东、山东、北京
	兴趣	茗茶、茶具、白茶、红茶、龙井/绿茶
日预算		200 元

步骤 2：本次直播投流要求如表 7-4 所示。

表 7-4　直播投流要求

投流渠道	巨量千川 PC 平台
竞价推广方式	标准推广
营销目标	推直播间
营销场景	日常销售
广告类型	通投广告
推广方式	自定义
投放方式	控成本投放
提升目标	支付 ROI

步骤 3：登录巨量千川 PC 平台，根据表 7-4 中要求的竞价推广方式选择"标准推广"，如图 7-21 所示。

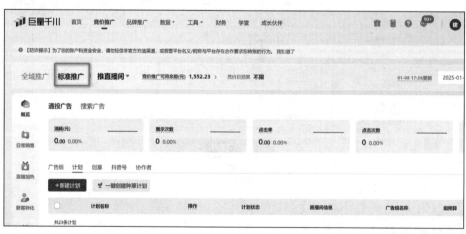

图 7-21　选择"标准推广"

步骤 4：单击图 7-21 所示界面中的"新建计划"按钮。根据表 7-4 所示的直播投流要求完成"计划目标"与"计划设置"的设置。"计划目标"的设置如图 7-22 所示。

图 7-22 "计划目标"的设置

进阶小课堂

日预算的设置对投流效果的影响如下。

1. 预算过低

（1）不利于获取流量，从而导致曝光量不足，影响直播间的推广效果。

（2）如果计划预算不足或者过低，可能会导致推广计划提前下线，无法持续稳定地进行推广，影响投流的连贯性和效果的稳定性。

2. 预算过高

在放量投放产品下，预算高，对达成支付 ROI 目标和投流效果会有负向影响。因为系统会优先保证预算使用率，预算过高可能导致成本上升，而支付 ROI 可能无法达到预期。

任务二　社交媒体引流

任务分析

要掌握社交媒体引流，需要完成以下内容的学习。

1. 掌握直播切片的引流价值，能够完成直播切片的制作与发布。

2. 熟悉不同的微信引流方法，能够利用微信公众号、微信朋友圈、微信群等不同渠道完成直播引流。

【知识储备】

一、AI 助力短视频引流

（一）直播切片的定义

直播切片是指在电商直播过程中或直播结束后，将完整的直播内容按照一定的主题、产品介绍片段、精彩互动瞬间等进行剪辑，制作成一个个相对独立的片段的过程。这些切片内容可以涵盖主播对产品的详细讲解、使用演示，与观众的问答互动，优惠活动介绍等关键信息。对直播内容进行切片处理，能够提取出最具价值和吸引力的部分，方便后续在不同的平台和渠道进行二次传播和推广。例如，可以将直播切片发布到社交媒体平台、短视频平台等，吸引更多观众的关注，进一步扩大电商直播的影响力和覆盖面，引导观众进入直播间或购买相关产品，从而提高产品的销售转化率。直播切片是电商直播营销中一种重要的内容运营和推广手段。直播切片示例如图 7-23 所示。

图 7-23　直播切片示例

（二）直播切片的引流价值

1. 扩大内容传播范围

直播切片可以将一场完整直播中的精彩片段提取出来，以独立的短视频形式进行传播。直播切片可被发布到多个不同平台上，如抖音、快手、哔哩哔哩等，打破直播平台的限制，扩大内容传播范围，吸引更多观众关注直播账号或者相关产品。

2. 吸引精准受众

直播切片往往根据特定主题或精彩瞬间制作。以电商直播为例，如果直播内容是美妆产品的介绍，那么直播切片可以着重选取主播试用美妆产品并展示效果的部分。对那些对美妆感兴趣的观众来说，这样的切片极具吸引力。合理设置直播切片的标题、标签等，可以精准地吸引目标受众，提高引流的质量和转化率。

3. 提升用户好奇心与参与度

一个精心制作的直播切片就像是一部电影的预告片。它能够展示直播中的高潮部分或者有趣的互动环节，但又不会透露全部内容。这无疑可以制造强烈悬念，吸引观众一探究竟，从而成功地将观众从直播切片引流至直播现场，使其深度参与互动。

4. 提升品牌曝光度和信任度

对品牌方来说，直播切片是展示品牌形象和产品的有效途径。当直播切片在各个平台传播时，品牌的标识、产品的特点等信息也随之扩散。如果直播切片制作精良且内容真实可信，观众会逐渐建立起对品牌的信任。

（三）直播切片的制作与发布

以抖音直播切片的制作与发布为例进行讲解。

1. 直播切片的制作

（1）进入巨量百应平台，依次选择"经营"—"直播回放"选项，如图 7-24 所示。

图 7-24　"直播回放"查找路径

（2）在"直播回放列表"界面中选择理想的直播片段，然后单击右侧"操作"栏中的"智能剪辑"按钮，弹出的列表中有"一键成片"和"手动剪辑"两个选项，如图 7-25 所示。

图 7-25　"智能剪辑"中的选项

选择其中的"一键成片"选项，AI 将自动剪辑直播切片。剪辑中的片段如图 7-26 所示。

图 7-26　剪辑中的片段

选择"手动剪辑"选项，将跳转至直播切片剪辑界面，如图 7-27 所示。在这里，可以对直播视频进行手动剪辑。

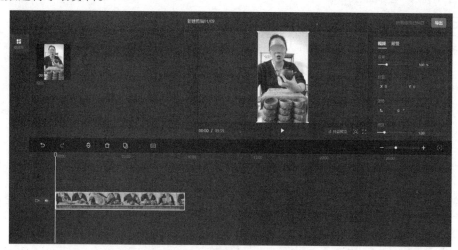

图 7-27　直播切片剪辑界面

另外，可以将视频下载到本地，再导入剪映中进行剪辑。在剪映中进行剪辑时可以使用识别字幕功能，如图 7-28 所示，接着按需求完成其他剪辑步骤即可。

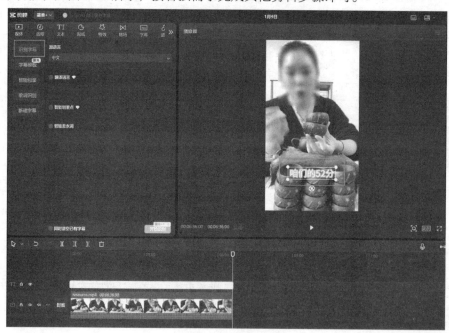

图 7-28　识别字幕

2. 直播切片的发布

完成直播切片的剪辑后就可以进行发布了，直播切片发布的渠道有很多。

（1）方法一：在"待发布"界面选择"发布视频"选项，如图 7-29 所示，即可跳转到"抖音创作者中心"的"发布视频"界面，如图 7-30 所示，在该界面可以对视频的标题、封面、标签等进行设置。

借助 DeepSeek
生成直播切片主题

图 7-29　选择"发布视频"选项

图 7-30　"发布视频"界面

可以借助豆包完成标题与简介的撰写。

💡举例

提示词：

"我要发布一条有关建水紫陶茶壶的直播切片，目的是通过该切片为直播间引流，同时进一步提高产品销量。请你为该切片拟定一个标题（20 字以内）和一段简介（100 字左右）。"

生成的直播切片标题与简介如图 7-31 所示。

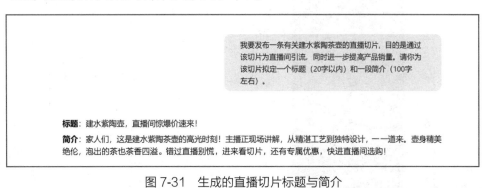

图 7-31　生成的直播切片标题与简介

（2）方法二：将剪辑的直播切片下载到本地，然后进入抖店发布直播切片。发布路径是

"内容" — "短视频创作" — "立即发布"，如图 7-32 所示。在抖店"发布短视频"界面可以看到发布方式有两种，分别是"挂车短视频"和"非挂车短视频"，如图 7-33 所示。其中"挂车短视频"通过直观的视觉展示和便捷的购买链接，有效缩短了消费者从产生兴趣到购买商品的路径，能极大地提高商品的转化率。"非挂车短视频"更侧重于输出有价值的内容来吸引消费者关注店铺，提高店铺的人气和曝光度。用户可以自由选择任意一种发布方式进行直播切片的发布。

图 7-32　抖店直播切片发布路径

图 7-33　抖店"发布短视频"界面

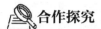**合作探究**

查找相关资料并与同学交流，探究"挂车短视频"和"非挂车短视频"发布时的区别。

二、AI 助力微信引流

（一）利用微信公众号引流

1. 进行预热

在直播前几天，通过微信公众号发布直播预告文章，详细介绍直播的主题、亮点、嘉宾等内容。例如，如果是一场美妆直播，可以写"美妆达人教授冬季绝美妆容"，并在文章中配上一些相关的美妆图片或者之前直播的精彩片段截图。文章要突出观众能从直播中获得的价值，如文章中可以提及直播时会分享最新的彩妆产品试用体验、独家的化妆技巧等。在文章结尾处，附上直播的时间、入口，并引导读者预约直播。

应用 DeepSeek 生成抖音短视频引流文案

AI 能够辅助主播撰写直播预告文章。例如，当对微信公众号内容的选题没有方向时，可以借助豆包完成内容选题工作。确定内容选题后，可以继续借助 AI 完成正文的撰写。

完成正文的撰写后，可以再借助豆包制作文章所需的插图。最后对生成的文本与图片进行排版，即可生成一篇微信公众号推文。

利用 AI 撰写微信公众号推文和生成推文配图

2. 开展微信公众号互动活动

在微信公众号开展与直播相关的互动活动来吸引用户关注直播。例如，举办一个抽奖活动，规则是用户需要预约直播并且在直播期间参与互动评论才有资格抽奖。奖品可以是与直播主题相关的产品或者服务，如直播是关于美食的，奖品可以是特色美食礼盒。这种方式可以有效提高用户预约直播和参与直播互动的积极性。

（二）利用微信朋友圈引流

1. 发布直播预告

提前在微信朋友圈发布直播预告来宣传直播。文案要简洁明了且有吸引力，例如"宝子们! 明天 20:00 我要开启一场超实用的直播，主题是秋冬好物分享，福利超多，记得来围观"，并配上一张吸引人的海报。海报上要有直播的关键信息，如主题、时间、嘉宾、有吸引力的福利等。

2. 制作直播预告小视频

制作一个简短的直播预告小视频，15～30 秒即可。视频内容可以包括主播的自我介绍、直播内容亮点和福利，然后在视频结尾处展示直播时间和预约方式。将这个小视频发布在微信朋友圈，能吸引用户的注意。同时，可以利用微信的视频号同步功能，让小视频在视频号中展示，扩大传播范围。

（三）利用微信群引流

1. 发布群公告

如果是自己管理的微信群，在直播前可以通过发布群公告来宣传直播。群公告的内容要简洁且重点突出，如"各位群友，今天 20:00 有一场精彩

利用 AI 生成微信群直播预告话术

的直播，主题是'家居收纳好物分享'，大家不要错过，点击［直播链接］即可进入"。为了避免群成员反感，平时要注意维护群的活跃度和价值，让群成员觉得群内的信息是有帮助的。在写群公告的时候，可以借助文心一言快速生成公告内容。

2. 群内互动预热

在群里和群成员互动，聊聊与直播相关的话题。例如，直播是关于健身的，可以在群里问"大家平时健身的时候会关注哪些方面呢？我明天的直播会详细聊这个"，然后根据群成员的回答，进一步介绍直播的内容和亮点，引起他们的兴趣。同时，可以在互动过程中发放一些直播专属优惠券或者小礼品（如健身直播可以发放健身课程试听券），吸引群成员进入直播间。

3. 与群友合作引流

如果是在别人管理的高质量微信群中宣传直播，可以和群友（如群主或活跃成员）合作。例如，给群友提供一定的报酬或者福利，让他们帮忙在群里宣传直播；或者进行资源交换，自己也为对方的活动或内容进行宣传，实现互利共赢，拓宽直播的宣传渠道。

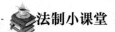 **法制小课堂**

利用 AI 生成微信群直播预告话术的真实性要求

1. 确保生成内容的真实性

在微信群直播预告的场景中，生成的话术应准确反映直播的主题、时间、嘉宾等关键信息，避免误导观众。技术开发者和使用者应通过不断优化算法和模型，提高 AI 生成内容的真实性和可信度。

2. 尊重事实，避免虚假宣传

根据相关法律法规，如《中华人民共和国反不正当竞争法》和《中华人民共和国广告法》，利用 AI 进行宣传和推广时，必须尊重事实，不得进行虚假宣传。微信群直播预告话术作为宣传材料的一部分，同样应遵循这一原则。如果话术中包含虚假信息或被夸大的信息，其可能构成虚假宣传，相关人员可能需要承担相应的法律责任。

文化小课堂

古代卖货"直播"：中华传统文化的别样呈现

在没有现代网络与电子设备的古代，商贩们同样有着独具匠心的"直播"卖货推广方式，这些方式蕴含着深厚的中华传统文化底蕴，历经岁月洗礼，熠熠生辉。

1. 行商走巷，吆喝为媒

街头巷尾，常常能听到商贩们嘹亮的吆喝声。那可不是简单的呼喊，而是一场听觉的盛宴。从早市到晚集，卖早点的"热乎包子嘞"，声调悠长；卖布的"绫罗绸缎，任您挑选"，音色清脆，似在展现布料的轻柔精美。这吆喝声讲究韵律节奏，合辙押韵，宛如民间小曲，带着浓浓的市井烟火气，是民俗文化的生动体现。商贩们凭一副好嗓子，就能吸引路人驻足，开启卖货篇章。

2. 实物演示，眼见为实

古代手艺人卖货，最擅长进行实物演示。打铁师傅在集市中摆开熔炉，火星四溅间，烧红的铁块在铁锤敲打下逐渐成形，制成镰刀、锄头，引得农户纷纷围拢购买；制陶匠人转动陶轮，黏土在指尖变幻成精巧的陶罐，其精湛技艺展露无遗，观者在惊叹之余，对成品也爱不释手。这是传统手工艺文化的自信展示，以实实在在的制作过程，告诉顾客商品品质所在，手艺人用双手的功夫赢得市场。

3. 故事植入，情感共鸣

有些聪慧的商贩还擅长讲故事。卖笔、墨、纸、砚的书生模样的商贩，讲述着文人墨客挥毫泼墨、凭借手中笔书写传奇的故事，让一方端砚、一支狼毫承载读书人的梦想与情怀；卖糕点的老妪会念叨着祖传手艺，讲述其如何历经几代，用爱与诚心做出慰藉人心的糕点，赋予食物家的温度。借由故事，商品超越物质属性，融入文化情思，勾起顾客心底的向往，促成交易。

这些古代"直播"卖货推广手法，虽无屏幕光影，却以质朴、鲜活的形式，将中华传统文化融入日常商贸，维系着生活的温度，延续着民族的记忆，为后世商业营销留下了宝贵的经验。

【任务实施】

任务活动 1 AI 辅助制作与发布图文直播预告

云南建水紫陶馆为了提高直播间的人气，计划在小红书发布图文直播预告为直播间引流。假设你是该店铺的运营人员，请你完成小红书平台图文直播预告的制作与发布工作。具体操作步骤如下。

步骤 1：向 AI 发送请求，AI 会通过分析被"投喂"的标题案例，总结其共同点，如图 7-34 所示。

> 你现在是一位非常优秀的新媒体文案创作者，接下来我给你发送8条小红书风格爆款笔记标题，请你总结这些标题的共同点。

好呀，请你把 8 条小红书风格爆款笔记标题发过来，我马上为你总结共同点。

> 1. 22直播预告|品牌直播惊喜空降
> 2. 12直播预告|半岛家用超炮巨惠来袭
> 3. 6直播预告|适合白领的早春通勤穿搭
> 4. 21直播预告|新年战袍搭配攻略
> 5. 25直播预告|年前最后一场！少量现货抢先购
> 6. 1直播预告|秋冬新款上新穿搭来啦
> 7. 28直播预告|年货必囤，快来挑选
> 8. 22直播预告|15套入冬的"漂亮衣服们"

这些标题的共同点如下：

1. **主题明确**：均围绕"直播预告"展开，让读者一眼就能知道笔记核心内容与直播相关。
2. **日期标注**：标题开头都带有具体日期，给人时间上的明确指引，增强直播预告的时效性与针对性。
3. **内容亮点突出**：结合直播售卖产品或分享内容，提炼出关键卖点，如"品牌直播惊喜""家用超炮巨惠""白领早春通勤穿搭"等，吸引目标受众关注。

图 7-34 借助 AI 分析标题共同点

步骤 2：让 AI 根据标题案例的共同点，写出符合小红书特征并围绕指定主题展开的爆款标题，如图 7-35 所示。已知云南建水紫陶馆的直播时间为 1 月 21 日 20:00—22:00。

> 很好，请你根据这些共同点，写5条直播预告标题，围绕建水紫陶推荐这个主题。（直播时间为1月21日20:00 — 22:00）

以下 5 条标题，皆围绕建水紫陶推荐主题，具有日期标注、主题明确、内容亮点　突出特点：

1. 1.21 直播预告 | 20:00 — 22:00，建水紫陶的魅力盛宴
2. 1.21 直播预告 | 20:00开启！探寻建水紫陶的独特工艺
3. 1.21 直播预告 | 20:00相约，解锁建水紫陶的收藏价值
4. 1.21 直播预告 | 20:00 — 22:00，甄选建水紫陶好物推荐
5. 1.21 直播预告 | 20:00直播间，领略建水紫陶之美

不知道这些标题是否符合你的预期，如果有任何需要调整的地方，比如字数、风格偏好等，都可以告诉我。

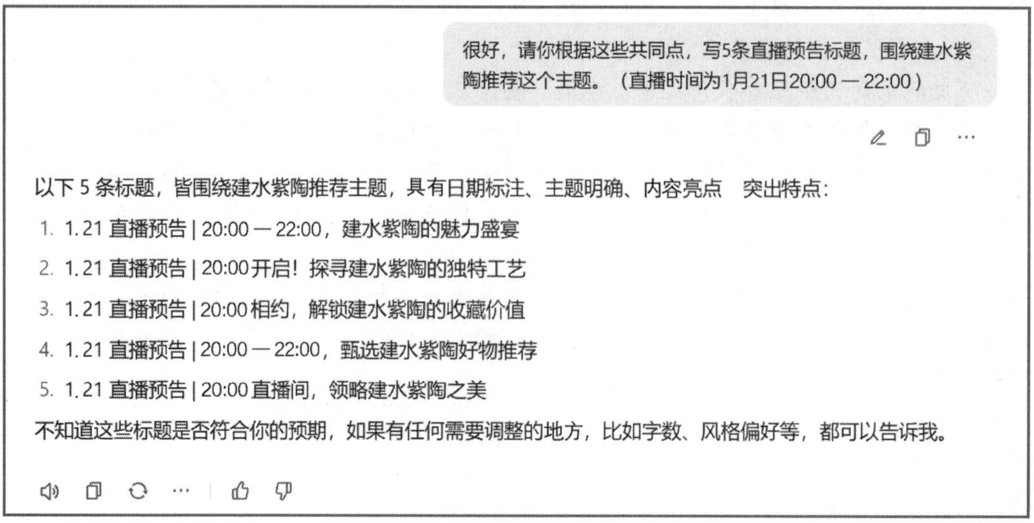

图 7-35　AI 拟写标题

步骤 3：在步骤 2 AI 生成的标题中选择一个，以该标题为基础生成小红书推文，如图 7-36 所示。

> 我选择上面的标题2，请你根据该标题帮我写一篇小红书推文

1.21 直播预告 | 20:00 开启！探寻建水紫陶的独特工艺

宝子们看过来👀！1 月 21 日20:00，一场不容错过的建水紫陶探秘直播就要来啦🎍

建水紫陶，作为中国四大名陶之一，承载着千年的文化底蕴与匠人的智慧结晶✨。它以独特的泥料，历经多道复杂工序，造就了独一无二的质感与色泽。

直播期间👄，我们将带大家深度领略建水紫陶的魅力。

◎ 全方位工艺展示：从细腻的泥料选取，到灵动的拉坯成型，再到精美绝伦的雕刻装饰，以及关键的烧制环节，每一步都蕴含着传统手工艺的灵魂，让你沉浸式感受紫陶的诞生历程。

🕯超多精品呈现：直播间内汇聚了各式各样的建水紫陶佳作，典雅的茶具，仿佛能在茶香中诉说岁月的故事；精致的花瓶，随意摆放便是一道风景；还有独具匠心的摆件，为生活增添别样的艺术气息。

✾惊喜福利不停：为感谢大家的支持，直播间准备了超值优惠和抽奖活动🎁。优惠力度空前，助你轻松将心仪的紫陶好物带回家。抽奖环节更是机会多多，说不定幸运儿就是你！

1 月 21 日20:00 ⏰，准时锁定直播间，一起揭开建水紫陶的神秘面纱，感受这份传统工艺的独特魅力。记得提前关注，千万别错过这场精彩直播呀🎍

#建水紫陶 #直播预告 #传统工艺 #手工艺品

图 7-36　生成小红书推文

步骤 4：借助 AI 生成建水紫陶图片，并下载该图片到本地。打开稿定设计，选择"图文封面"选项，如图 7-37 所示。在图文封面设计界面，输入主标题、副标题，并上传 AI 生成的建水紫陶图片，然后单击"开始生成"按钮，即可生成相应的图文封面，如图 7-38 所示。选择心仪的图片后单击"下载"按钮，即可完成小红书配图制作，如图 7-39 所示。

图 7-37　选择"图文封面"选项

图 7-38　生成图文封面

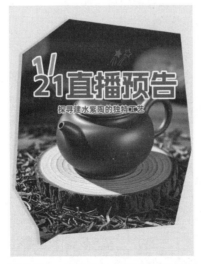

图 7-39　AI 生成的小红书图文封面

步骤 5：在小红书点击"+"按钮，上传图文封面并添加标题与正文内容，设置可见范围等后，即可点击"发布笔记"按钮，如图 7-40 所示。需要注意的是，小红书的标题字数上限为 20 个字，因此，在正式发布时可以对 AI 生成的标题进行相应的修改，使其符合平台要求。至此，在小红书发布图文直播预告的工作顺利完成。

任务活动 2　AI 辅助制作与发布直播切片

云南建水紫陶馆为了进一步提高直播间的人气，计划制作并发布直播切片为直播间引流。假设你是该店铺的运营人员，请你完成直播切片的制作与发布工作。具体操作步骤如下。

步骤 1：在电商直播中，商品展示片段、主播讲解片段、互动环节片段、优惠活动片段等均可以作为切片素材。云南建水紫陶馆计划选择直播过程中"梅花品茗杯建水紫陶茶杯"的主播讲解片段作为本次直播切片的制作素材。这一选择主要基于以下理由：建水紫陶以其精湛工艺和深厚文化底蕴闻名，梅花品茗杯作为建水紫陶茶杯中的特色产品，承载着丰富的文化内涵与艺术价值；主播在讲解过程中，深入阐释了建水紫陶的传统制作工艺，从泥料的精心筛选、独特的拉坯手法，到细致入微的雕刻装饰，尤其是梅花图案的雕刻工艺，每一个

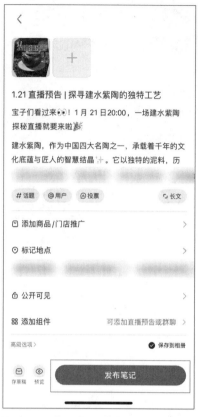

图 7-40　在小红书发布图文直播预告

环节都蕴含着匠人的心血与智慧，主播的专业讲解，能让观众深切感受到建水紫陶的魅力与价值。

在巨量百应平台中依次选择"经营"—"直播"—"直播回放"选项，选择"梅花品茗杯建水紫陶茶杯"的直播片段，如图 7-41 所示。

图 7-41　选择直播片段

步骤 2：选择一种剪辑方法（在线剪辑或下载到本地剪辑），完成视频片段的剪辑。

步骤 3：完成直播切片的设置与发布。

（1）借助 AI 生成作品标题与作品简介，并填写在下方横线上。

作品标题：_____

作品简介：_____

（2）为作品添加话题，"添加话题"界面如图 7-42 所示。

图 7-42　"添加话题"界面

（3）在平台的"智能推荐封面"中选择一张图片作为作品的封面，如图 7-43 所示。

（4）完成发布视频前的其他设置，如"设置谁可以看""发布时间"等。

（5）完成所有设置后，单击"发布"按钮，完成直播切片的发布，如图 7-44 所示。

图 7-43　设置视频封面

图 7-44　发布直播切片

进阶小课堂

在使用 AI 生成直播切片标题时，需要注意以下问题。

1. 确保准确性：要确保标题准确反映直播切片的内容。因为 AI 可能会出现理解偏差，导致生成的标题与实际内容不符，所以需要仔细核对，保证标题能精准概括切片里的关键信息。

2. 避免侵权因素：注意标题不能包含侵权内容。AI 可能会在生成标题时引用一些受版权保护的品牌名称、商标、人物姓名等，如不能在标题中出现"某知名品牌（未合作）官方推荐"这样的表述。需要检查标题是否涉及侵权行为，确保其符合法律法规。

3. 符合平台规则：不同的直播和视频平台有自己的标题规则。有些平台禁止使用带有敏感信息、虚假宣传、低俗内容的标题，所以要仔细检查 AI 生成的标题。

4. 控制标题长度：标题长度应该适中。过长的标题可能会在展示时被截断，导致观

众无法获取完整的关键信息；过短的标题又可能无法准确表达内容。引导 AI 生成标题时，通常标题在 10～30 字比较合适，这样能确保标题完整呈现并且足够简洁明了。

实训任务　应用 AI 促进直播内容智能推广

实训描述

本次实训主题为"直播内容智能推广"，旨在帮助学生全面了解应用 AI 促进直播内容智能推广的全过程。通过理论学习和实际操作，学生将掌握应用 AI 助力微信引流的基本流程，理解直播平台投流的实施方法，明确应用 AI 助力短视频引流的具体操作。

操作指导

具体操作步骤如下。

步骤 1：梳理直播信息，包括直播标题、直播时间、直播产品、直播目标、直播目标人群等信息。

步骤 2：借助 AI 写一段微信群引流话术，并对 AI 生成的话术进行优化，最后将引流话术发至相应的微信群。

步骤 3：选择"直播加热直播间"选项，并选择合适的加热方式，如图 7-45 所示。

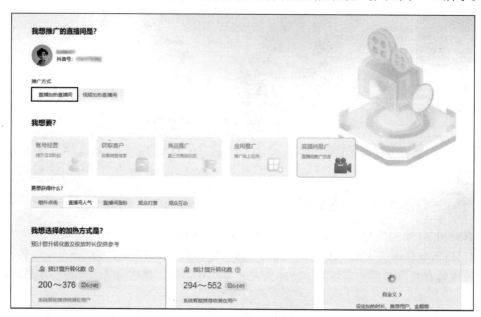

图 7-45　直播加热直播间

步骤 4：直播过程中与直播结束后，依次对直播产品的直播回放片段进行剪辑。之后，借助 AI 撰写直播切片的标题与简介。

步骤 5：选择"视频加热直播间"选项，上传剪辑好的直播切片，选择合适的加热方式，如图 7-46 所示。设置完成后单击"确定"按钮即可完成直播间投流推广。

图 7-46　视频加热直播间

实训评价

基于学生在本次实训中的表现及实训完成情况，对实训考核内容进行评分，同时学生进行自我评价，教师进行点评（见表 7-5）。

表 7-5　实训评价

考核项目	学生 自评分（30%）	教师 评分（70%）
能够完成微信群引流，包括使用 AI 撰写微信群引流话术并将引流话术发至相应的微信群（50分）		
能够根据任务背景信息及要求完成视频加热直播间操作，效果良好（50分）		
总计（100分）		
学生自我评价	教师点评	

知识与技能训练

一、单选题

1. 自然投流的优势是（　　　）。
   A. 成本高
   B. 无须投入时间和精力
   C. 成本较低
   D. 能快速获取大量精准流量

2. 小店随心推的起投金额是（　　　）元。
   A. 50　　　　　　B. 100　　　　　　C. 200　　　　　　D. 500

3. 巨量百应后台投放适用于（　　　）。

    A. 直播前、直播中期想要快速提升直播间效果的场景

    B. 直播后期稳定流量的场景

    C. 任何直播场景

    D. 只适用于新直播间

4. 若想在巨量百应后台通过 AI 辅助完成直播切片的剪辑，可以选择（　　　）。

    A. 手动剪辑   B. 下载到本地再导入剪映

    C. 一键成片   D. 复制链接

5. 在抖店发布直播切片时，"挂车短视频"的主要优势是（　　　）。

    A. 侧重于输出有价值的内容来吸引消费者关注店铺

    B. 提高店铺的人气和曝光度

    C. 通过直观展示购买链接，提高商品转化率

    D. 制作过程更简单

二、多选题

1. 自然投流可以通过（　　　）增加自然流量。

    A. 选择适当的话题   B. 制作有吸引力的标题和封面

    C. 设置相关的标签   D. 提高直播间的互动性

2. 小店随心推的加热方式有（　　　）。

    A. 直接加热直播间   B. 短视频加热直播间

    C. 图片加热直播间   D. 音频加热直播间

3. 利用微信朋友圈引流，可采用（　　　）的方式。

    A. 发布简洁明了且有吸引力的直播预告文案并配海报

    B. 制作 15～30 秒的直播预告小视频

    C. 只在微信视频号发布直播预告

    D. 发布长篇直播介绍文章

4. 在利用微信群引流的过程中，群内互动预热可以采取（　　　）措施。

    A. 和群成员聊直播相关话题   B. 根据成员回答介绍直播亮点

    C. 发放直播专属优惠券   D. 发放小礼品

5. 在微信群中进行直播宣传时，为了提升宣传效果，可以（　　　）。

    A. 发布群公告宣传直播   B. 与群成员进行互动预热

    C. 与群友合作进行引流   D. 频繁发布直播链接以提醒群成员

三、判断题

1. 付费投流是不需要投入资金就能获取精准流量的方式。（　　　）

2. 在小店随心推中，新直播间建议选择"直接加热直播间"。（　　　）

3. 在巨量千川 PC 平台进行素材设置时，商家无法自主决定是否勾选"智能优选主页视频"与"自选投放视频"。（　　　）

4. 直播切片指将一场完整直播中的精彩内容提取出来，使其以独立的片段形式存在。（　　　）

5. 在微信朋友圈发布直播预告时，文案和配图都应与直播内容紧密相关，以提高吸引力。（　　　）

AI 辅助直播电商数据分析

AI 辅助直播电商数据分析在电商领域发挥着重要作用，从直播数据采集与处理，到直播数据分析与可视化，再到直播数据分析报告生成，以及商品数据的采集、分析、可视化和商品结构优化，全流程助力直播电商运营。对直播电商从业者而言，掌握 AI 辅助直播电商数据分析的相关技能，已成为提升业务水平和市场竞争力的核心要素。本项目将聚焦 AI 辅助直播电商数据分析。典型工作任务工作内容与要求如表 8-1 所示。

表 8-1　典型工作任务工作内容与要求

典型工作任务	工作内容与要求（传统）	工作内容与要求（AI 赋能）
直播数据分析	1. 能够根据运营目标构建直播效果评估指标体系，呈现运营项目的经营指标数据情况 2. 能够使用相关数据分析软件对直播各阶段数据进行持续监控、复盘分析，制定相应的改进措施 3. 能够收集曝光量、观看量、互动量、话题量等数据，分析渠道优劣、付费/免费构成比例、ROI 等内容，提出改进建议	1. 能够借助 AI 深入剖析直播电商运营目标，智能构建全面且精准的直播效果评估指标体系 2. 能够运用基于 AI 的数据分析软件，对直播各阶段数据进行实时、全方位持续监控，并根据监控及分析结果，智能生成针对性强、切实可行的改进措施，并预评估实施效果 3. 能够借助 AI 强大的数据收集与整合能力，高效收集曝光量、观看量、互动量、话题量等多维度数据，并对渠道优劣、付费/免费构成比例、ROI 等关键内容进行深度分析

 项目概述

本项目重点讲解整场直播数据分析与直播间商品数据分析的相关内容，包括数据采集、数据处理、数据分析的关键指标及如何应用直播平台的数据分析功能、WPS AI 功能助力直播数据分析，提升直播数据分析的效率。通过学习，学生将了解直播数据采集的主要渠道、关键指标、基础处理等相关知识，掌握直播数据分析与可视化的方法，具备基本的 AI 数据分析能力，提升直播电商数据分析综合技能。

学习目标

1. 了解直播数据采集的主要渠道及直播数据处理涉及的内容，能够熟练运用相关工具完成数据收集。
2. 熟悉直播数据分析与可视化的方法，能够借助 AI 生成清晰直观的数据图表。
3. 熟悉直播数据分析报告的结构，能够运用 AI 生成内容翔实、逻辑清晰的直播数据分析报告。
4. 理解商品数据优化策略，能够利用 AI 对商品结构进行合理调整。
5. 培养数据驱动的电商思维，能够基于数据分析结果做出科学的直播电商运营决策。
6. 塑造严谨的职业态度，在处理直播电商数据时有责任心。

任务一　AI 助力整场直播数据分析

任务分析

要掌握 AI 助力整场直播数据分析的相关知识，并进行相关实践活动，需完成以下内容的学习。

1. 了解直播数据采集的主要渠道及直播数据处理涉及的内容，熟悉直播数据分析与可视化的方法。
2. 掌握直播数据分析报告的基本构成，能够利用 AI 数据分析功能生成满足直播分析需求的直播数据分析报告。

 【知识储备】

一、直播数据采集与处理

（一）直播数据采集的主要渠道

1. 平台自带工具

各直播平台为助力运营人员更好地开展数据分析工作，通常都会提供专门的数据采集工具，例如淘宝直播的生意参谋、抖音直播的电商罗盘等，都为运营人员提供了详细的后台数据面板。通过登录账号，运营人员可直接获取直播间的基础数据，如观看人数、观看时长、观众地域分布、新老观众占比等。

以抖音直播为例，运营人员登录抖音电商罗盘账号后，进入"直播"模块，如图 8-1 所示。运营人员在这里可以查看直播列表、直播复盘、主播分析、直播榜单、竞争对比等多方面的数据，进行横向、纵向的直播情况分析，清楚直播销售及转化的具体情况，准确识别主播的专业能力水平等关键要素，为直播运营决策提供全方位的数据支持。

图 8-1 "直播"模块

当直播结束后，运营人员要想了解某一时间段的直播活动情况，选择图 8-1 所示界面中的"直播间明细"选项，进入图 8-2 所示界面。在这里，运营人员可以选择要查询的直播场次，了解该场次直播的数据指标，同时还可以采集某个时间段内的直播数据。选择单场直播对应的"数据详情"选项，则可进入该场直播的数据详情页，如图 8-3 所示。

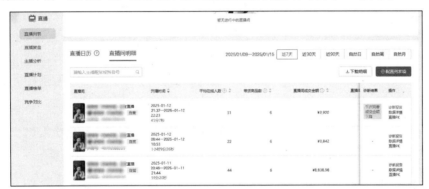

图 8-2 直播间明细

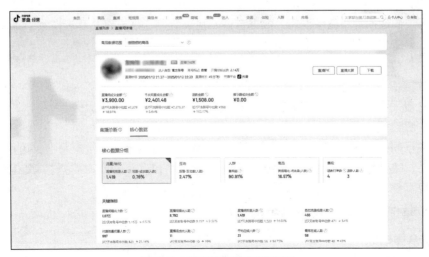

图 8-3 单场直播数据详情页

再以淘宝直播为例，运营人员登录生意参谋账号后，进入"直播"板块，如图 8-4 所示，即可查看该账号的直播情况，包括直播业绩、货品分析、场次分析、订单分析，还可通过直播热品榜、商家自播榜来了解当前直播热销商品及行业内优秀商家的直播情况，为后续的直播选品及直播运营策略制定提供方向。

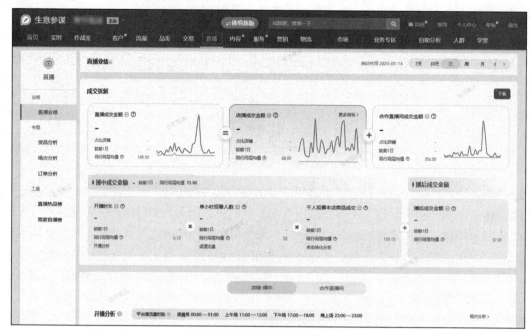

图 8-4 "直播"板块

2. 第三方数据平台

除了直播平台自身的工具，第三方数据平台也为直播数据采集与分析提供了强大助力。以下是几个具有代表性的第三方数据平台。

（1）蝉妈妈

蝉妈妈作为功能强大的短视频、直播数据平台，依托其专业的数据挖掘能力及强大的数据分析能力，并借助多维数据算法模型，为不同类型的客户提供了丰富多样的服务，包括商品分析、用户画像研究、舆情洞察、数据查询、视频监控、数据研究及短视频小工具管理等。在直播领域，蝉妈妈的应用价值尤为突出。

（2）飞瓜数据

飞瓜数据是一个专注于短视频和直播电商服务的专业平台，能够为抖音、快手和哔哩哔哩等多个主流平台上的短视频创作者和主播提供全面且细致的数据服务。

（3）灰豚数据

灰豚数据同样是一个在直播数据分析领域颇具影响力的第三方数据平台，可用于查看抖音、小红书、快手等平台的相关直播数据，为运营人员提供多维度的数据参考，以满足不同场景下的数据需求。

（二）整场直播数据采集的关键指标

1. 观众类指标

观众类指标包括平均在线人数、成交人数、曝光-观看率（次数）、人均观看时长、千次观看成交金额等。图 8-5 所示为抖音电商罗盘中整场直播的直播大屏，在这里运营人员可以直观了解上述指标，从观众的角度了解整场直播的情况。

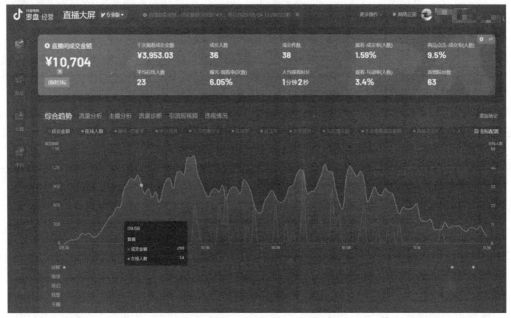

图 8-5　直播大屏中的观众类指标

在线人数即累计观看人数，指直播期间进入直播间的观众总数，是衡量直播曝光度和吸引力的基础指标。成交人数指直播期间下单购买商品的人数。曝光-观看率（次数）指直播间进入人次与直播间曝光人次的比率，是影响流量的重要指标。人均观看时长在这里指过去 15 分钟平均每位观众的观看时长，是影响流量的重要指标。千次观看成交金额指直播间平均每千次观看所带来的成交金额。

在直播大屏中，单击"人群"按钮，进入"全场累计用户画像"界面，可查看该场直播的用户画像，包括性别、年龄、地域等，如图 8-6 所示。

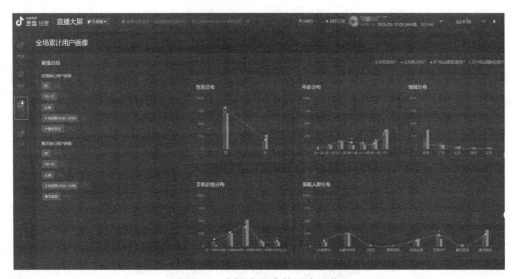

图 8-6　直播大屏中的用户画像

此外，运营人员也需关注在线人数峰值（直播过程中同一时刻观看人数的最大值，能体现直播最吸引人的时段，对于判断直播的高潮部分和观众最感兴趣的环节非常重要）、观看时长分布（统计不同观看时长区间的观众人数占比，有助于了解观众流失的时间点，以便有针对性地优化内容）、观众来源（不同渠道引流占比）、新老观众比例等指标。

2. 互动类指标

互动类指标体现了观众在直播间的参与程度和活跃度，直观反映了直播内容与观众之间的互动效果，体现了直播内容对观众的吸引力。常见指标如下。

（1）点赞数：点赞数反映了观众对直播内容的喜爱程度。点赞数高的直播通常更容易获得平台的推荐，更能体现良好的直播氛围。

（2）评论数：评论数指观众发表评论的总数，反映观众参与互动的积极性。

（3）分享数：分享数即直播内容被观众分享的次数，这是衡量直播传播力的重要指标。分享数高意味着直播内容具有吸引力，直播能够通过观众的社交网络进行二次传播，扩大直播的影响力。

（4）弹幕数：弹幕数指弹幕的总数，类似于评论数，反映观众在直播过程中的实时互动热度。分析弹幕中出现频率较高的关键词，可以了解观众在直播过程中最关注的话题或产品。

在图 8-5 所示界面可查看的互动类指标有互动率、关注率、观看-互动率（人数）、负反馈率、负反馈次数等。这里的互动率指直播间评论、分享与点赞的去重人数与直播间在线人数的比率；关注率指直播间新增关注人数与在线人数之比；观看-互动率（人数）指直播间互动人数（互动包括点赞、评论、分享）与直播间观看人数之比；负反馈率指直播间长按不感兴趣人次与曝光人次之比，是影响流量的重要指标；负反馈次数指直播间长按不感兴趣的人次，是影响流量的重要指标。

3. 商品类指标

在整场直播数据分析中，商品类指标是分析直播销售情况、直播收益的重要指标，通常有成交金额、成交件数、商品点击率、商品点击-成交率（人数）等。

在图 8-5 所示界面可查看的商品类指标有成交金额、商品点击率、商品点击-成交率（人数）等。这里的成交金额包括：用户进入本直播间，直接下单并付款的订单金额；用户从本直播间将商品加入购物车，再从购物车付款的订单金额（用户可以在关播后付款，因此该指标在关播后仍然会每天更新）等。本场直播"定金预售"商品的订单在支付尾款之前，定金和尾款的金额都不会计入直播间成交金额中，支付尾款之后，会将整笔订单的数据加回本场直播的直播间成交金额中。需要注意的是，这里仅包含在直播间下单的数据，不包含直播期间通过短视频、店铺页、橱窗等其他渠道下单的数据。商品点击率指直播间商品点击人数与在线人数的比率。商品点击-成交率（人数）指直播间成交人数与商品点击人数的比率。此外，有的直播数据大盘中还会展示商品曝光量、商品加入购物车数量、商品转化率。

4. 转化类指标

转化类指标指在直播过程中，用于衡量观众从对直播内容产生兴趣，到与直播中的产品或服务发生实际交互行为（如购买、加入购物车、收藏等）的一系列可量化指标。这些指标重点关注观众行为的转化阶段，能够直观地反映直播对销售产品或获取用户的实际效果。

常见的转化类指标有成交人数、成交金额、商品点击人数、成交订单数、千次观看成交金额、商品点击率、商品点击-成交率（人数）、加入购物车人数等。

（三）直播数据处理

直播数据处理指对直播过程中收集到的各种原始数据进行整理、计算等一系列操作的过程。其目的是将杂乱无章的数据转化为有价值的信息，帮助直播运营人员更好地理解直播表现。

直播数据处理涉及的内容主要有以下几点。

1. 数据清洗

数据清洗包括重复数据处理、错误数据纠正或删除、无效数据过滤等。在直播数据收集过程中，可能会因为技术问题或数据采集工具的问题，出现重复记录的数据。例如，观众的点赞行为可能被多次记录，需要通过数据清洗，识别并删除这些重复的数据，以确保数据的准确性。有时还可能因网络故障、数据传输错误等而出现错误数据，对于明显错误的数据，可根据合理的逻辑进行纠正，或者在无法纠正的情况下将其删除。无效数据，如测试账号产生的数据、机器人产生的数据（如果存在"刷数据"的情况）等，会干扰对真实数据的分析，需要通过特定的规则（如根据账号特征、行为模式等）进行过滤。

2. 数据分类

（1）按时间分类。将直播数据按照时间进行分类，例如，将观看人数、互动数据、商品数据等按照每分钟、每十分钟或者每个直播环节进行划分，可以清晰地看到直播过程中不同时间段的数据变化情况，了解观众在何时最活跃、何时对商品最感兴趣。

（2）按观众属性分类。根据观众的不同属性，如地域、年龄、性别、新老观众等对数据进行分类，可以分析不同地域观众的购买偏好，或者比较新老观众在互动行为和购买行为上的差异。通过分类整合，运营人员能够有针对性地制定营销策略。

（3）按商品类别分类。例如，将不同类型的电子产品的直播数据分别整理后，可以直观地看到各类商品在直播中的销售情况、受欢迎程度和市场反馈。

3. 数据计算

数据计算主要涉及基础统计指标计算、比率计算、增长率计算等。

例如，计算直播期间观众的平均观看时长，了解观众对直播内容的整体接受程度；或者计算商品转化率的最大值和最小值，找出最受欢迎和最不受欢迎的商品。

除了基础统计指标，还可以计算各种比率，如商品点击率（商品点击次数/商品曝光次数）、商品加购率（商品加入购物车数量/商品点击次数）、商品转化率（商品购买数量/商品曝光次数或商品点击次数）等。这些比率能够准确地反映直播的转化效果和观众行为的变化。

增长率可以反映数据的增长趋势，以及直播优化策略的实施效果。例如，计算观看人数的环比增长率〔（本期观看人数－上期观看人数）／上期观看人数×100%〕，了解直播观众数量的增长情况；或者计算商品销售额的同比增长率，评估直播带货业务在不同时期的发展态势。

合作探究

　　讨论：在直播数据采集过程中，如何确保遵循用户隐私保护法规？

▌二、直播数据分析与可视化

（一）直播数据分析的常用方法

1. 对比分析法

通过对比不同维度的数据，如时间、场次等，来找出数据之间的差异和变化，从而发现问题或机会。数据可以进行同比（与去年同期相比）、环比（与上一个相邻周期相比）。

例如，本周直播场均观看人数为 5000 人，上周直播场均观看人数为 4000 人，通过环比分析得出本周直播场均观看人数增长了 25%，说明直播的吸引力有所提升。可能是因为本周调整了直播时间，吸引了更多目标受众。

2. 趋势分析法

根据时间序列数据，观察数据随时间的变化趋势，以预测未来的发展方向，判断直播运营的整体态势。例如，过去一个月内，每周直播销售额分别为 10 万元、12 万元、15 万元、18 万元，呈现逐步上升趋势，表明直播带货的效果越来越好，可能是因为主播销售技巧提升、选品优化等。

3. 结构分析法

分析总体的各个组成部分在总体中所占的比重，了解数据的内部结构，找出主要和次要因素。例如，分析直播流量来源，计算各个渠道流量占比情况，从而了解该场直播的主要流量来源是什么，哪些渠道表现不佳，为后续各渠道的推广引流提供数据支撑。图 8-7 所示为某账号的渠道分析。

渠道名称	直播间曝光次数	直播间观看次数	直播间曝光-观看率(次数)	商品曝光-点击率(次数)
整体	7.47万 较上周期↓60.52% 同行同级优秀值18.82万	9,420 较上周期↓62.95% 同行同级优秀值4.38万	12.62% 较上周期↓6.15% 同行同级优秀值34.91%	4.01% 较上周期↓1.67% 同行同级优秀值8.64%
推荐feed	8,185	2,501	30.56%	3.52%
直播广场	113	38	33.63%	2.86%
同城	158	84	53.16%	0%
直播推荐-其他推荐场景	50	1	2%	0%
短视频引流	1.66万	632	3.8%	5.18%
关注	898	153	17.04%	2.05%
搜索	2,491	358	14.37%	1.44%
个人主页&店铺&橱窗	256	46	17.97%	0.75%
抖音商城推荐	458	65	14.19%	2.34%
活动页	23	1	4.35%	0%
头条西瓜	3.8万	3,435	9.04%	3.99%
其他	7,423	2,106	28.37%	4.74%

图 8-7 某账号的渠道分析

4. 漏斗分析法

分析用户在完成特定目标过程中各个步骤的转化情况，通常从最大的潜在用户群体开始，逐步向下分析每一步的转化率和流失率，从而发现问题节点。图 8-8 所示为抖音电商罗盘中的转化漏斗示例。

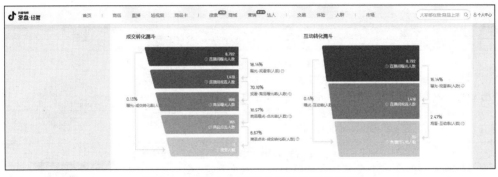

图 8-8　抖音电商罗盘中的转化漏斗示例

例如，一场直播中有 10000 人进入直播间，8000 人观看时间超过 1 分钟，4000 人点击商品链接，2000 人下单购买。从进入直播间到观看超过 1 分钟的转化率为 80%，从观看超 1 分钟到点击商品链接的转化率为 50%，从点击商品链接到下单购买的转化率为 50%。漏斗分析显示，从点击商品链接到下单购买的转化率较低，可能源于商品详情页吸引力不足、价格缺乏竞争力等，需进行有针对性的优化。

5. 关联分析法

关联分析法用于挖掘数据之间的关联性，找出哪些因素之间存在相互影响的关系。

例如，当主播在直播中增加互动环节（如抽奖、问答）后，观众的停留时长平均增加了 2 分钟，同时商品的购买转化率也提高了 10%，说明直播互动环节与观众停留时长和购买转化率之间存在正相关关系，后续直播可以适当增加互动环节以提升直播效果。

豆包辅助
数据图表生成

（二）直播数据分析可视化

1. 直播数据分析常用图表类型

直播数据分析可视化通过将复杂的数据转化为直观的图表，帮助主播、运营团队和商家更好地理解直播表现，从而做出更明智的决策。表 8-2 所示为直播数据分析中常用的图表类型介绍。

表 8-2　直播数据分析中常用的图表类型介绍

类型	特点	适用场景	示例图
柱状图	以长方形的长度反映数据大小，能够清晰地展示不同类别数据的大小对比	对比不同直播场次的观看人数、销售额、点赞数等指标。例如，对比过去一个月内各场直播的观看人数，可直观看到哪场直播吸引的观众最多，分析其成功因素，如是否邀请了嘉宾、调整了直播时间等。也可用于比较不同产品在同一场直播中的销量，帮助确定热门产品和滞销产品	图表标题
折线图	通过将数据点连接成线，突出数据随时间或其他序列变化的趋势	展示直播过程中实时数据的变化，如观看人数随直播时间变化的情况。通过观察折线走势，判断直播的哪个时间段吸引了大量观众涌入、哪个时间段出现观众流失，进而优化直播内容节奏。还能呈现特定指标在一段时间内的长期趋势，如每周直播销售额的变化，帮助预测未来趋势	图表标题

（续表）

类型	特点	适用场景	示例图
饼图	将一个圆划分为多个扇形，每个扇形的面积表示该部分占总体的比重	分析直播观众的来源渠道分布，有助于了解不同渠道的引流效果，合理分配推广资源。也可用于展示直播收入的构成，如不同产品销售带来的收入占总收入的比重，明确主要收入来源	
漏斗图	呈现了从初始状态到最终状态的各个环节的转化率，形状类似漏斗，上宽下窄	常用于分析直播购物流程中的用户转化情况，从观众进入直播间到观看商品展示、点击商品链接、加入购物车，直至最终下单购买，每个环节的人数变化一目了然，能精准找到转化率较低的环节，分析原因并进行优化	
散点图	在坐标系中，用点的分布来展示两个变量之间的关系	探究直播中两个指标之间的潜在关系，如观众停留时长与购买转化率之间的关系。通过散点图，若发现停留时长较长的观众购买转化率普遍较高，可思考如何进一步延长观众停留时长，如优化直播内容、增加互动环节等	
雷达图	将多个维度的数据映射到不同的坐标轴上，能综合展示多个维度的数据	在整场直播中，雷达图可用于全面评估主播的综合能力，选取粉丝增长数、互动率、销售额、观看时长等多个指标，每个指标对应雷达图的一个维度。通过雷达图能直观看到主播在哪些方面表现出色，在哪些方面存在不足，便于有针对性地进行培训和提升	

2. 直播数据分析可视化的注意事项

（1）选择合适的图表类型

依据数据特性和分析目的，选择合适的图表。对比不同场次直播观看人数，可选择柱状图；展示直播实时观看人数随时间的变化，可选择折线图；剖析不同产品直播销售占比，可选择饼图。单一图表难以展示复杂数据关系，此时需用图表组合。例如，分析直播销售额与观众互动率的关系，用柱状图呈现各场次销售额，同时以折线图展示观众互动率，观察二者的关系。

（2）美化可视化图表

制作可视化图表时，色彩搭配力求简洁协调，以3～5种颜色为宜。应合理布局图表元素，图表标题要能概括核心内容，置于图表上方并居中。坐标轴刻度清晰易读，标注单位，时间轴明确跨度和间隔，数值轴依数据范围合理设置刻度，避免数据过于集中或分散。坐标轴旁注明变量名称，添加数据标签，注意疏密，防止视觉混乱。若有图例，确保图例简洁并与图表元素对应，且被放置在不影响主体处，如右上角或下方空白处。

（3）信息传达的准确性

美化可视化图表时，不能牺牲数据的准确性。图表数据必须真实反映实际情况，严禁不合理缩放、截断或修饰。调整图表比例、坐标轴范围时应谨慎操作，防止数据在视觉上产生偏差，如柱状图纵坐标轴从非零值开始可能导致放大数据差异，应依数据特点合理设置起始值。同时，应完整展示数据，避免选择性呈现数据，保证分析结论客观公正。

三、直播数据分析报告生成

（一）认识直播数据分析报告

直播数据分析报告，通过对直播过程中产生的各种数据进行收集、整理、分析和可视化呈现，帮助直播运营团队、主播及其他利益相关者了解直播的效果、观众行为模式及存在的问题，为后续直播策略优化和决策提供依据。一份完整的直播数据分析报告通常涵盖直播基本信息、关键指标分析、观众行为洞察、商品销售表现及总结与建议等部分。

（1）直播基本信息：包括直播日期、直播时间段、直播时长、直播主题、主播等。

（2）关键指标分析：可从观看数据、互动数据、粉丝数据、商品销售数据等方面进一步细化具体的关键指标，并对其进行分析。

（3）观众行为洞察：从观众的地域分布、年龄、性别、观看时段等方面对观众的行为进行具体分析。

（4）商品销售表现：一般重点关注销售额、销售量、客单价、商品转化率等。

（5）总结与建议：从直播亮点、存在的问题、优化建议等方面对直播进行总体评价，为后续直播活动提供借鉴。

（二）应用 AI 生成直播数据分析报告

步骤 1：应用直播平台的数据分析功能采集与整理直播的关键数据，形成整场直播不同时段的直播数据表现。某店铺整场直播不同时段的直播数据表现如图 8-9 所示。

	时间	总观看次数	总订单数	支付订单数	创建下单金额/元	支付金额/元
	某店铺整场直播不同时段的直播数据表现					
3	19:30—20:00	11400	5420	2020	34588.00	17028.00
4	20:01—20:30	8800	6070	5220	77830.00	53164.00
5	20:31—21:00	5400	6554	2894	66946.00	54834.00
6	21:01—21:30	8000	6878	5162	74914.00	47368.00
7	21:31—22:00	3400	7180	3396	27206.00	19612.00
8	22:01—22:32	9200	5610	4942	25436.00	11284.00

图 8-9　某店铺整场直播不同时段的直播数据表现

步骤 2：将直播数据源导入 WPS 表格，单击工具栏中的"WPS AI"—"AI 数据分析"按钮，此时界面右侧会显示"AI 数据分析"界面，如图 8-10 所示。用户可根据数据分析需求选择相应的功能，如"快速解读表格内容""帮我生成一些有业务价值的图表"等。由于要生成直播数据分析报告，这里我们选择在下方输入框中输入提示词，以快速生成直播数据分析报告。

步骤 3：根据直播数据分析报告的基本构成，撰写如下提示词："请对该场直播数据进行分析，生成一份完整的直播数据分析报告，要求报告包含但不限于直播基本信息、关键指标分析、观众行为洞察、商品销售表现，以及总结与建议等方面。"输入提示词后，下方就会显示 AI 数据分析过程，并生成直播数据分析报告，如图 8-11 和图 8-12 所示。这里提示词撰写是关键，需要明确给出指令，对直播数据分析报告的要求越细化，生成结果越符合期望。例如，提示词中可清楚描述直播数据分析报告的构成要求、字数要求、呈现方式等。

图 8-10　进入"AI 数据分析"界面

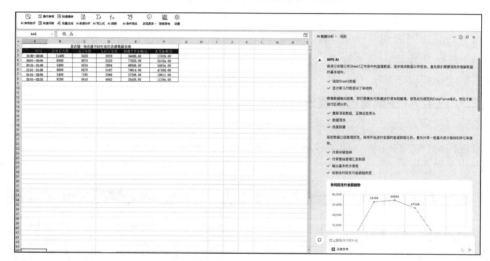

图 8-11　AI 数据分析过程示例

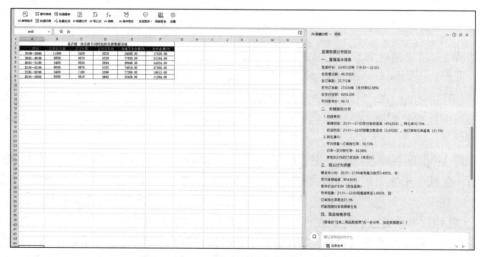

图 8-12　AI 生成的直播数据分析报告

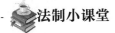

法制小课堂

《中华人民共和国网络安全法》（节选）

第四十条 网络运营者应当对其收集的用户信息严格保密，并建立健全用户信息保护制度。

第四十一条 网络运营者收集、使用个人信息，应当遵循合法、正当、必要的原则，公开收集、使用规则，明示收集、使用信息的目的、方式和范围，并经被收集者同意。

网络运营者不得收集与其提供的服务无关的个人信息，不得违反法律、行政法规的规定和双方的约定收集、使用个人信息，并应当依照法律、行政法规的规定和与用户的约定，处理其保存的个人信息。

第四十二条 网络运营者不得泄露、篡改、毁损其收集的个人信息；未经被收集者同意，不得向他人提供个人信息。但是，经过处理无法识别特定个人且不能复原的除外。

网络运营者应当采取技术措施和其他必要措施，确保其收集的个人信息安全，防止信息泄露、毁损、丢失。在发生或者可能发生个人信息泄露、毁损、丢失的情况时，应当立即采取补救措施，按照规定及时告知用户并向有关主管部门报告。

【任务实施】

任务活动　AI 助力整场直播数据分析

云南建水紫陶馆专注于销售建水紫陶这一承载千年文化底蕴的艺术珍品。馆内所售建水紫陶品类丰富多样，涵盖了茶壶、茶杯等各类精美器物。现在运营人员要对店铺内 1 月 12 日晚间的一场直播活动进行直播数据分析，他决定借助抖音电商罗盘的 AI 分析功能及 WPS 的数据分析报告生成功能对该场直播进行分析总结。具体操作步骤如下。

步骤 1：进入抖音电商罗盘中的"直播"模块，在"直播列表"中找到要分析的直播场次，如图 8-13 所示。选择右侧的"诊断报告"选项，进入图 8-14 所示的直播场次的数据分析界面，在该界面可以详细了解该场次直播的成交金额、退款金额、流量转化情况等。也可在图 8-13 所示界面选择"数据详情"选项，进一步了解直播中的核心数据直播分析结果。

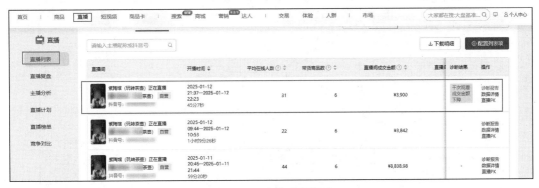

图 8-13　查找直播场次

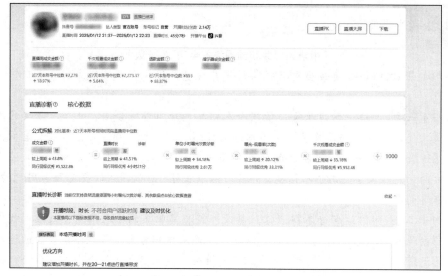

图 8-14　具体直播场次的数据分析界面

步骤 2：抖音电商罗盘生成的直播数据分析与诊断结果细致而全面，是整场直播数据的结果性反馈。运营人员为了清楚了解直播过程中不同节点（时间段）的数据表现，手动摘录了该场直播各节点的数据表现，如图 8-15 所示。

					1月12日晚间21:30—22:33直播过程数据表现汇总							
直播环节	时间段	在线人数	成交金额/元	曝光观看率	千川消耗/元	人均观看时长/分	互动率	关注率	负反馈次数	负反馈率	商品点击率	商品点击成交率
开场介绍	21:30 — 21:41	500	0	60%	100	3	5%	3%	0	0%	10%	0%
产品介绍 1	21:42 — 21:55	800	2000	70%	200	5	8%	5%	1	0.13%	15%	18%
互动抽奖 1	21:56 — 22:01	1200	0	85%	150	8	20%	8%	0	0%	0	0
产品介绍 2	22:02 — 22:15	1000	3000	75%	250	6	10%	6%	2	0.20%	18%	20%
互动抽奖 2	22:16 — 22:20	1500	0	90%	200	10	25%	10%	0	0%	0	0
促单环节	22:21 — 22:33	1300	5000	80%	300	7	15%	7%	3	0.23%	22%	25%

图 8-15　直播过程数据表现汇总

步骤 3：将图 8-15 所示数据导入 WPS 表格中，单击"WPS AI"—"AI 数据分析"按钮，在弹出的"AI 数据分析"界面（见图 8-16）内撰写提示词，指出需要分析的关键指标，并要求生成一份直播数据分析报告。注意，提示词中需要指出明确的分析要求，同时明确直播数据分析报告的基本结构，以便生成结果更符合预期。

图 8-16　AI 数据分析界面

进阶小课堂

利用 AI 生成直播数据分析报告时，以下技巧可以显著提升报告的质量和实用性。

1. 细化关键指标：详细列出期望在报告中呈现的关键指标，如销售额、销售量、客单价、点赞数、评论数、分享数、观看时长、粉丝增长数等，引导 AI 围绕关键指标展开分析。

2. 提供详细数据：尽可能向 AI 提供全面、准确的数据，包括直播时间、商品信息、销售记录、观众互动数据等。数据越详细，AI 生成的报告越有深度和价值。

3. 明确报告结构：在提示词中明确报告的结构，并要求 AI 按此生成报告。例如"报告需包含引言、数据概述、各指标详细分析、结论与建议等部分，每个部分需有小标题"，使报告层次分明，易于阅读和理解。

4. 优化报告内容：为增强报告的可读性和可操作性，让 AI 在分析过程中呈现图表分析过程，并适当举例；若有行业数据或竞品直播数据，可要求 AI 将本次直播数据与之对比分析，为报告使用者提供更详细的分析结果。

任务二　AI 助力直播间商品数据分析

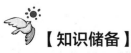任务分析

要掌握 AI 助力直播间商品数据分析的相关知识，需要完成以下内容的学习。

1. 熟悉商品数据采集的主要渠道，掌握商品数据基础处理的方法。

2. 熟悉商品数据分析的关键指标，掌握商品数据可视化的形式，能够根据商品数据特性及分析需求选择合适的可视化图表类型，进行商品数据分析。

3. 掌握商品结构优化的策略，能够根据数据分析结果提出商品结构优化建议。

【知识储备】

一、商品数据采集与基础处理

（一）商品数据采集的主要渠道

商品数据采集通常可以通过直播平台提供的数据分析工具来进行。例如，在抖音电商罗盘中，进入"商品"模块，在"商品列表"中单击"直播"按钮，如图 8-17 所示；接着选择选定的商品右侧的"查看详情"选项，进入该商品的直播详情界面，如图 8-18 所示，用户可以直接查看该商品在直播中的表现。

淘宝直播结束后，用户可在淘宝直播后台"数据"板块查看"本店成交"数据，如图 8-19 所示。在这里用户不仅可以了解本店所有商品的表现，还可以了解具体直播场次的商品表现。

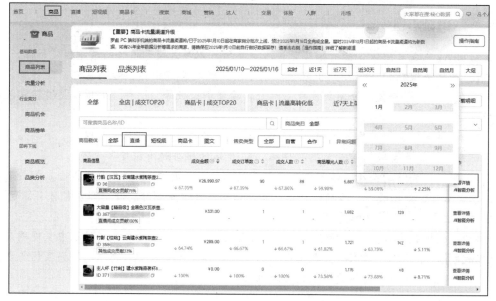

图 8-17 单击"直播"按钮

图 8-18 直播详情界面

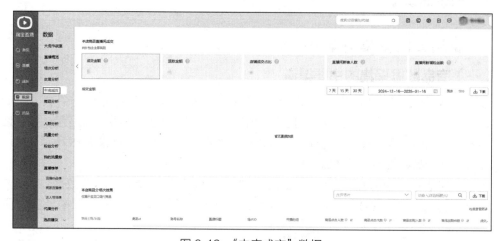

图 8-19 "本店成交"数据

除了在淘宝直播后台查看商品数据，通过生意参谋也可以查看商品数据。用户登录生意参谋账号，选择"直播"板块，选择"订单分析"选项，可以通过"交易概览""订单明细"查看直播间的商品数据，了解直播交易情况，如图 8-20 所示。在这里，用户可以直接选择时间、设置指标，同时还可以下载数据报表。

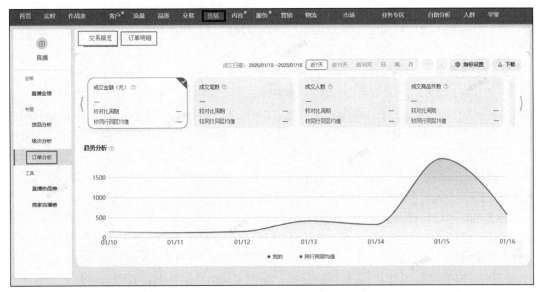

图 8-20 "订单分析"数据

（二）商品数据基础处理

采集完商品数据后，需进行一系列基础处理才可使用。具体处理方式如下。

1. 数据清洗

数据清洗包括处理缺失值、纠正错误值、去除重复值等。在商品数据中，诸如商品描述、价格、销量、观众互动量等字段都可能出现缺失值。例如，网络波动可能导致部分时段的商品点击量数据未被成功记录。对于数值型数据，若缺失比例较低，可考虑使用均值、中位数填充；若缺失比例较高，需结合业务逻辑判断，如该商品在特定时期未正常售卖导致数据缺失，可选择删除该部分数据或与相关运营人员核实补充。对于非数值型数据，如商品类别缺失，可参考相似商品的类别进行填补，或在缺失较多时，将其归为"其他"类别。

此外，还可能出现数据录入错误或系统故障导致的数据错误。例如，商品价格可能被错误录入为异常大或异常小的数值，与实际价格严重不符；商品的库存数量出现负数等情况。此时就需要依据数据的合理范围和业务规则对数据进行修正。例如，通过与商品原价、市场同类产品价格进行对比，修正错误的商品价格；对库存数量出现负数的情况，与仓库管理系统核实后，修正为正确的库存数量，若无法确定正确值，可标记该数据并进一步调查。

在商品数据采集过程中，可能由于多次采集相同时段的数据、系统记录异常等，出现重复记录。例如，同一商品在直播中的销售数据被多次重复记录，此时可利用数据分析工具，根据商品 ID、直播场次 ID 等唯一标识字段，快速识别并删除重复数据；若没有唯一标识字段，可通过多个关键字段组合判断，如商品名称、价格、销售时间等，确保数据的唯一性，避免重复数据对分析结果产生干扰。

2. 数据转换

采集到的商品数据可能存在数据类型不一致的情况，如商品价格可能被记录为文本格式，而在后续计算销售额等指标时，需要将其转换为数值型数据；直播时间可能被记录为多种格式，需统一转换为日期时间类型。

此外，商品数据中存在大量分类数据，如商品类别（服装、食品、数码等）、主播性别（男、女）等，这些数据在分析模型中通常需要进行标准化处理，如将商品类别编码为统一的数字或字母，以便进行后续的数据分析和挖掘。

3. 数据整合

商品数据可能来自多个数据源，如直播平台后台提供的销售数据、第三方数据平台采集的观众互动数据、企业自身的库存管理系统数据等。针对商品数据的多元性，需根据共同的唯一标识字段，如商品 ID、直播场次 ID 等，将不同数据源的数据进行合并。例如，将直播平台的销售数据与第三方数据平台的观众互动数据，通过商品 ID 关联起来，形成包含销售和互动信息的完整数据集，以便全面分析商品表现与观众反馈之间的关系。在整合数据时，需注意数据的一致性和完整性，避免重复或遗漏数据。

为了更细致地分析商品数据，常需要对数据进行分层或分组。例如，按商品价格区间分层，可分为低价、中价、高价商品；按直播时段分组，可分为上午、下午、晚上等不同时段。通过分层或分组，商家可深入了解不同层次或组别的商品在销售、观众互动等方面的差异。例如，分析不同价格区间商品的销售转化率，了解不同消费层次的观众的购买倾向；对比不同直播时段的观众活跃度，确定最佳直播时段，为调整直播策略提供依据。

▎二、商品数据分析与可视化

（一）商品数据分析的关键指标

1. 曝光类指标

借助 DeepSeek 分析直播间商品数据

曝光类指标主要包括商品曝光量、商品曝光-点击率。商品曝光量指商品在直播平台上被展示给观众的次数。这包括在直播画面中出现、在商品橱窗中展示、被主播提及等多种形式的曝光。它反映了商品获得的展示机会，是其他指标的基础。

商品曝光-点击率的计算方法是商品点击量/商品曝光量×100%，表示在商品曝光的情况下，观众点击进入商品详情页的比率。该指标可衡量商品的吸引力。如果曝光量很高，但曝光-点击率很低，可能说明商品的展示方式、图片、标题等不够吸引人，需要优化。

2. 点击类指标

点击类指标主要包括商品点击量、商品点击热度。商品点击量是观众实际点击商品链接或进入商品详情页的次数，直接反映了观众对商品的感兴趣程度。点击量高说明商品吸引了较多观众的关注。

商品点击热度可根据单位时间内的商品点击量来衡量，也可通过与其他商品的点击量对比来体现。该指标反映了商品在特定时间段内或与其他商品相比的受欢迎程度和关注度，可以帮助商家了解商品在直播过程中的热度变化趋势，以及哪些商品更受观众关注，以便及时调整直播讲解顺序和重点推荐商品。

3. 转化类指标

商品成交量指观众在直播过程中实际购买该商品的数量。该指标是衡量商品销售效果的核心指标，直接反映了商品的市场接受度和销售情况。

商品转化率表示点击商品或看到商品的观众中最终购买商品的比率。其计算方法是商品成交量/商品点击量×100%或商品成交量/商品曝光量×100%。该指标综合反映了商品从吸引观众注意到促成购买的能力。转化率低可能意味着商品详情页不够完善、价格不合理、缺乏购买激励等问题，需要有针对性地优化。

商品销售额指通过直播销售该商品所获得的总金额，与成交量和商品单价相关。商家可通过分析商品销售额来评估商品的盈利能力和对整体业绩的贡献。

4. 用户反馈类指标

商品评价数量与评分指用户购买商品后在平台上留下的评价数量及综合评分。评价数量反映了购买该商品的用户参与反馈的积极性，评分则直观体现了用户对商品的满意度。高评分和较多正面评价可以增加其他潜在用户的购买信心，而低评分和负面评价则需要商家及时关注并改进商品或服务。

商品差评率表示用户对商品给出差评的比率。其计算方法是差评数量/总评价数量×100%。差评率高可能意味着商品存在质量、功能、服务等方面的问题，需要商家重点关注并采取措施改进，以避免影响商品的口碑和后续销售。

5. 库存与供应链类指标

商品库存数量指直播过程中及直播结束后商品的剩余库存数量。实时掌握库存情况可以帮助商家合理安排补货、避免缺货导致的销售损失，同时商家也能根据库存情况调整销售策略。

商品缺货率反映商品缺货的频率和程度。计算方法为缺货商品数量/总商品数量×100%（在一定时间段内统计）。高缺货率可能会影响消费者的购买体验和对商家的信任度，商家需要优化供应链管理，确保商品的稳定供应。

以上关键指标从不同角度反映了商品在直播中的表现和运营情况，商家可通过对这些指标进行数据采集和分析，优化商品选择、直播策略和运营管理，提升直播带货的效果和业绩。

（二）商品数据可视化形式

1. 实时销售数据大屏

在直播现场，实时销售数据大屏以直观、动态的方式展示销售额、销售量、客单价等关键指标的实时变化。例如，屏幕上不断变化的销售额，能让主播、运营团队及商家实时了解直播销售进展，及时调整直播节奏与促销策略。实时销售数据大屏可以营造紧张刺激的销售氛围，增强团队协作与决策的及时性。当销售额增长缓慢时，运营团队可迅速与主播沟通，加大促销力度或调整商品介绍方式。

2. 销售趋势折线图

销售趋势折线图可以展示商品在不同直播场次或时间段内的销售趋势。例如，将某品牌手机在不同时间段内的直播销售数据表现绘制成折线图，可清晰地看到其销售走势，判断直播期间该商品的销售情况是否稳定、销售量是否存在波动等。销售趋势折线图能够帮助商家预测未来的销售趋势，提前规划库存、生产及直播推广计划。

3. 商品热度雷达图

商品热度雷达图可以综合展示商品多个维度的数据，如销售额、销售量、观众互动量、库存周转率等，以直观呈现商品在直播电商生态中的综合表现。通过分析商品热度雷达图，运营人员可以全面、直观地了解商品的优势与不足，快速了解商品整体情况，从而有针对性地制定改进措施。

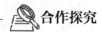 **合作探究**

　　如何选择最适合展示直播商品销售趋势的可视化形式？可探讨折线图、柱状图等不同图表在呈现直播商品销售额、销售量随时间的变化趋势等方面的优劣。

三、商品结构优化

　　商品数据分析是制定和优化商品策略的基础。通过对销售数据、用户行为数据、商品评价等多维度数据进行分析，企业能够深入了解商品的市场表现、用户需求及潜在的增长机会，为商品结构优化提供有力支持。基于商品数据分析结果，企业可采取以下策略来优化商品结构。

1. 汰换商品

　　依据销售数据，对在多场直播中销售额和销售量持续低迷，且观众互动少、曝光-点击率低的商品，应果断淘汰。例如，某款传统手机在多次直播中，各项数据均不理想，已无法满足消费者对手机的需求，企业可将其从商品结构中剔除，释放资源用于更有潜力的商品。

　　通过分析观众互动数据和市场趋势，企业可挖掘观众的潜在需求，引入具有市场潜力的新品。例如，在健康生活类直播中，观众对健身器材和健康食品的关注度逐渐增加，企业可调研市场上的热门健身器材和创新型健康食品，引入相关新品，丰富商品结构，满足观众的需求。

2. 调整商品定位

　　结合客单价数据和市场竞争情况，对商品价格定位进行调整。对客单价较低但市场需求较大的商品，可考虑推出升级版本，提高商品附加值，适当提高价格；对客单价较高但市场需求较小的商品，可分析原因，通过优化成本、推出促销活动等方式，调整价格定位，提高市场竞争力。例如，某款平价护肤品，通过添加高端成分，升级包装，推出高端系列，满足不同消费层次的观众的需求，优化商品在价格维度上的结构。

　　通过分析观众画像数据，重新审视商品的目标受众定位。如果发现某商品在直播中的观众群体与原定位不符，企业可调整营销策略和商品特点，以更好地满足实际受众的需求。例如，某服装原本的目标受众定位为年轻女性，但在直播中发现，中年女性观众在该服装的购买者中所占比重较高，企业可适当调整服装的款式和尺码，增加适合中年女性的设计元素，优化商品的目标受众定位。

3. 优化商品组合

　　基于关联分析，将观众在直播中经常同时关注或购买的商品组合在一起，进行联合推广。例如，在一场家居装修直播中，发现观众在关注家具的同时，也对装饰画和绿植有较高的兴趣，企业可推出家具与装饰画、绿植的搭配套餐，提高客单价，同时优化商品组合，增强商品之间的关联性和互补性。

　　根据不同品类商品在直播中的销售表现和市场需求，合理调整品类占比。例如，在一场综合电商直播中，发现美妆品类商品的销售额增长迅速，而办公用品品类商品的销售额相对平稳，企业可适当增加美妆品类的商品种类和直播推广时间，优化办公用品品类的商品结构，以适应市场需求变化。

4. 优化库存管理策略

　　根据库存指标分析，调整库存管理策略。对库存周转率高的商品，保持合理库存水平，确保不断货；对库存周转率低的商品，采取促销等措施，减少库存积压。例如，一家运动用品店通过分析库存数据，对畅销的运动鞋及时补货，对滞销的运动背包进行打折促销，优化库存结构，提高库存周转率。

5. 优化商品描述和图片

根据观众对直播商品的评价和浏览数据，企业可优化商品描述和图片，提高商品的吸引力和转化率。精准的描述和清晰、高质量的图片是提升观众体验的关键。

知识链接

直播间商品结构指在直播销售场景中，各类商品按照一定的比例、组合方式进行搭配，所形成的有机整体。合理的直播间商品结构能够满足不同观众的需求，提升销售效率和观众满意度，是直播电商运营的关键要素。通常直播间商品分为引流款、爆款、利润款、常规款、新品、搭配款等。

文化小课堂

AI 助力直播电商：数据分析与文化交融的新征程

在数字化浪潮中，直播电商异军突起，成为经济发展的新引擎。而 AI 技术的融入，为直播电商数据分析注入了强大动力，同时也开启了与多元文化深度交融的新篇章。

AI 以其强大的数据分析能力，助力直播电商精准把握市场动态。通过对海量直播数据的实时抓取与分析，AI 能洞察消费者的行为模式、消费倾向。例如，在美妆直播中，AI 可根据观众对不同商品的提问频率、购买转化率等数据，精准分析消费者对特定成分、功效的偏好，帮助商家及时调整商品策略，推出契合消费者需求的商品。

在这一过程中，文化元素悄然融入。不同地域、不同文化背景下的消费者，其审美观念、消费习惯大相径庭。AI 在分析数据时，能敏锐捕捉这些文化差异。在直播销售传统服饰时，AI 发现不同地区的消费者对款式、图案的偏好与当地文化紧密相连。例如，在具有深厚历史文化底蕴的地区，消费者更钟情于具有传统吉祥图案的服饰，这体现了文化对消费选择的深刻影响。

AI 还助力直播电商在文化传播上发挥积极作用。直播电商可借助 AI，针对不同文化背景的受众，定制独特的直播内容与营销策略，将地方特色文化产品推向全国乃至全球市场，让更多人领略多元文化魅力。例如，在直播销售民族手工艺品时，AI 能精准定位对这类文化产品感兴趣的群体，实现文化与商业的双赢。

AI 辅助直播电商数据分析，不仅是技术与商业的结合，更是数据分析与多元文化的深度交融。它为直播电商发展开辟新路径，推动文化交流与传播，创造出更具活力与内涵的商业文化生态。

【任务实施】

任务活动　AI 助力直播间商品数据分析

近期，云南建水紫陶馆店铺运营人员进行了一系列直播推广活动，现在需要对近一周的商品数据进行采集与分析，了解直播期间商品的各项数据表现，为店铺后期的直播运营优化提供数据支撑。具体操作步骤如下。

步骤 1：进入抖音电商罗盘"商品"模块，选择"商品列表"下的"直播"选项，并设置数据采集时间为"近 7 天"，即可显示近 7 天直播间内的商品数据，如图 8-21 所示。

图 8-21　近 7 天直播间内的商品数据

步骤 2：在"商品列表"中选择要分析的商品，选择"AI 智能分析"选项，右侧会弹出"商家智能助手"对话框，输入要求，AI 即可对该商品的直播表现进行分析，形成图 8-22 所示的商品数据表现详情分析，且给出经营建议。同时，还可在该对话框利用追问功能对商品数据进行进一步分析。

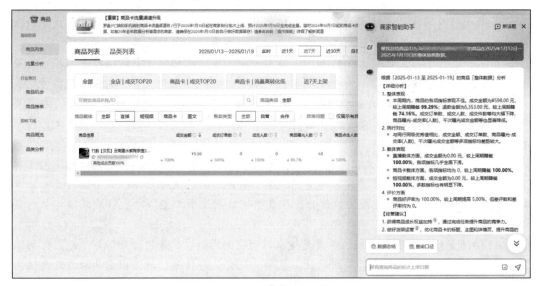

图 8-22　商品数据表现详情分析

步骤 3：在图 8-21 所示的界面内单击"下载明细"按钮，下载并整理直播间内近 7 天的商品数据，如图 8-23 所示。

步骤 4：将数据导入 WPS 表格中，应用 AI 数据分析功能，对近 7 天的商品数据进行分析，可从销售额、转化率、退款率等方面进行提问与分析，如图 8-24 所示，得出哪些商品销售额高、转化率高、退款率最低，并提出商品优化建议，整理并展示分析结果。

直播日期	商品名称	商品规格	上架数量	观看人数	点击量	下单数量	转化率	退款数量	退款率	单价/元	销售额/元
2025/01/13—2025/01/19	古韵如意紫砂壶	容量 300mL	50	800	120	30	3.75%	2	6.67%	580	17400
2025/01/13—2025/01/19	雅韵青瓷茶具套装	一壶四杯	30	800	90	20	2.50%	1	5.00%	880	17600
2025/01/13—2025/01/19	冰裂梅花杯	单个装	100	800	150	40	5.00%	3	7.50%	50	2000
2025/01/13—2025/01/19	祥瑞福临紫砂壶	容量 250mL	40	600	80	20	3.33%	1	5.00%	480	9600
2025/01/13—2025/01/19	山水诗意茶具套装	一壶六杯	25	600	70	15	2.50%	0	0.00%	1280	19200
2025/01/13—2025/01/19	粉彩花鸟杯	单个装	80	600	100	30	5.00%	2	6.67%	60	1800
2025/01/13—2025/01/19	竹节风情紫砂壶	容量 350mL	45	700	100	25	3.57%	2	8.00%	680	17000
2025/01/13—2025/01/19	古典雅趣茶具套装	一壶三杯	35	700	95	22	3.14%	1	4.55%	780	17160
2025/01/13—2025/01/19	蓝釉冰裂杯	单个装	90	700	130	35	5.00%	3	8.57%	55	1925
2025/01/13—2025/01/19	禅意莲心紫砂壶	容量 280mL	42	750	95	23	3.07%	1	4.35%	520	11960
2025/01/13—2025/01/19	瑞彩祥云茶具套装	一壶五杯	28	750	85	18	2.40%	0	0.00%	1080	19440
2025/01/13—2025/01/19	五彩鱼纹杯	单个装	85	750	120	32	4.27%	2	6.25%	65	2080
2025/01/13—2025/01/19	如意福瑞紫砂壶	容量 320mL	48	850	130	33	3.88%	2	6.06%	620	20460
2025/01/13—2025/01/19	宫廷雅韵茶具套装	一壶四杯	32	850	100	25	2.94%	1	4.00%	980	24500
2025/01/13—2025/01/19	青花缠枝杯	单个装	95	850	140	38	4.47%	3	7.89%	58	2204
2025/01/13—2025/01/19	松鹤延年紫砂壶	容量 260mL	44	900	110	28	3.11%	1	3.57%	550	15400
2025/01/13—2025/01/19	诗意江南茶具套装	一壶六杯	30	900	90	20	2.22%	0	0.00%	1380	27600
2025/01/13—2025/01/19	珐琅彩牡丹杯	单个装	88	900	130	36	4.00%	2	5.56%	70	2520
2025/01/13—2025/01/19	瑞兽献宝紫砂壶	容量 330mL	46	820	125	31	3.78%	2	6.45%	650	20150
2025/01/13—2025/01/19	富贵吉祥茶具套装	一壶三杯	34	820	105	26	3.17%	1	3.85%	850	22100
2025/01/13—2025/01/19	钧窑开片杯	单个装	92	820	135	37	4.51%	3	8.11%	62	2294

图 8-23　直播间内近 7 天的商品数据表

图 8-24　应用 AI 数据分析功能

🎓 进阶小课堂

在使用 AI 进行直播数据分析时，需要注意以下方面。

1. 多维度指标分析。运用 AI 整合直播中的观看数据、互动数据、销售数据等多维度数据，构建全面的数据分析体系。通过分析找出表现不佳的商品或环节，并进一步分析原因。

2. 归因分析。借助 AI 进行归因分析，确定影响商品销售的关键因素。例如，分析是直播时间、主播介绍方式、商品价格还是促销活动等因素对商品销量产生了主要影响，从而为后续直播改进提供依据。

■ 实训任务一 AI 辅助单场直播数据分析

实训描述

本次实训主题为"AI 辅助单场直播数据分析"，旨在帮助学生全面理解单场直播数据分析的关键指标及含义，了解利用 AI 进行单场直播数据分析的流程及关键点，掌握直播数据分析报告生成的相关技巧。通过实践操作，学生能提升 AI 应用技能与电商数据分析能力，助力个人职业技能提升。

操作指导

具体操作步骤如下。

步骤 1：登录 BoTrix BEM 直播电商运营实战平台，进入"单场直播效果分析"模块。

步骤 2：进入图 8-25 所示的"AI 辅助单场直播数据分析"界面，下载并查看相关数据文件（直播数据、商品数据和用户数据表格），根据下方提示表单，提取直播的核心数据指标并填写登记表单；也可单击"AI 帮你数据分析"按钮，上传表格文件，在"数据分析的目的"和"核心数据字段"填入内容或一键插入示例，根据 AI 生成内容，提取直播的核心数据指标并填写登记表单。

图 8-25 "AI 辅助单场直播数据分析"界面（部分）

步骤 3：完成单场直播数据分析后，进入图 8-26 所示的"单场直播复盘报告撰写"界面。在该界面基于数据收集分析、直播问题分析、改进措施及优化直播策略等形成整体的单场直播复盘报告，为直播运营提供指导。

图 8-26 "单场直播复盘报告撰写"界面

实训评价

基于学生在本次实训中的表现及实训完成情况，对实训考核内容进行评分，同时学生进行自我评价，教师进行点评（见表 8-3）。

表 8-3 实训评价（一）

考核项目	学生 自评分（30%）	教师 评分（70%）
能够根据任务背景及信息，梳理直播数据分析目标，构建清晰、完整的核心数据字段（30 分）		
能够对 AI 生成的数据分析结果进行解读与判断，核查数据分析结果是否准确，优化建议等是否合理、可行（30 分）		
能够根据 AI 数据分析结果完成直播数据分析报告的撰写，问题分析准确、深刻，优化建议合理可行，报告内容完整可行（40 分）		
总计（100 分）		
学生自我评价	教师点评	

实训任务二 直播间历史效果分析

实训描述

本次实训旨在帮助学生掌握直播间历史效果分析的方法与技巧。通过实践操作，学生可加深对直播复盘时"人、货、场"及直播间综合数据分析的理解与应用，清楚如何从以上方面分析直播效果，得出诊断结果，形成改进建议，全面提升电商数据分析综合技能。

操作指导

具体操作步骤如下。

步骤 1：登录 BoTrix BEM 直播电商运营实战平台，进入"直播间历史效果分析"模块，如图 8-27 所示。

图 8-27 "直播间历史效果分析"界面（部分）

步骤 2：查看任务详情及任务指导，了解直播数据表现。

步骤 3：根据图 8-27 所示界面内要求的分析内容，借助平台的 AI 分析功能生成分析结果，完成直播综合复盘内容的填写。

实训评价

基于学生在本次实训中的表现及实训完成情况，对实训考核内容进行评分，同时学生进行自我评价，教师进行点评（见表 8-4）。

表 8-4 实训评价（二）

考核项目	学生 自评分（30%）	教师 评分（70%）
能够根据任务背景信息，进行直播基础信息梳理，准确填写直播主题、直播目标、直播店铺等（30 分）		
能够针对提供的直播间数据，从人、货、场、综合数据分析等维度进行细致分析，诊断结果准确，改进建议合理可行（30 分）		
能够根据各维度的数据分析结果形成综合建议，建议表述清晰明确、言简意赅、重点突出，具有可行性（40 分）		
总计（100 分）		
学生自我评价	教师点评	

知识与技能训练

一、单选题

1. 在直播数据分析可视化中，若要对比不同直播场次的销售额，最适合的图表类型是（　　）。

    A. 折线图　　　　　　B. 柱状图　　　　　　C. 饼图　　　　　　D. 漏斗图

2. 应用 AI 生成直播数据分析报告时，关键步骤在于（　　）。

    A. 采集与整理直播数据　　　　　　B. 用 AI 分析数据

    C. 编写提示词　　　　　　D. 导入数据源

3. 商品曝光-点击率的计算方法是（　　）。

    A. 商品点击量/商品曝光量×100%

    B. 商品成交量/商品点击量×100%

    C. 商品成交量/商品曝光量×100%

    D. 点击商品链接的人数/观看直播总人数×100%

4. 在商品数据处理中，若商品价格被记录为文本格式，将其转换为数值型数据属于（　　）。

    A. 数据清洗　　　　B. 数据转换　　　　C. 数据整合　　　　D. 数据分类

5. 企业依据销售数据，对在多场直播中销售额和销售量持续低迷的商品应采取的策略是（　　）。

    A. 增加库存　　　　B. 汰换商品　　　　C. 调整价格定位　　　D. 优化商品描述

二、多选题

1. 以下属于第三方数据平台的有（　　）。

    A. 蝉妈妈　　　　B. 飞瓜数据　　　　C. 灰豚数据　　　　D. 生意参谋

2. 直播数据处理涉及的内容包括（　　）。

    A. 数据清洗　　　　　　B. 数据分类

    C. 数据计算　　　　　　D. 数据可视化

3. 直播数据分析的常用方法有（　　）。

    A. 对比分析法　　　　B. 趋势分析法　　　　C. 结构分析法　　　　D. 漏斗分析法

4. 以下关于数据可视化的说法正确的有（　　）。

    A. 反映观看人数随直播时间的变化情况可以使用折线图

    B. 对比不同场次直播观看人数，饼图更直观

    C. 分析直播观众的来源渠道分布情况可以使用饼图

    D. 销售趋势折线图能够帮助商家预测未来销售趋势，提前规划库存、生产及直播推广计划

5. 商品数据分析时的关键指标有（　　）。

    A. 商品曝光量　　　B. 商品曝光-点击率　　C. 商品点击量　　　D. 商品点击热度

三、判断题

1. 对比不同直播场次的观看人数、销售额、点赞数等指标时，可以使用柱状图。（　　）

2. 在直播数据分析可视化图表制作中，为追求美观，可以对数据进行适当缩放，以突出差异。（　　　）

3. 在数据整合过程中，将不同数据源的数据进行合并时，不需要考虑数据的一致性和完整性。（　　　）

4. 商品点击热度的计算方法可以根据单位时间（如每分钟、每小时）内的商品点击量来衡量，也可通过与其他商品的点击量对比来体现。（　　　）

5. 商品评价数量与评分只反映了购买该商品用户的反馈积极性，对其他潜在用户没有影响。（　　　）

项目九

AI+直播实战演练

在当今的电商直播领域，AI 正赋能直播运营的每个环节，推动行业向智能化迈进。在日常直播中，AI 优化了脚本策划、商品上架与用户互动环节；在活动直播中，AI 应用覆盖从与用户实时互动到调整营销策略，有效助力活动效果最大化。直播结束后，AI 还能迅速对整场直播进行复盘，针对观众留存率、商品点击率、直播收益等生成详细报告，为后续优化提供精准数据支持。这一系列智能化运营技能，正成为直播电商从业者必须掌握的新技能。本项目聚焦日常直播与活动直播场景，深入探讨 AI 在策划、实施与复盘中的核心赋能作用，全面提升直播运营效率与效果。典型工作任务工作内容与要求如表 9-1 所示。

表 9-1　典型工作任务工作内容与要求

典型工作任务	工作内容与要求（传统）	工作内容与要求（AI 赋能）
AI+直播运营	1. 从直播脚本设计到商品上架，全流程实现智能化优化，提升直播效率与效果 2. 数据分析应及时，决策应精准，便于实时调整运营策略 3. 从活动策划到推广执行，通过智能化工具高效完成活动设计与宣传 4. 活动过程动态调整互动环节，确保活动效果最大化	1. 利用 AI 生成高效直播脚本、优化商品展示顺序，同时提升互动体验 2. 利用 AI 生成主题活动方案、活动内容等，提升活动策划效率 3. 借助 AI 实时监控活动数据，灵活调整互动策略，提高用户参与转化率 4. 借助 AI 生成直播数据报告，精准分析用户行为，制定优化方案

项目概述

本项目通过实际案例，对 AI+直播电商全流程进行汇总分析，重点讲解 AI 如何赋能直播策划、实施与复盘。学生将掌握如何利用 AI 优化直播脚本设计、用户互动环节，以及内容个性化和实时调整策略的方法。通过系统化的实践训练，培养学生在直播场景中的综合能力。

学习目标

1. 熟悉活动直播互动环节的设计与执行，包括抽奖等促销活动，提升用户参与度与转化率。

2. 提升团队协作与应变能力，熟悉活动直播中 AI 赋能的实时数据监控与动态调整功能。

3. 掌握活动直播后的数据复盘技巧，能够利用 AI 分析活动直播效果并形成优化建议。

4. 培养创新运营思维，能够利用 AI 优化日常直播中的脚本设计、商品展示与互动环节，提升直播效率和效果。

5. 培养活动策划能力，能够通过 AI 快速制定直播活动主题与营销策略，完成活动整体设计。

任务一　日常直播运营综合实训

任务分析

要掌握日常直播运营的核心技能，并进行相关实践活动，需要完成以下内容的学习。

1. 了解直播脚本的基本构成及设计要求，熟悉其规划流程，掌握如何利用 AI 快速生成直播脚本内容。

2. 熟悉直播互动环节设计要点，学会通过 AI 设计互动话术与活动方案，以提升直播间用户参与度和黏性。

3. 掌握直播数据的实时监测与分析方法，能够利用 AI 生成数据报告并制定优化方案，为后续直播提供改进思路。

【任务实施】

任务活动 1　日常直播策划

千乐咖啡是一家专注于精品咖啡生产与销售的品牌，其产品品类有经典意式浓缩、创意特色饮品及优质咖啡豆。在日常直播中，千乐咖啡利用 AI 策划直播脚本，快速生成产品介绍、互动话术及促销策略，同时通过 AI 优化直播互动环节设计。AI 的应用显著提升了直播的效率和精准度，有效增强了品牌吸引力和用户黏性。

具体操作步骤如下。

步骤 1：明确直播目标与定位。

直播目标：通过展示千乐咖啡的产品特色与品牌文化，提升品牌认知度和用户黏性，同时实现销售转化，推动品牌影响力的扩大。

直播定位：面向年轻上班族、学生群体，突出高品质原料、专业制作工艺及丰富的咖啡文化，满足目标群体对品质生活与文化体验的需求。

步骤 2：确定直播主题与形式。

根据千乐咖啡的品牌特色和已明确的直播目标与定位，规划日常直播的主题，需围绕产品展示与品牌文化传播展开。直播主题可以包含"精品咖啡豆的故事""冲泡技巧演示""新品推荐专场"等，形式上以互动性强的实时讲解与演示为主，搭配问答、抽奖等环节，增强观众的参与感。

步骤 3：确定直播产品。

结合千乐咖啡品牌特点和直播主题，本次日常直播的直播产品如表 9-2 所示。

表 9-2　直播产品

产品名称	花影莓语咖啡豆	纯阿拉比卡咖啡豆
产品亮点	由埃塞俄比亚、巴西和我国云南咖啡豆拼配而成，采用中浅烘焙工艺，风味层次丰富，具有花香与莓果酸甜的独特口感，非常适合制作手冲咖啡	选用 100%阿拉比卡咖啡豆，带有烤坚果与黑巧克力风味，采用中深烘焙工艺，口感醇厚顺滑，适合制作意式浓缩及花式咖啡
目标受众	偏爱果酸风味和复杂层次的精品咖啡爱好者，尤其是对咖啡文化有浓厚兴趣的用户	偏爱浓郁口感或喜欢制作拿铁、卡布奇诺等意式饮品的用户
推荐场景	适合日常手冲或聚会时饮用，提升生活品质	适合用于早晨提神或作为浓郁基底搭配牛奶饮用

步骤 4：直播脚本策划。

告诉 AI，根据确定的直播目标和直播主题等，写一个直播脚本，脚本内容需要包含具体的直播产品、介绍环节、主播话术、互动环节及各个环节的注意事项等。AI 生成的千乐咖啡直播脚本如表 9-3 所示。

> **提示词：**
>
> "请根据确定的直播目标和直播主题等，撰写一份完整的直播脚本。脚本需包含以下内容：具体直播产品（如花影莓语咖啡豆、纯阿拉比卡咖啡豆）的详细介绍；分阶段的直播流程规划；主播话术设计；观众互动环节（如问答、抽奖等）；各环节需要注意的细节与重点事项。"

表 9-3　AI 生成的千乐咖啡直播脚本

环节	时间	具体内容	主播话术	互动环节	注意事项
开场	第 1～3 分钟	主播热情欢迎观众，介绍直播流程及福利	"Hello，亲爱的小伙伴们！欢迎来到千乐咖啡直播间，我是主播［主播名字］。今天带大家开启咖啡之旅，有超多福利，大家要持续关注哦！"	引导观众发"千乐咖啡"，抽 3 位送精美咖啡杯垫	主播状态饱满，语速适中，抽奖规则简单易懂
花影莓语咖啡豆介绍	第 4～12 分钟	展示包装，介绍产地（埃塞俄比亚、巴西、我国云南）、中浅烘焙工艺及风味亮点（花香、莓果酸甜）	"小伙伴们，看这款花影莓语咖啡豆，它可是汇聚了三地精华！埃塞俄比亚的花香、巴西的醇厚、我国云南的别样风味，中浅烘焙，保留丰富层次，就像花果盛宴！"	提问是否喜欢手冲咖啡及喜欢的风味，抽 5 位送 100g 体验装	主播熟悉知识，讲解生动形象，展示包装和豆子细节

（续表）

环节	时间	具体内容	主播话术	互动环节	注意事项
花影莓语咖啡豆冲泡演示	第13～20分钟	准备器具（手冲壶等），演示手冲过程（称豆、研磨、温杯、闷蒸、注水等）并讲解要点	"接下来是见证奇迹的时刻！先称15g豆，研磨成粗砂糖大小，冲洗滤纸温杯，倒入咖啡粉，90℃～92℃水温闷蒸30秒后分段注水，注满约225ml水。"	邀请观众猜测冲泡好的咖啡液重量，选最接近的3位送200g装	冲泡动作熟练规范，讲解详细易懂，与动作配合，注意安全
纯阿拉比卡咖啡豆介绍	第21～28分钟	展示包装，介绍100%阿拉比卡豆、中深烘焙工艺及风味（烤坚果、黑巧克力）	"亲爱的朋友们，这款纯阿拉比卡咖啡豆超棒哦！100%阿拉比卡豆品质高，中深烘焙，有浓郁烤坚果和黑巧风味，适合做意式浓缩和花式咖啡哦！"	提问喜欢意式浓缩还是花式咖啡并分享经验，抽5位送100g体验装	主播对产品信息熟悉，展示突出特点，积极引导互动
互动问答	第29～33分钟	汇总并解答观众关于咖啡豆保存、烘焙度影响、冲泡水质等问题	"哇，看到大家提了好多问题，别着急，我来解答。咖啡豆开封后最好两周内喝完，放密封罐里，在阴凉干燥处保存；中浅烘焙酸度高，冲泡时水温稍低、时间短；中深烘焙苦味重，冲泡时水温高、时间长。"	抽3位积极提问的观众送千乐咖啡定制咖啡勺	提前准备常见问题的答案，回答耐心细致
新品推荐专场	第34～38分钟	介绍即将推出的新品咖啡豆（产地、风味特点等，不透露上市时间）	"小伙伴们，千乐咖啡有新品啦！来自神秘产地，风味独特，既有浓郁香气，又有别样口感，关注我们的账号获取消息！"	邀请观众猜测新品产地，抽猜中的3位送新品优先购买权	介绍简洁明了，突出重点，适度展示图片或视频，保持神秘感
抽奖	第39～42分钟	介绍抽奖规则（发送指定关键词）并抽奖（奖品有两款咖啡豆及礼盒等）	"激动人心的抽奖来啦！奖品丰厚，有花影莓语咖啡豆500g装、纯阿拉比卡咖啡豆500g装、咖啡礼盒等。大家发'千乐咖啡我爱你'，系统随机抽！"	抽奖时与观众互动，询问直播感受、建议等	抽奖过程公平公正，及时公布中奖名单及领奖方式，核对信息
结束	第43～45分钟	总结直播内容（两款咖啡豆的特点、冲泡技巧、问答重点等），感谢观众，预告下次直播（时间、主题）	"亲爱的小伙伴们，今天的直播接近尾声啦，感谢陪伴与支持！今天了解了两款咖啡豆，还有冲泡技巧等。别忘了关注我们的官方账号，下次直播［具体时间］，主题是'咖啡与美食的奇妙搭配'，不见不散！"	无	总结全面简洁，感谢真诚，预告清晰，吸引观众关注

步骤5：直播脚本优化。

结合 AI 生成的初版脚本内容，以直播产品的核心卖点和活动环节为基础，完善脚本设计，确保直播流程更具吸引力和逻辑性，全面提升观众参与感与直播效果。

优化思路如下。

1. 突出产品卖点

针对花影莓语咖啡豆和纯阿拉比卡咖啡豆的特点，在脚本中增加更具体的卖点描述，例如"花香与莓果酸甜的结合，适合喜欢清新风味的手冲爱好者"或"烤坚果香与黑巧克力的浓郁口感，早晨提神的不二之选"，帮助观众快速了解产品优势。

2. 增强互动性

在每个环节加入更多与观众互动的内容，例如向观众提问"你更喜欢手冲还是意式咖啡？"；冲泡演示时引导观众留言，如"大家觉得这款咖啡适合搭配什么点心？"；在促销环节加入实时投票或倒计时，增强参与感。

3. 调整主播话术

在促销环节调整主播话术，例如"前 50 名下单享 9 折优惠，再送定制咖啡杯"，刺激观众下单。主播话术优化策略如表 9-4 所示。

> **提示词：**
> "根据活动环节与内容的特点，优化主播的话术，使其在表达上更加亲和自然，能够有效地调动观众的情绪，同时增强直播互动性和用户黏性，为营造活动氛围和提升转化效果提供支持。"

表 9-4　主播话术优化策略

环节	优化前	优化后	优化点
开场	"Hello，亲爱的小伙伴们！欢迎来到千乐咖啡直播间，我是主播［主播名字］。今天带大家开启咖啡之旅，有超多福利，大家要持续关注哦！"	"欢迎大家来到千乐咖啡的直播间！我是你们的咖啡小助手××，今天不仅有超多福利，更有独家活动等你参与！马上签到领取专属优惠，更多惊喜等你来发现！"	增强代入感和亲和力，用"专属""独家"等词激发观众的参与兴趣
花影莓语咖啡豆介绍	"小伙伴们，看这款花影莓语咖啡豆，它可是汇聚了三地精华！埃塞俄比亚的花香、巴西的醇厚、我国云南的别样风味，中浅烘焙，保留丰富层次，就像花果盛宴！"	"给大家带来一款'果香四溢'的宝藏咖啡豆！它采用拼配工艺，中浅烘焙，每一口都能尝到花香与莓果的酸甜碰撞，尤其适合喜欢轻盈口感的朋友，快来留言告诉我，你更喜欢哪种风味呢？"	用具象化的词汇描述风味特征，结合互动问题激发观众的参与感
花影莓语咖啡豆冲泡演示	"接下来是见证奇迹的时刻！先称 15g 豆，研磨成粗砂糖大小，冲洗滤纸温杯，倒入咖啡粉，90℃～92℃水温闷蒸 30 秒后分段注水，注满约 225ml 水。"	"接下来给大家揭秘如何用简单的三步泡出专业级手冲咖啡！秘诀之一是把水温控制在 92℃，用画圈的方式缓缓注水，让咖啡萃取得更均匀。大家有没有试过这样的技巧？留言告诉我吧！"	突出"简单""秘诀"等关键词，让内容更具亲和力、更具互动性
纯阿拉比卡咖啡豆介绍	"亲爱的朋友们，这款纯阿拉比卡咖啡豆超棒哦！100% 阿拉比卡豆品质高，中深烘焙，有浓郁烤坚果和黑巧风味，适合做意式浓缩和花式咖啡哦！"	"给大家隆重推荐这款'烤坚果浓香、丝滑如绸'的纯阿拉比卡咖啡豆！它的中深烘焙工艺带来浓郁的烤坚果香气和顺滑的口感，特别适合作为清晨提神的第一杯咖啡，也可作为拿铁的基底！大家觉得它更适合哪种场景？快来投票告诉我吧，参与投票还有机会赢取咖啡体验装！"	提及"清晨提神的第一杯咖啡"和"拿铁基底"等具体使用场景，让观众更容易联想到生活中的应用
互动问答	"哇，看到大家提了好多问题，别着急，我来解答。咖啡豆开封后最好两周内喝完，放密封罐里，在阴凉干燥处保存；中浅烘焙酸度高，冲泡时水温稍低、时间短；中深烘焙苦味重，冲泡时水温高、时间长。"	"感谢大家的积极提问！我们挑了几个热门问题，例如'咖啡豆怎么保存最佳'。你们知道答案吗？保存好咖啡的关键就在于密封、避光……还想知道哪些咖啡小知识，继续留言告诉我！"	通过"问题竞猜"的方式激发观众参与互动，增强趣味性和参与感

（续表）

环节	优化前	优化后	优化点
促销	"小伙伴们，千乐咖啡有新品啦！来自神秘产地，风味独特，既有浓郁香气，又有别样口感，关注我们的账号获取消息！"	"终于来到大家期待的福利时刻啦！拼配组合打9折，前50名下单者即送千乐咖啡定制马克杯，这波优惠可以说是非常划算的，快戳下方链接！"	用"期待""非常划算"等词突出活动的独特性
抽奖	"激动人心的抽奖来啦！奖品丰厚，有花影莓语咖啡豆500g装、纯阿拉比卡豆咖啡豆500g装、咖啡礼盒等。大家发'千乐咖啡我爱你'，系统随机抽！"	"准备好了吗？福利抽奖马上开始！我们将在互动留言中随机抽取3位幸运粉丝，送出超高颜值的千乐咖啡定制礼盒！快留言告诉我们，你最喜欢哪款咖啡产品，中奖名单即将揭晓！"	加入"留言""颜值"等关键词，提升互动热度

4. 增强活动环节关联性

将新品促销与抽奖活动紧密结合，例如"购买任意两件新品咖啡豆，即可参与抽奖，有机会赢取千乐咖啡定制礼盒"，通过联合活动提高观众购买动力。

优化后的千乐咖啡直播脚本如表9-5所示。

表9-5　优化后的千乐咖啡直播脚本

环节	时间	具体内容	主播话术	互动环节	注意事项
开场	第1~5分钟	主播热情欢迎观众，简要介绍直播主题、流程和互动福利（签到、抽奖等）	"欢迎大家来到千乐咖啡的直播间！我是你们的咖啡小助手××，今天不仅有超多福利，更有独家活动等你参与！马上签到领取专属优惠，更多惊喜等你来发现！"	引导观众点赞、分享，签到送优惠券，预告隐藏福利码	语速适中，语气热情，快速进入主题，避免内容冗长
花影莓语咖啡豆介绍	第6~15分钟	展示花影莓语咖啡豆的包装、产地、风味特点（花香、莓果酸甜），适合手冲咖啡	"给大家带来一款'果香四溢'的宝藏咖啡豆！它采用拼配工艺，中浅烘焙，每一口都能尝到花香与莓果的酸甜碰撞，尤其适合喜欢轻盈口感的朋友，快来留言告诉我，你更喜欢哪种风味呢？"	提问观众："喜欢花香还是莓果风味？留言告诉我！"	强调亮点，语言精练，增强吸引力
花影莓语咖啡豆冲泡演示	第16~25分钟	演示花影莓语咖啡豆的手冲步骤，讲解研磨度、水温控制等要点，引导观众观察萃取效果	"接下来给大家揭秘如何用简单的三步，泡出专业级手冲咖啡！秘诀之一是把水温控制在92℃，用画圈的方式缓缓注水，让咖啡萃取得更均匀。大家有没有试过这样的技巧？留言告诉我吧！"	留言互动："喜欢冲泡咖啡的朋友请参与投票！我们会从中抽选3位送体验装！"	操作步骤要清晰流畅，避免操作与讲解脱节
纯阿拉比卡咖啡豆介绍	第26~35分钟	介绍纯阿拉比卡咖啡豆的风味（烤坚果、黑巧克力），适合制作意式浓缩及花式咖啡	"给大家隆重推荐这款'烤坚果浓香、丝滑如绸'的纯阿拉比卡咖啡豆！它的中深烘焙工艺带来浓郁的烤坚果香气和顺滑的口感，特别适合作为清晨提神的第一杯咖啡，也可作为拿铁的基底！大家觉得它更适合哪种场景？快来投票告诉我吧，参与投票还有机会赢取咖啡体验装"	引导观众投票："喜欢浓郁型咖啡的朋友请参与投票！我们将从投票观众中抽取3位送体验装。"	强调咖啡豆的适用场景，结合投票互动提升观众参与感
互动问答	第36~40分钟	回答观众关于咖啡豆保存、冲泡技巧的问题，分享趣味知识	"感谢大家的积极提问！我们挑了几个热门问题，例如'咖啡豆怎么保存最佳'。你们知道答案吗？保存好咖啡的关键就在于密封、避光……还想知道哪些咖啡小知识，继续留言告诉我！"	回答精选提问并送优惠券	提前准备标准答案，保证回答准确流畅，避免冷场

（续表）

环节	时间	具体内容	主播话术	互动环节	注意事项
推荐促销	第41~50分钟	推出拼配组合优惠活动（打9折），前50名下单者送定制马克杯	"终于来到大家期待的福利时刻啦！拼配组合打9折，前50名下单者即送千乐咖啡定制马克杯，这波优惠可以说是非常划算的，快戳下方链接！"	倒计时提醒观众下单	确保促销规则清晰透明，避免引发误解
抽奖	第51~55分钟	根据互动量随机抽取3位观众送出咖啡礼盒或优惠券	"准备好了吗？福利抽奖马上开始！我们将在互动留言中随机抽取3位幸运粉丝，送出超高颜值的千乐咖啡定制礼盒！快留言告诉我们，你最喜欢哪款咖啡产品，中奖名单即将揭晓！"	公布中奖名单，指导观众领取奖品	抽奖过程公开透明，及时公布中奖名单，避免观众质疑
结束	第56~60分钟	总结直播内容，回顾重点产品与促销优惠，感谢观众参与，并预告下次直播主题	"今天的直播圆满结束啦！感谢每一位小伙伴的陪伴，我们的咖啡旅程才刚刚开始！下次直播将揭秘更多咖啡搭配小技巧，还有更丰厚的福利等着你，记得锁定我们的直播间，大家不见不散！"	鼓励观众留言反馈，选取留言观众送福利	总结要简明扼要，真诚感谢观众，提升观众对品牌的好感度，为下次直播做铺垫

任务活动 2　日常直播实施

在实施直播之前，需要进行全面准备，包括设备调试、产品物料准备、脚本内容确认等。直播中要精准传递品牌价值和产品信息，提升观众参与度与购买转化率。

步骤1：检查与调试设备。

在日常直播前，设备的检查与调试是确保直播顺利进行的基础工作。需要提前一天检查直播所需设备，包括摄像头、话筒、灯光等，确保设备运行正常，无硬件故障。同时，需要进行网络测速，保证直播过程中网络连接的稳定性，避免出现卡顿现象，影响观众观看体验。主播还需调试直播软件，设置好分辨率、帧率、音频输入输出等参数，并进行简单的模拟直播，检查画面和声音效果是否清晰，确保直播质量。

步骤2：选择与布置场地。

直播场地的选择与布置直接影响直播间的整体视觉效果。应选择整洁、明亮、背景简洁的场地，避免背景杂乱，分散观众注意力。根据咖啡直播的主题和产品特点，适当加入一些与咖啡相关的装饰元素，例如咖啡豆摆件、咖啡杯、冲泡器具等，营造浓厚的直播氛围。灯光设置需要科学合理，确保主播的面部光线均匀、充足，同时保证产品展示区域光线明亮，使产品细节清晰可见。

步骤3：准备直播产品。

产品是日常直播的核心内容，其准备工作至关重要。在直播前需确保所有展示的咖啡产品（包括花影莓语咖啡豆和纯阿拉比卡咖啡豆）数量充足且包装完好。产品应摆放整齐，方便主播在直播过程中快速拿取和展示。同时，主播需准备好产品的相关资料，包括产品介绍文案、卖点提炼及冲泡方法说明，确保直播时产品介绍准确、详细，有助于提升观众对产品的信任感和购买意愿。

步骤4：主播做好开播准备。

主播是直播间的核心人物，其准备工作对直播成效有直接影响。在日常直播前，主播需熟悉直播脚本，了解直播流程、话术及互动要点，对产品信息做到全面掌握。同时，主播的形象也需符合品牌定位，包括得体的服装、妆容等，以传递专业、可靠的品牌形象。心态方面，主播应提前调整状态，保持积极、热情的精神面貌，以最佳状态迎接直播，为观众带来愉悦的观看体验。

步骤5：注重直播过程。

在直播过程中，需要注意把握每个环节的细节与节奏。开场时，主播应准时上线，热情问候观众，并清晰介绍直播主题、流程和互动规则，确保观众快速了解直播内容。产品介绍与演示环节需突出核心卖点，讲解内容简明易懂，同时通过展示产品细节和冲泡演示增强观众对产品的直观感受；注意语言生动、节奏适中，避免内容冗长或过于复杂。在互动环节，通过问答、抽奖等形式提高观众参与度，主播需准确说明规则，及时反馈，确保互动公开透明。在引导下单时，注意详细说明产品优惠、库存及购买流程，消除观众疑虑，避免因信息不明确而影响销售转化率。直播结束时，总结内容简洁明了，再次感谢观众支持，提前预告下次直播主题，以保持观众对直播间的关注与期待。整个直播过程中，主播需保持热情、专业的态度，及时处理突发问题，确保直播顺畅进行。

任务活动3　日常直播效果分析

日常直播效果分析是评估直播成效和优化后续策略的重要环节。通过数据分析，商家能够了解观看人数、互动频率和销售转化率等关键指标，发现直播中的亮点与不足。

步骤1：确定日常直播的监测数据。

通过监测直播观看人数、观看时长、互动数据和销售数据，商家可全面评估直播效果，发现直播各个环节的亮点与不足，为优化内容与策略提供数据支持。

步骤2：AI协助数据分析。

在直播结束后，需要通过平台后台下载当天的直播数据，包括观看人数、互动次数、点赞量、评论内容、下单量、转化率等关键指标，并借助AI工具对数据进行深入分析，生成分析报告。分析报告部分内容展示如图9-1至图9-4所示。

为进一步观察数据分布情况，图9-2呈现了"实时在线人数""进入直播间人数"与"直播间离开人数"的箱线图。图中箱体表示数据中间的50%范围，中线为中位数，虚线表示正常波动范围，圆圈为异常值。由图可见，三项数据均存在一定离群值，进入与离开的数据波动相对更大，说明观众进出频率较高，直播间存在较大的人流浮动。

图9-3展示了各直播指标之间的相关性热力图。颜色越深，表示相关性越强。可以看出，商品曝光人数与进入直播间人数、实时在线人数之间存在强正相关关系，表明曝光量越高，吸引观看的人越多。同时，成交订单数与成交金额之间的相关性接近1，说明成交金额主要受订单数量影响。这类图表有助于定位关键影响因子，为内容、节奏和转化策略的优化提供方向。

需要说明的是，由于本场直播期间并未新增直播团队成员，"新加直播团队人数"字段数据为空，未参与后续分析与图表绘制。

> **提示词：**
>
> "请根据千乐咖啡的直播数据表，分析直播期间的关键数据，并生成一份详细的数据分析报告。报告需涵盖以下指标：实时在线人数、进入直播间人数、直播间离开人数、成交金额、互动数据（如点赞次数、评论次数等），并对数据进行解读，提出相关结论。"

下面是详细报告内容：

《直播数据的详细分析报告》

一、数据概述

- 文件名为'直播详情页_4 块 9 包邮咖啡豆冲冲冲！_流量综合趋势分析下载_数据更新日期 2025-01-13 (1).xlsx'，包含了直播相关的数据信息。

- 文件中包含了'分钟级'和'小时级'两个工作表。

- 我主要对'分钟级'工作表的数据进行分析，该工作表包含了 109 行 22 列数据，列名信息如下：

  - 时间：记录直播的具体时间。
  - 实时在线人数：直播过程中实时的在线人数。
  - 进入直播间人数：进入直播间的人数。
  - 直播间离开人数：离开直播间的人数。
  - 成交金额：直播中的成交总金额。
  - 成交人数：成功成交的人数。
  - 新增粉丝数：新增的粉丝数量。
  - 新加直播团人数：新加入直播团的人数。
  - 评论次数：直播的评论数量。
  - 点赞次数：直播的点赞数量。
  - 商品曝光人数：商品被曝光的人数。
  - 商品点击人数：商品被点击的人数。
  - 成交订单数：成交的订单数量。
  - 曝光-观看率：商品曝光与观看的比率。
  - 人均观看时长：观众平均的观看时长。
  - 互动率：直播的互动比例。
  - 关注率：关注主播的比例。
  - 负反馈率：负面反馈的比例。
  - 负反馈次数：负面反馈的次数。
  - 千次观看成交金额：每千次观看的成交金额。
  - 商品点击率：商品被点击的比例。
  - 商品点击-成交率：商品点击与成交的比例。

展开过程 ∨

二、实时在线人数、进入直播间人数和直播间离开人数的分布情况

1. 描述性统计分析

统计量	实时在线人数	进入直播间人数	直播间离开人数
count	109.00	109.00	109.00
mean	23.28	37.21	36.92
std	11.89	21.83	20.91
min	0.00	1.00	0.00
25%	12.00	22.00	22.00
50%	25.00	32.00	33.00
75%	32.00	50.00	50.00
max	55.00	113.00	110.00

- 中心趋势：
  - 从均值来看，进入直播间人数（37.21）和直播间离开人数（36.92）较为接近，且均大于实时在线人数（23.28）。这可能暗示着直播间有一定的人员流动，且进入的人数在大部分时间内比实时在线的人数要多。中位数（50% 分位数）也呈现出类似的趋势，进入和离开人数的中位数大于实时在线人数的中位数，进一步说明直播间的人员动态变化情况。

- 离散程度：
  - 进入直播间人数和直播间离开人数的标准差较大（分别为 21.83 和 20.91），相比实时在线人数的标准差 11.89 大很多。这表明进入和离开直播间的人数波动幅度较大，可能受到多种因素的影响，如直播的推广活动、时段、内容吸引力等。最小值和最大值的差距也很大，进入直播间人数最多达到 113 人，最少为 1 人，这种较大的范围也反映出数据的不稳定性。

图 9-1　AI 生成的数据分析报告部分内容

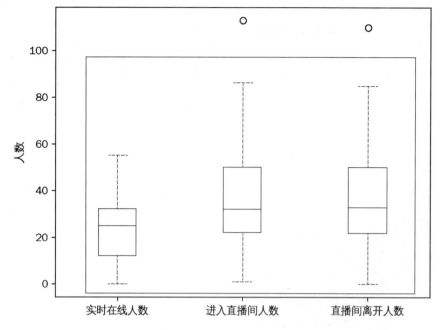

图 9-2　实时在线人数、进入直播间人数和直播间离开人数的箱线图

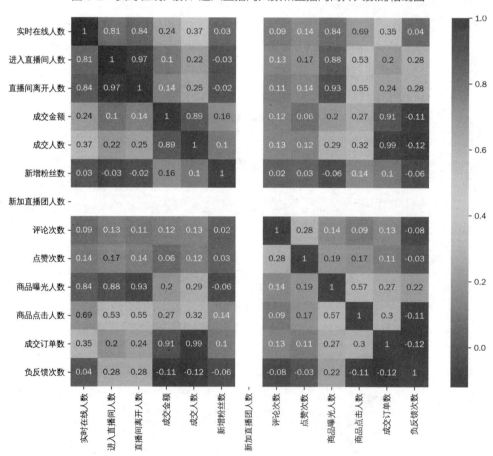

图 9-3　直播具体数据的相关系数热力图

提示词：

"请基于数据分析报告，撰写一份直播总结。总结需包括直播中存在的问题和不足之处，以及针对这些问题的具体改进方向和优化建议，为后续直播提供指导。"

根据分析结报告，写总结，内容包括目前的问题、以及如何改进。

总结

通过对直播数据的详细分析，发现以下几个方面的问题及其相应的改进方法。

1. 人员流动与在线人数方面

- **问题**：进入和离开直播间的人数波动幅度大，而实时在线人数相对较低，表明直播的吸引和留存能力有待提高，可能是推广策略、时段选择或内容本身未能有效吸引和留住观众。

- **改进方法**：
  ○ 深入分析不同时段的直播数据，根据人员流动高峰和实时在线人数低的时段，制定专门的推广计划，如与社交媒体平台合作进行定向广告投放，或者邀请有影响力的粉丝或博主进行直播预告和宣传。
  ○ 加强直播内容的策划，增加互动环节，如问答、抽奖、▇▇优惠等，提高观众的参与度和留存率。同时，根据观众的反馈及时调整直播内容和形式，以满足他们的需求和期望。

2. 成交转化方面

- **问题**：实时在线人数与成交相关变量的相关性较弱，说明直播过程中未能有效将在线观众转化为实际的成交客户。可能是商品展示、价格策略或购买流程存在不足。

- **改进方法**：
  ○ 优化商品展示方式，采用更吸引人的视觉效果和详细的产品介绍，突出商品的特点和优势。例如，制作精美的商品海报、演示视频等，让观众更清晰地了解商品信息。
  ○ 重新评估价格策略，进行市场调研，了解竞争对手的价格水平，结合商品的成本和价值，制定具有竞争力的价格体系。同时，可以考虑推出▇▇折扣、套餐组合等促销活动，吸引观众购买。
  ○ 简化购买流程，减少不必要的步骤和验证环节，确保观众能够快速、便捷地完成购买操作。可以通过提供多种支付方式、优化支付界面等方式，提高购买的便利性。

3. 成交金额波动方面

- **问题**：成交金额存在较大波动，业务成交情况不稳定，可能是受促销活动、市场需求变化或其他外部因素的影响。

- **改进方法**：
  ○ 对成交金额高的日期进行详细分析，总结成功的因素，如促销活动的类型、力度、时间等，并在其他合适的时机复制这些成功经验。同时，根据市场需求的变化，提前做好商品储备和促销准备，以应对需求高峰。
  ○ 建立市场监测机制，实时关注市场竞争情况、消费者需求变化和行业动态。根据监测结果，及时调整直播的商品种类、价格策略和促销活动，保持业务的竞争力和稳定性。

通过以上改进措施的实施，有望提高直播的吸引力、转化率和成交稳定性，进一步提升直播业务的绩效和效益。

图 9-4　根据报告内容提出优化措施

步骤 3：复核汇总分析内容。

对数据进行复核与分析汇总时，需要确保数据内容正确。同时，要关注指标间的关联性，深入分析直播优势与不足。

1. 直播观看人数

本次直播的总观看人数为 4056 人，整体覆盖面较广，直播间具备一定的引流能力。最高同时在线人数为 55 人，集中出现在直播前段或产品重点展示环节，但随后人数有所下降，说

明直播内容对观众的持续吸引力仍有提升空间。建议在高峰时段加入抽奖、投票等互动环节，提升观众停留意愿，并在直播开场 15 分钟内设置限时优惠、隐藏福利等吸引点，降低观众早期流失率。

2. 观看时长

数据分析显示，人均观看时长为 25.8 秒，仍处于较低水平。这可能与直播节奏较慢、内容吸引力不足等因素相关。建议在今后的直播中加快节奏，快速切入主题，减少铺垫。同时，可增加"快速问答""秒杀倒计时"等短时互动环节，提高观众专注度与参与感。

3. 互动数据

直播间的互动活跃度偏低，总点赞数为 7 次，评论次数为 29 次，说明观众的参与热情和内容互动性有待提升。主播可在直播过程中主动提问或设置投票话题，激发观众留言讨论。例如，"你更喜欢手冲还是意式咖啡"等轻话题可有效引导评论。此外，也可引入 AI 生成互动话术，增强回复效率和趣味性，提升整体互动体验。

4. 销售数据

本次直播共成交 108 人、112 笔订单，总成交金额为 924.6 元，平均每笔订单金额较低。商品点击率平均为 36.5%，商品点击-成交率约为 12.6%，说明直播内容能在一定程度上吸引点击，但转化仍有限。后续直播建议进一步强化产品卖点呈现，尝试以短视频演示、实际对比、优惠组合等方式提升购买动力，如设置"满 100 元减 20 元"或"两件 8 折"等策略，以推动转化率和客单价提升。

进阶小课堂

在电商领域利用 AI 进行数据分析的实用技巧小贴士如下。

1. 明确目标。例如，"分析电商平台上过去三个月不同品类商品的销售趋势，重点关注销售额和销售量的变化"，清晰地告知 AI 需分析的具体内容和重点方向，让 AI 生成的分析更具针对性。

2. 细化指标。例如，"计算服装品类中男装、女装各自的平均客单价、订单量及退货率，并分析它们之间的相关性"，详细的指标能使 AI 准确理解需求，提供更精准的分析思路和方法。

3. 简洁明了。使用类似于"以简洁的语言和直观的图表呈现电商平台用户的年龄分布、地域分布及购买频次等数据，突出关键数据和结论"的描述，让 AI 生成的数据分析报告简洁易懂，便于快速获取核心信息。

任务二　活动直播运营综合实训

利用 DeepSeek 生成
新品直播策划方案

任务分析

要掌握活动直播运营的核心技能，并进行相关实践活动，需要完成以下内容的学习。

1. 熟悉活动直播的策划与实施流程，包括直播主题设定、互动环节设计及促销活动安排，能够根据目标受众的需求设计吸引力强的直播方案。

2. 掌握活动直播中促销策略的制定与优化方法，灵活运用 AI 生成活动宣传内容、互动脚本和促销文案，提升活动直播的传播效果与转化效率。

【任务实施】

任务活动 1　活动直播策划

千乐咖啡计划举办一场活动直播，本次活动以打造强互动、促销和独特体验为核心，旨在通过直播内容与环节，吸引更多观众参与活动并形成品牌深度传播。活动直播将围绕节日促销、新品发布及互动专场展开，目标是通过精心设计的折扣活动、满赠活动和抽奖环节，促使观众下单购买。具体操作步骤如下。

步骤 1：确定活动直播主题。

活动直播主题是活动直播策划的核心，直接影响直播内容的吸引力和观众参与度。主题的选择应结合品牌定位、产品特点和目标受众的兴趣点。借助 AI 生成活动直播主题，并对其进行优化，如图 9-5 和图 9-6 所示。

最终选定的活动直播主题：手冲新趣，千乐咖啡直播，节日特惠等你享！

> **提示词：**
>
> "根据直播背景'千乐咖啡计划举办一场活动直播，本次活动以打造强互动、促销和独特体验为核心，旨在通过直播内容与环节，吸引更多观众参与活动并形成品牌深度传播。本次活动不仅是产品销售的窗口，更是品牌与观众之间的特别联结点。活动直播将围绕节日促销、新品发布及互动专场展开，目标是通过精心设计的折扣活动、满赠活动和抽奖环节，促使观众下单购买'，写一个活动直播主题。"

1. 千乐咖啡欢乐购：节日特惠·新品首发·互动狂欢
2. 千乐咖啡狂欢节：██折扣 + 惊喜新品 + 互动盛宴
3. 千乐咖啡互动直播夜：节日促销、新品登场、惊喜连连
4. 千乐咖啡██狂欢：新品首发，节日特惠，互动赢好礼
5. 千乐咖啡：节日大促，新品闪耀，互动嗨不停
6. 千乐咖啡直播间：新品发布 & 节日特惠 & 互动专场
7. 千乐咖啡节日派对：新品上市，██折扣，互动赢不停
8. 千乐咖啡惊喜直播：新品首秀，节日特惠，互动有礼
9. 千乐咖啡狂欢直播：新品来袭，节日好价，互动不停
10. 千乐咖啡██派对：新品发布，节日优惠，互动抽奖

图 9-5　AI 生成的活动直播主题

提示词：

"当前主题内容略显生硬，请融入更多咖啡文化元素，提升主题对目标受众的吸引力。"

为直播主题添加咖啡文化元素，可从咖啡豆产地、烘焙工艺、冲泡手法等方面入手。下面从不同侧重点为你创作一批主题。

1. 啡尝时刻：千乐咖啡节日狂欢，新品与文化共品

2. 啡凡盛宴：千乐咖啡新品首发，畅享节日优惠

3. 研磨时光，千乐咖啡直播狂欢，新品与好礼齐飞

4. 馥郁之约：千乐咖啡节日直播，新品抢"鲜"互动

5. 千乐咖啡，啡你莫属：节日特惠，邂逅新品醇香

6. 啡香满溢直播间：千乐咖啡新品发布，互动有礼

7. 手冲新趣，千乐咖啡直播，节日特惠等你享

8. 当咖啡遇见节日：千乐新品首发，互动狂欢不停

9. 千乐咖啡，啡香奇遇：节日促销，共鉴新品魅力

10. 咖啡时光机：千乐直播，新品探秘，互动赢好礼

图 9-6　优化后的活动直播主题

步骤 2：确定活动直播的产品和优惠内容。

在活动直播中，选择适合活动的产品，如明星产品、新品和组合套餐，能快速吸引观众关注。优惠内容可设计折扣活动、满赠活动、互动抽奖等，提升观众参与度和转化率。活动直播的产品和优惠内容如表 9-6 所示。

表 9-6　活动直播的产品和优惠内容

产品名称	产品特点	单品促销活动
美式黑咖（30 条装）	经典美式口感，采用精选优质咖啡豆精制而成，方便快捷，适合日常饮用与办公室备货	8 折优惠，满 99 元赠送品牌马克杯
白芸豆黑咖（30 条装）	特别添加白芸豆成分，低热量更健康，兼具减脂功能和美味，适合关注健康与体型管理的用户	
白芸豆黑咖（10 条装）	精巧包装，便于携带，营养丰富且健康友好，适合初次尝试低卡饮品的用户	买 2 送 1，特价
美式黑咖（10 条装）	小包装设计，轻便易携，保持纯正美式风味，适合差旅携带或尝鲜体验，满足多场景需求	
三合一生椰拿铁（10 条装）	椰香与咖啡的完美融合，奶香浓郁又不过于甜腻，口感丝滑，适合喜欢热带风情和轻奢体验的消费者	
三合一意式特浓（10 条装）	浓郁意式风味，快速提神且口感顺滑，适合需要高效提神的上班族	
花影莓语咖啡豆（280g/袋）	来自优质产区，果香浓郁，伴随淡淡莓果酸甜风味，回甘悠长，适合手冲咖啡爱好者及追求层次感的咖啡饮用者	9 折优惠，满 2 件赠送手冲壶和咖啡滤纸
云南小粒咖啡豆（280g/袋）	产自中国云南高海拔优质种植地，香气浓郁，味道微酸，带有坚果和巧克力的风味，适合家庭或商务场景	

步骤 3：策划活动直播脚本。

在策划活动直播脚本时，可以利用 AI 生成并优化符合"手冲新趣，千乐咖啡直播，节日特惠等你享！"主题的脚本，包括直播流程规划、产品介绍、促销活动设计、互动环节等内容，如图 9-7 和表 9-7 所示。

> **提示词：**
>
> "直播主题：手冲新趣，千乐咖啡直播，节日特惠等你享！请根据直播产品和促销活动信息，设计一份完整的活动直播脚本。脚本需包括以下内容。
>
> 1. 直播流程规划：明确每个环节的时间安排，如开场、产品展示、互动、促销活动和结束总结等环节。
>
> 2. 产品介绍：详细说明直播中展示的产品的特点、核心卖点和适用场景。
>
> 3. 促销活动设计：结合优惠信息，设计折扣、满赠或抽奖等促销环节。
>
> 4. 互动环节：策划问答、观众评论互动、弹幕活动等，以增强观众的参与感。
>
> 5. 主播话术：为每个环节编写合适的主播话术，突出品牌和产品特色，同时引导观众关注和下单。
>
> 请确保脚本内容结构清晰，流程顺畅，充分展现直播主题与产品特点，同时通过互动与促销环节提高用户参与度与转化率。"

一、开场（第1～2分钟）

- **主播亮相**：主播热情洋溢地跟观众打招呼，欢迎大家来到"手冲新趣，千乐咖啡直播，节日特惠等你享！"直播间，介绍自己是今天的主播 [主播名字]，今天将带大家领略千乐咖啡的独特魅力，还有超多节日特惠和互动福利等着大家。

- **直播主题及活动介绍**：简单介绍本次直播的主题，强调千乐咖啡一直致力于为大家带来高品质的咖啡体验，今天不仅有丰富的产品展示和优惠活动，还会有很多有趣的互动环节，让大家在享受咖啡的同时，也能收获满满的惊喜和快乐。提及本次直播围绕节日促销、新品发布以及互动专场展开，会通过精心设计的折扣、满赠活动和抽奖环节。

二、产品介绍与优惠活动（第3～30分钟）

- **美式黑咖（30 条装）**（第3～7分钟）

  ○ **产品展示**：主播拿出美式黑咖（30 条装），展示包装，介绍其经典美式口感，采用精选优质咖啡豆精制而成，方便快捷，适合日常饮用与办公室备货。

  ○ **冲泡演示**：现场用热水冲泡一杯美式黑咖，展示其冲泡过程简单易操作，同时讲解冲泡时的水温、水量等，让观众在家也能轻松泡出美味咖啡。

  ○ **优惠活动介绍**：告诉观众这款美式黑咖（30 条装）有8 折优惠，满 99 元还有额外惊喜，吸引观众下单购买。

- **白芸豆黑咖（30 条装）**（第8～12分钟）

  ○ **产品展示**：拿出白芸豆黑咖（30 条装），重点介绍其特别添加的白芸豆成分，强调低热量更健康，兼具减脂功能和美味，适合关注健康与体型管理的用户。

  ○ **对比品尝**：将白芸豆黑咖与美式黑咖进行口感对比，让观众更直观地感受其口感差异和独特优势。

  ○ **优惠活动介绍**：说明购买这款白芸豆黑咖（30 条装）赠送品牌马克杯，提醒观众不要错过这个实惠又实用的赠品。

图 9-7 直播脚本初次生成的部分内容

提示词：

"脚本内容需进一步优化。直播时间为 2 小时，请根据各个环节详细规划，明确主播在每个环节的具体任务，包括产品介绍、促销活动设计、互动环节等内容。同时，为每个环节编写相应的话术和注意事项，并将整体内容整理成表格形式，以便更直观地呈现直播流程与执行细节。"

表 9-7　千乐咖啡活动直播脚本策划表

时间段	环节名称	主播任务	话术模板	注意事项
第1～5分钟	开场欢迎与直播预告	1. 欢迎观众，简单介绍直播主题、活动亮点和时间安排	"大家好，欢迎来到千乐咖啡的直播间！今天我们的主题是'手冲新趣，节日特惠等你享！'，全程超多优惠和福利，快分享给朋友一起来！"	1. 热情自然，语速适中
		2. 引导观众分享直播链接和关注直播间		2. 强调福利和互动内容，吸引观众停留
第6～10分钟	初步互动：留言抽奖	1. 引导观众留言，例如他们的咖啡喜好或喝咖啡的习惯	"大家最喜欢喝哪种咖啡呢？美式、拿铁还是特浓？快留言告诉我们，我们会从留言中抽取2位幸运观众送出试饮装！"	1. 及时关注弹幕，随机抽取并公布中奖观众昵称
		2. 随机抽取 2 名留言观众送出试饮装，活跃直播氛围		2. 保证互动环节公平透明
第11～20分钟	产品展示：速溶咖啡系列	1. 按顺序介绍美式黑咖（30条装）和白芸豆黑咖（30条装）的特点	"第一款是我们的经典美式黑咖，冲泡简单、低糖低脂，非常适合上班族。现在全场8折，满99元还送马克杯！接下来是白芸豆黑咖，健康低卡，特别适合减脂人群！"	1. 冲泡演示要简洁明了，展示产品的实际效果
		2. 演示速溶咖啡的冲泡方法，突出便捷性和口感		2. 回答观众提问，如"白芸豆咖啡适合晚上喝吗？"
第21～25分钟	互动游戏：快速答题	1. 提出与咖啡相关的小问题，例如咖啡知识或冲泡技巧	"提问时间到！谁知道，意式浓缩咖啡需要多少秒来萃取？快在弹幕里回答吧，回答正确，我们会送出小礼品哦！"	1. 问题设计要简单有趣，易于参与
		2. 答对的观众可获得小礼品，如试饮装或优惠券		2. 保证答案准确，并及时公布中奖者昵称
第26～35分钟	产品展示：三合一系列	1. 重点介绍三合一生椰拿铁和意式特浓	"这款生椰拿铁，有浓郁的椰香和奶香，适合喜欢热带风情的朋友；意式特浓则能快速提神，特别适合加班党。今天第二件半价，还送试饮装！"	1. 冲泡演示要突出细腻口感和香气，吸引观众感官体验
		2. 演示冲泡三合一咖啡，展示椰香与浓香的特点		2. 及时回应弹幕提问，如"椰拿铁能做冰咖啡吗？"
		3. 鼓励观众互动提问		/
第36～45分钟	观众分享：咖啡特别时刻	1. 引导观众分享他们最喜欢的咖啡与生活时刻，例如早晨提神或下午茶时光	"咖啡陪伴了我们生活的许多时刻，大家最喜欢什么时候喝咖啡呢？快留言分享，我们会从中抽取幸运观众送出礼包！"	1. 确保互动氛围轻松愉快，积极回应观众留言
		2. 从留言中抽取 3 位幸运观众赠送咖啡体验礼包		2. 公布中奖者昵称时语气热情，营造参与感

（续表）

时间段	环节名称	主播任务	话术模板	注意事项
第46~55分钟	产品展示：咖啡豆系列	1. 详细介绍花影莓语果香咖啡豆和云南小粒咖啡豆的特点	"手冲咖啡迷看过来！花影莓语果香咖啡豆果香浓郁，非常适合手冲；云南小粒咖啡豆则有坚果和巧克力香气，是经典口感的代表。今天满2件9折，还送滤纸！"	1. 演示过程中保持语言生动，结合咖啡豆特点吸引观众兴趣
		2. 演示手冲咖啡的流程，讲解手冲技巧和风味特点		2. 回答观众提问，如"手冲水温多少合适？"
第56~70分钟	限时秒杀：速溶咖啡10条装	1. 宣布秒杀产品及规则，提醒观众抓紧抢购	"秒杀时间到！今天美式黑咖10条装只需××元，数量有限，倒计时10秒开始抢购！10、9、8……"	1. 确保秒杀产品信息准确无误
		2. 倒计时引导观众参与秒杀活动，营造紧张氛围		2. 倒计时语速逐渐加快，增强紧迫感
第71~80分钟	咖啡问答：现场互动	1. 主动挑选弹幕上的问题回答，结合产品或优惠活动讲解	"有观众问咖啡豆存放多久最佳。一般来说，咖啡豆开封后在一个月内饮用风味最佳。大家还有什么问题？欢迎随时提问！"	1. 挑选有代表性的问题，回答清晰简洁
		2. 引导观众提问，提升参与度		2. 避免回答敏感问题或负面话题，保持直播氛围积极正向
第81~90分钟	抽奖环节：幸运大礼	1. 进行大礼抽奖活动，例如赠送咖啡豆或定制咖啡杯	"最后的幸运时刻到了！现在抽出3位观众送出花影莓语果香咖啡豆和千乐定制马克杯！恭喜×××、×××，快联系后台留下地址吧！"	1. 确保抽奖过程公平透明
		2. 公布中奖观众昵称并提醒观众填写收货信息		2. 公布中奖信息后，明确领奖方式和期限
第91~120分钟	总结优惠与结尾感谢	1. 回顾直播亮点，提醒优惠活动截止时间	"今天的直播就到这里啦！感谢大家陪我们度过愉快的咖啡时光！关注我们直播间，不错过更多惊喜！"	1. 总结语气亲切自然
		2. 感谢观众支持并引导关注直播间，预告下次活动主题		2. 预告下次直播活动，保持观众期待

步骤4：活动直播预热。

活动直播预热是提升直播间流量和观众参与度的关键，通过提前传递直播主题、时间和亮点，吸引目标观众关注并为直播积累热度，确保开播时能快速形成高人气和高转化率。

1. 直播预告图文

直播预告图文是通过视觉化的方式宣传直播主题、时间和活动亮点，吸引潜在观众的关注，为直播间提前聚集流量。首先，直播主题应简洁明了且具有吸引力，如"手冲新趣，千乐咖啡直播，节日特惠等你享！"，通过富有趣味性和独特性的表达方式，迅速抓住观众的兴趣点。其次，明确直播时间和观看平台，如"1月25日20:00，抖音直播"，确保观众能够清楚地了解直播安排。

在内容设计上，需要突出直播的核心亮点，如直播期间推出的优惠活动、独家好礼及抽奖活动等活动，这些内容能够有效激发观众的参与意愿。此外，图文设计需要与品牌风格保持一致，围绕直播主题选用咖啡手冲壶、咖啡豆、拉花咖啡等元素，传递出专业与品质感；同时融入具有节日氛围的元素，如礼物盒、灯串等，营造出温暖且吸引人的节日气息。在配色上，建议以咖啡棕和奶白色为主，点缀金色或橙色，既能体现品牌风格又能增强视觉冲击力。

AI 生成的活动直播预热图如 9-8 所示。

> **提示词：**
> "画布：竖版，1080 像素×1920 像素。
> 主标题：手冲新趣 千乐咖啡直播（字体醒目）。
> 副标题：节日特惠等你享！（字形简洁，提升吸引力）
> 直播时间：1 月 25 日 20:00。
> 平台信息：抖音直播标识或图标。
> 背景元素：可以包含咖啡器具、手冲场景、咖啡豆等元素，符合咖啡主题风格。
> 配色：以咖啡棕、奶白色为主色调，辅以节日元素点缀（如灯串或礼物盒）。
> 确保图片整体布局简洁明了，主题突出，能吸引目标观众进入直播间。

图 9-8　AI 生成的活动直播预热图

利用 AI 生成多张活动直播预热图后，挑选最契合主题且视觉吸引力最强的作品。随后，通过图片编辑工具或平台 AI 设计功能，对活动直播预热图进行优化，如替换元素、调整色调、添加直播时间和主播名字等，使其更加贴合活动需求。

2. 活动直播预热文案

发布活动直播预热文案的目标是通过平台动态、社交媒体平台和私域流量等渠道，精准传递直播活动信息，吸引潜在观众的关注和参与。文案开头应突出直播的独特卖点，如"手冲新趣，福利大放送，千万别错过！"，快速抓住观众的注意力。随后概述直播看点，如新品手冲咖啡介绍、制作演示及独家优惠。最后，用明确的话术引导观众，例如"预约直播，不错过精彩福利！"，确保活动直播预热文案简洁有力且富有吸引力。

利用 AI 生成和优化活动直播预热文案，如图 9-9 和图 9-10 所示。

> **提示词：**
> "根据以下信息，撰写一篇适用于社交媒体平台（如抖音、小红书、微信等）的活动直播预热文案，要求简洁、有吸引力。
> 直播主题：手冲新趣，千乐咖啡直播，节日特惠等你享！
> 时间：1 月 25 日 20:00。

直播亮点：新品手冲咖啡介绍、手冲技巧专业演示、独家优惠和互动抽奖。

引导观众行动：引导观众预约直播、分享活动预告或参与评论互动。

文案风格：亲切、有趣，强调福利和参与感，突出直播互动性与专属活动吸引力。"

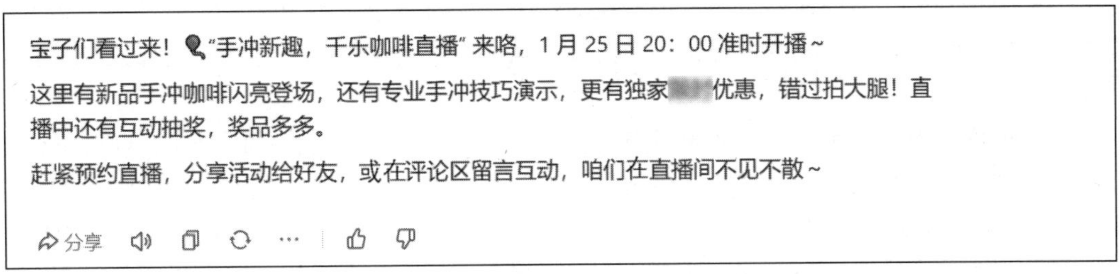

宝子们看过来！🔍"手冲新趣，千乐咖啡直播"来咯，1月25日20：00准时开播～

这里有新品手冲咖啡闪亮登场，还有专业手冲技巧演示，更有独家▇▇优惠，错过拍大腿！直播中还有互动抽奖，奖品多多。

赶紧预约直播，分享活动给好友，或在评论区留言互动，咱们在直播间见不散～

↗分享 🔊 ▢ ○ ⋯ | 👍 👎

图 9-9　AI 生成的活动直播预热文案

提示词：

"文案还需要继续优化，开头吸引力强，主题鲜明，使用简单符号或关键词增强视觉冲击力；内容分层清晰，包括直播时间、亮点和福利，方便观众快速了解直播；语言亲切有趣，注重互动感；结尾添加行动召唤，引导观众预约直播、分享活动或留言互动。"

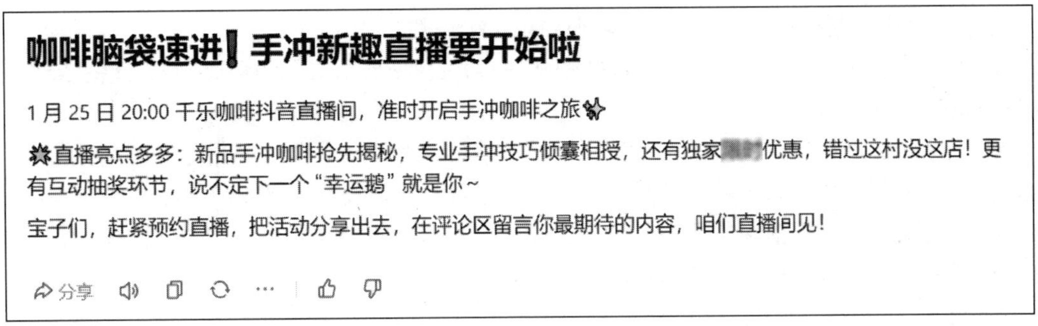

咖啡脑袋速进❗手冲新趣直播要开始啦

1月25日20:00 千乐咖啡抖音直播间，准时开启手冲咖啡之旅🍃

🎉直播亮点多多：新品手冲咖啡抢先揭秘，专业手冲技巧倾囊相授，还有独家▇▇优惠，错过这村没这店！更有互动抽奖环节，说不定下一个"幸运鹅"就是你～

宝子们，赶紧预约直播，把活动分享出去，在评论区留言你最期待的内容，咱们直播间见！

↗分享 🔊 ▢ ○ ⋯ | 👍 👎

图 9-10　AI 优化后的活动直播预热文案

任务活动 2　活动直播实施

活动直播需要通过充分的前期准备，确保直播流程顺畅。直播过程中，通过创意展示、互动环节和精准引导，传递品牌价值，提升观众参与度和购买转化率。

步骤 1：检查与调试设备。

设备运行的稳定性是活动直播顺利进行的基础，需要提前一天对设备进行全面检查与调试。

（1）检查设备：确认摄像头、话筒、灯光、背景屏幕等设备功能正常，特别是要确保主播和产品展示区域光线均匀明亮，避免出现阴影或反光问题。

（2）测试网络：建议使用有线网络，避免直播中出现卡顿问题，多次测试确保网络速度稳定，同时设置备用网络以应对突发状况。

（3）模拟直播：在正式开播前进行模拟直播，检查直播软件的分辨率、帧率、音频参数是否达到直播要求，重点测试产品演示环节的画面与声音是否清晰。

步骤 2：布置场地与营造氛围。

需结合主题精心布置活动直播场地，以打造沉浸式体验。

（1）选择场地：选择安静、宽敞、明亮的场地，背景尽量简洁干净，避免分散观众注意力。

（2）选择装饰：根据直播主题"手冲新趣；千乐咖啡直播，节日特惠等你享！"，布置与咖啡相关的装饰，如咖啡豆摆件、手冲器具、品牌标志背景板等，营造出温馨且专业的直播氛围。

（3）布置灯光：确保主播面部光线充足，使用柔和暖光灯营造直播间氛围，同时保证产品展示区域的光线明亮清晰，使产品更具吸引力。

步骤 3：准备直播产品。

产品是活动直播的核心内容，其准备工作直接影响观众的观看体验和购买意愿。

（1）清点产品：确保展示产品数量充足、包装完好，包括花影莓语咖啡豆（280g/袋）、三合一生椰拿铁（10 条装）等重点活动产品，并准备备用产品以应对热销情况。

（2）陈列产品：将所有产品按照脚本中的顺序整齐摆放，便于主播快速拿取和展示，避免直播过程中产生混乱。

（3）准备资料：提前整理产品的核心卖点、使用方法和活动优惠信息，并准备冲泡器具等演示道具，确保主播在直播时能流畅介绍产品并进行实操演示。

步骤 4：主播做好开播准备。

主播是活动直播的核心角色，其表现直接影响直播的效果。

（1）熟悉脚本：主播需全面掌握直播脚本内容，包括产品信息、互动规则、促销活动等，确保直播流程连贯自然。

（2）打造形象：主播的服装、妆容和整体风格应符合品牌定位，特别是在活动直播中，可适当融入主题元素，如佩戴带有品牌标志的饰品或选择咖啡色系的服饰。

（3）调整状态：提前调整心态，确保直播中始终保持热情洋溢、专业得体的表达，尤其在互动环节中，通过丰富的表情和生动的语言与观众建立情感联结。

步骤 5：注重直播过程。

在活动直播过程中，需要注重每个环节的节奏与细节把控。开场时主播需以热情的问候拉近与观众的距离，快速介绍直播主题和活动亮点，吸引观众参与互动。产品展示与演示时，操作应清晰简洁，解说应通俗易懂，突出产品核心卖点，同时主播应根据弹幕中的问题及时补充说明。在互动环节中，通过问答、抽奖等活动提升观众的参与感，规则需清晰明确，反馈应及时，确保活动公平透明。下单引导环节，主播应详细说明优惠内容和购买流程，消除观众的疑虑，提升转化率。直播结束时，主播需要总结活动亮点，感谢观众的支持，并预告下一次直播内容，增强观众对直播间的关注和期待。

任务活动 3　活动直播效果分析

活动直播效果分析是评估活动直播成效的重要环节，通过对流量、互动、销售等数据的深入分析，运营人员能全面了解活动直播的实际效果。精准的数据分析不仅能为未来直播优化提供方向，还能提升品牌推广与销售策略的科学性。

步骤 1：确定活动直播需监测的主要数据。

在活动直播中，明确需监测的数据（见表 9-8）是进行效果评估和策略优化的基础。

表 9-8　活动直播需监测的主要数据

数据维度	监测指标	作用
流量数据	① 总观看人数 ② 峰值在线人数 ③ 观众进入率 ④ 观看时长	评估直播内容的吸引力和流量获取能力，为流量转化提供依据
互动数据	① 弹幕数量 ② 问答参与人数 ③ 抽奖互动率 ④ 点赞和分享次数	衡量观众的参与度和直播间氛围，判断互动形式的有效性
销售数据	① 产品销量 ② 订单总数 ③ 销售额 ④ 转化率 ⑤ 客单价	评估产品展示和促销活动的实际转化效果，为产品选择与定价策略提供数据支持
促销活动数据	① 优惠券领取与使用率 ② 活动参与人数 ③ 库存消耗情况	分析活动的效果，优化促销活动设计
观众画像数据	① 观众年龄 ② 观众性别 ③ 观众地区分布	了解核心观众群体的构成，为内容与活动的精准定位提供指导

步骤 2：AI 协助数据分析。

在活动直播结束后，可以通过平台后台下载当天的直播数据，包括活动期间的观看人数、互动次数、点赞量、评论内容、商品点击率、下单量、转化率及促销活动的参与数据等关键指标，如图 9-11 和图 9-12 所示。借助 AI 对数据进行深入分析，并生成详细的数据分析说明及优化建议等，为后续活动直播的优化提供科学依据。

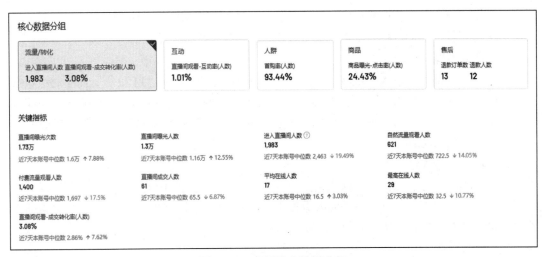

图 9-11　直播核心数据分组

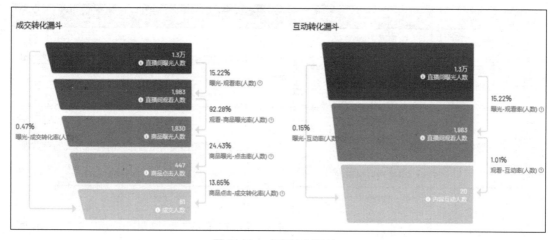

图 9-12　成交转化漏斗

提示词：

"请根据活动直播数据，分析以下内容：整体数据表现的优劣势；关键指标中表现突出的部分；存在不足的指标或问题；针对表现欠佳的数据，提出具体的优化建议和改进措施，帮助提升直播效果。"

提示词：

"请根据数据分析结果，总结表现突出的关键指标或环节，并明确需要改进的薄弱点。结合产品特点、互动设计等实际情况，制定具体的优化方案和改进建议，以提升整体表现和直播效果。"

步骤 3：复核汇总分析内容。

通过复核直播数据和分析内容，确认数据准确性和分析结论的全面性，将流量、互动、转化等关键指标汇总形成完整的活动效果分析，为后续优化提供依据。

1. 流量表现

数据显示直播间的进入人数波动较大，分钟级数据显示 20:39 达到 12 人，而小时级数据显示 21:00 为进入人数的高峰，达到 1343 人。然而，21:00 时段的离开人数也较多，说明该时段直播内容未能有效留住观众。提高直播内容的吸引力，特别是高峰时段的内容的吸引力，将有助于提升观众留存率。

2. 实时在线人数

21:00 的实时在线人数达到 29 人，为全场最高，表明这一时段的直播内容或互动设计吸引了观众停留。然而，与进入直播间人数相比，实时在线人数偏少，这提示需要优化直播内容的互动形式和连贯性，进一步提升观众的留存率。

3. 销售转化

销售数据表明 21:00 的成交金额（467.62 元）和成交人数（45 人）最高，转化效率较高，可能与该时段的促销活动或产品展示相关。但分钟级数据显示,部分时段商品点击率较高(如20:39 的 25%),但转化率为 0,表明商品详情页或下单引导存在不足,需要优化。

4. 互动与观众参与

点赞和评论数据表明,21:00 观众互动最为活跃(点赞 182 次,评论 19 条),可能与问答或抽奖活动有关。但整体互动率较低,尤其是分钟级数据显示,大多数时段互动率为 0。需在直播中增加提问、抽奖等互动环节,以增强观众的参与感,提高直播间活跃度。

5. 粉丝增长

新增粉丝数在 21:00 达到峰值,为 9 人,这表明该时段的直播内容吸引了一部分新观众关注。然而,总体粉丝增长较少,说明直播品牌宣传和观众引导有待加强,以提高直播的长期影响力。

6. 改进建议

(1)提升内容吸引力:优化直播内容的节奏和互动设计,尤其针对 21:00 离开人数较高的问题,引入更多吸引力强的互动活动,如新品发布或促销活动。

(2)强化转化路径:优化商品详情页和下单引导,明确优惠政策和购买步骤,减少观众的流失量,提升整体转化率。

(3)增强互动性:增加弹幕问答、抽奖等互动形式,提升观众的参与感和互动率,活跃直播间氛围。

(4)延长高效时段:在成交金额高峰时段(如 21:00),进一步加大促销力度,同时结合数据分析延长高效时段,使高效时段的收益最大化。

(5)加强品牌宣传:通过优化短视频预热、直播封面和标题,提高直播的自然流量吸引力,同时在直播中加强品牌信息传递,吸引更多观众关注和长期留存。

🎓 进阶小课堂

在使用 AI 生成直播脚本时,需要注意以下问题。

1. 明确目标和定位。确定直播的核心目标(如提升转化率、提升品牌曝光度)和目标观众群体,确保 AI 生成的脚本内容符合品牌定位和受众需求。

2. 定制脚本内容。提供具体的产品信息、活动主题、促销方式等,避免 AI 生成的内容过于模板化或与实际需求不符。

3. 注意脚本逻辑和连贯性。检查脚本是否具备清晰的结构和流畅的逻辑,确保各环节(如开场、产品介绍、互动活动)之间衔接自然,避免生硬切换。

4. 设计互动内容。确保脚本中的互动环节(如问答、抽奖、弹幕互动)具有吸引力和趣味性,并与直播目标相契合,避免内容过于单调或形式化。

5. 确保语言风格符合品牌风格。确保脚本语言风格符合品牌风格,例如幽默轻松或专业可靠,避免使用与品牌形象不符的语句或表达。

6. 提升观众参与感。在脚本中设计多种形式的观众互动方式,避免只注重销售而忽略观众体验,提升观众对直播间的参与度和黏性。

同步实训

实训任务　活动直播运营实训

实训描述

本次实训主题为"活动直播运营"，旨在帮助学生全面了解直播运营策划的全流程，包括直播选品、脚本设计、短视频推广、直播间搭建、直播复盘等。通过实际操作，学生将掌握直播活动的基本流程，提高在直播运营实践中应用 AI 的能力。

操作指导

具体操作步骤如下。

步骤 1：班级组队。

登录 BoTrix BEM 直播电商运营实战平台后，选择"综合实训"模块中的"活动直播运营实训"，进入任务后自行组队，并根据队伍需求选择在直播中的角色。完成队伍组建后，正式进入实训任务。

步骤 2：进行直播选品。

根据直播的主题和目标受众，筛选适合展示的商品，突出其核心卖点与特色亮点，还需要注意选择符合目标群体需求的商品。所选商品需要包含主推商品和辅助商品，确保商品具有多样性和吸引力。

步骤 3：进行整场直播策划。

这一环节需要制定详细的直播脚本，包括明确直播的目标与定位、设计商品介绍与互动环节，并安排促销活动，确保直播脚本逻辑清晰、流程合理。在策划中，注意合理安排时间，同时突出商品卖点。

步骤 4：制作与发布直播预告短视频。

在直播前，需制作简洁且吸引力强的短视频，展示直播时间、优惠活动及亮点内容，通过社交媒体平台进行推广，以吸引目标受众关注。发布时选择合适的标签和平台等，提升预热短视频的曝光度。"直播预告短视频制作与发布"界面如图 9-13 所示。

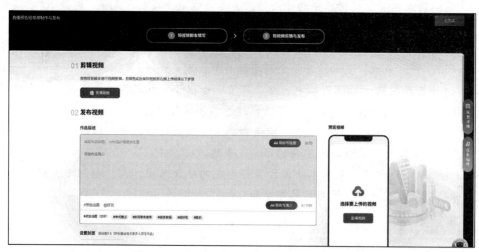

图 9-13　"直播预告短视频制作与发布"界面（部分）

步骤 5：推广直播间。

为提升观看人数，需通过广告投放或社群分享等方式为直播间引流，设计吸引力强的推广文案，突出直播亮点。推广内容需在直播开始前数小时发布，确保目标用户能及时看到并进入直播间。"直播间投流推广"界面如图 9-14 所示。

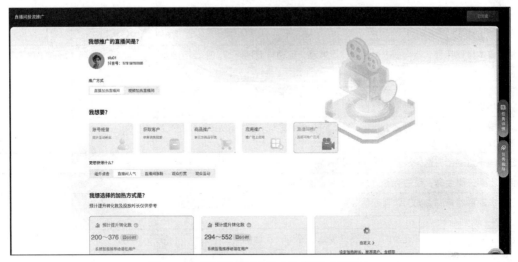

图 9-14 "直播间投流推广"界面（部分）

步骤 6：搭建直播间。

布置符合直播主题的直播间环境，包括背景、灯光等。直播间需体现专业性和品牌特色，灯光需均匀，避免有反光或阴影，同时提前调试摄像头、话筒等设备，确保直播过程中设备运行顺畅。

步骤 7：上架直播间商品。

在正式进入直播前，还需上架直播间商品。将选定的商品逐一上架，并完善商品信息，包括图片、价格、库存及促销活动信息。注意商品图片的清晰度和描述的准确性，同时核对促销活动信息，确保与脚本匹配，避免直播过程中出现差错。

步骤 8：开始直播。

主播按脚本流程开始直播，包括产品展示、互动和促销引导等环节。在直播过程中，主播需保持热情，与观众保持良好互动，讲解商品卖点、进行实时答疑和用促销活动引导观众下单，同时控制好直播节奏。

步骤 9：监控直播情况。

场控应实时监控直播情况，管理互动、解答问题并协助主播，确保直播氛围活跃。同时，场控需要快速响应观众需求，避免冷场，同时协助主播处理突发状况。

步骤 10：分析直播效果。

在直播结束后，收集观看人数、互动频次、销售转化率等数据，并通过 AI 生成详细分析报告，评估直播效果。通过数据分析，总结直播中的亮点与不足，并提出具体优化建议，为后续直播提供改进方向。

实训评价

基于学生在本次实训中的表现及实训完成情况，对实训考核内容进行评分，同时学生进行自我评价，教师进行点评（见表 9-9）。

表 9-9 实训评价

考核项目	学生 自评分（30%）	教师 评分（70%）
直播团队组建合理，角色分工明确，能根据任务合理安排职责，体现协作效率（5分）		
直播选品契合主题，主推与辅助产品搭配合理，突出核心卖点，具备差异化与吸引力（10分）		
直播脚本策划完整，结构清晰，合理设置展示、互动与促销环节，逻辑衔接自然（15分）		
预热短视频内容吸引力强，剪辑节奏流畅，发布策略合理，能有效引流目标观众（10分）		
直播推广策略明确，文案突出亮点，推广时间节点合理，能够覆盖核心用户群体（10分）		
直播间布置贴合主题，灯光、道具和设备调试得当，整体视觉呈现专业（5分）		
商品上架分类合理，信息完整准确，促销设置与脚本匹配（5分）		
主播表现自然有感染力，语言表达生动，互动灵活多样，能调动观众情绪（15分）		
场控工作到位，互动管理及时，突发情况处理妥当，保障直播流程顺利（10分）		
数据分析准确，能结合观看、转化等指标总结问题，提出针对性优化建议（15分）		
总计（100分）		
学生自我评价	教师点评	

知识与技能训练

一、单选题

1. AI 赋能直播脚本设计的主要作用是（　　）。
   A. 增加直播时长 　　　　　　　　B. 快速生成高质量脚本
   C. 增加直播间人数 　　　　　　　D. 增加直播设备数量

2. 直播脚本设计中，直播间互动设计的核心目标是（　　）。
   A. 减少观众留言 　　　　　　　　B. 提高观众参与度和黏性
   C. 增加直播时长 　　　　　　　　D. 减少促销活动

3. 在日常直播策划中，千乐咖啡的直播主要面向（　　）。
   A. 年长人群 　　　　　　　　　　B. 专业咖啡生产者
   C. 年轻上班族、学生 　　　　　　D. 家庭主妇

4. 日常直播数据分析的关键指标是（　　）。
   A. 直播间装饰风格 　　　　　　　B. 观看人数和商品点击量
   C. 主播着装 　　　　　　　　　　D. 网络稳定性

5. 在活动直播中，（   ）更有助于促进观众下单。

    A. 长期优惠　　　　　B. 无折扣销售　　　　C. 折扣活动　　　　D. 普通商品展示

二、多选题

1. 以下属于直播脚本策划内容的有（   ）。

    A. 明确直播目标与定位　　　　　　　　B. 确定直播产品

    C. 设置直播脚本逻辑结构　　　　　　　D. 检查直播设备

2. AI 赋能直播活动的优势有（   ）。

    A. 提升脚本设计效率　　　　　　　　　B. 动态调整互动环节

    C. 增加网络流量　　　　　　　　　　　D. 精准分析观众行为

3. 日常直播策划中，AI 技术可优化（   ）。

    A. 直播间背景设计　　　　　　　　　　B. 主播服装搭配

    C. 产品卖点描述　　　　　　　　　　　D. 互动话术设计

4. 直播活动效果分析中需关注的数据维度有（   ）。

    A. 流量数据　　　　B. 互动数据　　　　C. 销售数据　　　　D. 天气状况

5. 活动直播中常见的促销方式有（   ）。

    A. 折扣活动　　　　B. 满赠活动　　　　C. 满减活动　　　　D. 延长活动时间

三、判断题

1. 利用 AI 设计的直播脚本可以直接应用，无须任何优化。（   ）

2. 日常直播中，互动环节设计的目的是提升观众的参与感和黏性。（   ）

3. 在活动直播中，产品展示的核心是突出其价格优势，而不是功能亮点。（   ）

4. 利用 AI 进行直播效果数据分析可以帮助优化未来的直播策略。（   ）

5. 直播活动中，互动环节越多越好，无须关注直播的节奏和内容质量。（   ）

参考文献

［1］张峻峰. AI 数字人直播带货攻略[M]. 北京：北京大学出版社，2024.

［2］木白. 精通 AI 虚拟数字人制作与应用：直播主播＋视频博主＋营销推广＋教育培训[M]. 北京：北京大学出版社，2024.

［3］秋叶，定秋枫，赵倚南，等. 秒懂 AI 设计：人人都能成为设计高手[M]. 北京：人民邮电出版社，2023.

［4］王国平. AI 提示工程必知必会[M]. 北京：清华大学出版社，2024.

［5］叶龙. AI 写作：爆款文案从入门到精通[M]. 北京：清华大学出版社，2024.